풀코 아카마

50에 떠난
코이카
해외봉사

풀코 ── 아카마

Phoolko
Aankhama

백후현 지음

이대로 자리에 들어가는 것도 허무하다는 생각이 들었다.
말주변 없는 자신이 미우면서 '풀코아카마' 가 떠올랐다.

바른북스

머리말

평범한 집돌이, 집과 회사만 오가며 가끔은 중증장애인 시설과 꽃동네에서 봉사활동을 했었고, 마흔이 되었을 때 해비타트와 월드컵 자원봉사를 하면서 해외봉사에도 관심이 생겼었다. 그러나, 직장에서 고유업무와 더불어 사내강사, 환경지킴이, 안전지킴이 활동을 하느라 해외봉사는 잊어버리게 되었다.

쉰 살이 되자 퇴직 이후의 삶이 걱정되기 시작했고, 같은 직종 선배들로부터 조언을 얻고자 이미 퇴직한 선배들과 곧 퇴직할 선배들을 만나 얘기를 나눠 봤지만, 도움이 될 만한 답을 얻지 못했었다. 그러던 중 2013년 3월, '83기 코이카 해외봉사단원 모집' 홍보를 보게 되었고, 모집 직종을 확인하던 중 '네팔 임상병리사 2명 모집'을 보자, 이것이 바로 10년 전부터 원했던 봉사활동이자, 퇴직 고민을 잠재울 기회라고 생각했다. 해외봉사를 다녀온다고 미래가 보장되는 것은 아니지만 새로운 일을 시작할 수 있는 계기는 될 것이라 믿었다.

국내교육과 현지교육을 무사히 받았고, 몸으로 문화적 차이를 극복하는 데는 시간이 조금 걸렸지만, 봉사활동 외에도 현지사무소 행사 및 지역행사에 적극적으로 참여하면서 현지생활을 즐기다 보니 어느새 한국인의 시선이 아닌 현지인과 같은 시각으로 생각하고 행동하는 자신을 발견하게 되었다.

낯선 땅에서, 생각이 다르고 행동 양식이 다른 사람들과 어울려 산다는 것이 결코 쉬운 일은 아니겠지만, 새로운 환경에 적응할 수 있는 능력이 누구에게나 있을 것이기에, 그리 겁낼 일은 아니다. 작은 용기와 약간의 인내심만 있다면 즐길 기회를 잡을 수 있다.

앞으로 해외봉사에 관심을 가지는 분들이 많아지고, 그것이 실천할 용기로 연결되어 대한민국의 해외봉사가 더욱 활성화되기를 바라며, 나에게 기회를 주었던 코이카에 감사드린다.

2023년 11월

)) 차 례 ((

머리말

1장   국내 교육

12	입소 아침
17	타임캡슐 - 2년 후의 나에게 쓰는 편지
21	현지어 학습과 노래
24	구룡산 극기훈련
27	탁구 시합과 방 동료
30	난타와 페이스 페인팅
39	팔팔하고 삼삼한 83기 발단식
44	파견 대기

2장   현지 교육

50	네팔 도착
55	현지적응
60	길거리 대화 실습
65	설거지가 문제야
68	난 망했다 - 피쉬 수프
71	비 오는 주말에는 못난이 만두를
76	문화탐방 - 치트완
81	베뜨니(Beteni) 마을의 거머리
94	네팔에서 가장 오래된 종교 성지 소염부나트
98	가장 오래된 힌두사원 파슈파티나트
101	밥퍼와 바리스타 체험

3장 OJT (On the Job Training)

- 108 임지 가는 길
- 113 바퀴벌레 축제와 개소리
- 121 부임 인사와 이발
- 125 밥 굶는 축제 – 떼즈(Teej)
- 128 보금자리 구하기
- 133 등산이 처음인 병원장
- 144 약속시간 좀 지키고 삽시다
- 148 성과발표회와 너그러콧(Nagarkot)
- 157 독립생활 준비

4장 단원 생활

- 162 럼중병원 검사실
- 167 믿지 못할 '볼리 아우누스'
- 170 현지어 강습과 닭백숙
- 175 안전점검, 집들이
- 180 열흘간의 암흑
- 184 선생님도 장사하는, 야차굼바
- 192 장난꾸러기 쉴라
- 196 (활동 물품)고민 해결
- 201 길바닥 헌혈
- 204 어라, 콩나물이?
- 208 영국 봉사자, 루케
- 212 안전교육, 현지평가회의
- 217 봉사자 네트워킹
- 224 건강 관리 – 내가 뛰는 이유

5장 School Camp

- 234 카리나 고등학교
- 237 자나비카시 - 꾸말의 모교
- 241 스리 강가 밀란과 개교기념행사
- 245 니우리, 발 꺼련
- 249 마헨드라 데브
- 254 쉴라의 고향 - 스리 안나푸르나
- 259 출장 캠프 - 스리 나브둘가

6장 대학생 봉사단

- 268 벽화 그리기
- 273 스리 비다야죠티
- 279 스리 발 꺼련
- 284 Ko-Ne 합동공연
- 289 Four Arms 환송

7장 "꿈꾸는 네팔" - 엄홍길휴먼스쿨(Dream Camp)

- 296 자낙푸르와 스리 칼리 전죠티
- 302 스리 껄레리

8장　지역 문화, 축제

- 314　게르무 가는 길
- 328　어떤 장례식
- 335　럼중 덜발과 채티(Lamjung Durbar, Chaite)
- 341　가이자트라(Gaijatra) 축제
- 347　라케 나취
- 349　신나는 놀이동산 - 럼중 머허섭

9장　풀코아카마

- 358　위수지역 이탈
- 363　코바 희망장학사업
- 368　현장사업 - 검사실 자동화
- 376　신년 파티
- 380　고집쟁이와 사랑꾼
- 388　삼겹살과 찰떡궁합 '빠니뿌리'
- 394　'다라하라'를 무너뜨린 대지진
- 400　풀코아카마

1장
국내 교육

PhoolKo
Aankhama

입소 아침

뻐꾹~!

뻐꾹~!

관악산 뻐꾸기가 고요한 아침을 깨울 때 내 잠도 깼다.

옥상에 올라가니 한줄기 새벽 소나기가 지나간 자리에 상쾌한 아침 공기 사이로 막 피어난 호박꽃이 보였다. 꽃에는 관심을 둔 적이 없었지만, 지금은 호박꽃이 내 발길을 붙잡고 있었다.

새삼스레 꽃이 눈에 들어오는 것은, 내 기분이 평소와 다르기 때문일까?

아니면, 한동안 볼 수 없을 것이란 생각에 기억 속에 넣어두려는 무의식적인 행동일까?

관악산 끝자락에 붙어 있는 작은 빌라 옥상엔, 시골 텃밭만큼이나 풍성한 푸성귀와 화초가 자라고 있다. 고추밭에는 제멋대로 생긴 고

추들이 주렁주렁, 그 옆엔 열흘 뒤면 익을 방울토마토가 올망졸망, 난간에 얼기설기 얽혀 있는 줄을 따라 호박 넝쿨이 구불구불 이어지면서 갓 맺은 듯, 아기 주먹만 한 호박이 꽃과 줄기 사이에 앙증맞게 붙어 있다.

한켠에는 미나리와 상추가 커다란 고무 함지박을 각자 차지하고 아직 이슬을 머금은 채 밥상에 오를 날을 기다리고 있다. 그 뒤쪽으로 하얀 꽃을 피운 감자 싹과 훤칠한 토란대가 선들바람에 살랑거렸다.

27년 세월을 챙겨 주는 아침밥을 먹었는데, 오늘은 어찌하다 보니 내가 먼저 일어나 쌀 두 컵에 검은콩 한 줌, 붉은 팥 반 줌에 좁쌀도 한 숟가락 넣어 밥솥을 올려놓고, 옥상 가득한 풀, 꽃, 채소들을 손끝으로 만져보고 내려오니, 그새 집사람도 일어나 무채를 썰고 버섯을 볶아 겸상을 차려 놓았다.

마주 앉아 밥술을 뜨는 기분이 어색했다. 둘 다 말이 없는 편이라, 평소에는 별말을 안 하지만, 오늘은 무슨 말이든 해야만 할 것 같았다.
하지만, 무슨 말을 해야 할지 몰랐다. 겁이 없는 것인지, 생각이 없는 것이지, 무지막지한 일을 벌여 놓고, 그에 대한 변명이나 위로라도 해줘야 할 것만 같은데, 생각만 그렇지 정작 입은 떨어지지 않았다.

그게, 그러니까 내 나이 쉰이 되었을 때였다. 한 직장에서 15년을 넘기면서 퇴직 후의 삶을 그려 보기 시작했었다.
앞서 회사를 퇴직한 지 꽤 되신 분들을 만날 때마다, 현재 무슨 일을 하고 있는지, 흔히들 말하는 인생 2막을 어떻게 사는지 여쭤봤지만, 긍정적인 대답을 해주는 사람은 별로 없었다.
　대부분 "할 수 있는 일이 없어!"라는 대답뿐이었다.

　곧 정년퇴직을 앞둔 분들을 만날 때도, 퇴직 준비를 어떻게 하고 있느냐고 물어봤지만, '난 이렇게 준비하고 있다'라고 답해 주는 사람은 없었다. '혹시, 미리 준비할 수는 없나요?'라고 물어보면, '당신도 겪어 봐!'라는 대답만 돌아왔다. 그런 것을 왜 묻느냐는 듯한, 그런 것은 불가능하다는 듯한 핀잔 섞인 응수에 마음이 더욱 무거워지곤 했었다.

　밥상에 앉아 된장국을 입으로 가져가고 있지만, 무슨 맛인지 알 수도 없고 가슴만 답답했다. 멈출 듯하던 심장이 다시 요동치고, 머리에서는 너의 선택이 잘한 것이냐고 다그쳐 묻는 듯했다.
　나도 아직 모른다. 2년 후의 내 인생이 어찌 될지!

　평범한 직장인으로 살아온 나는 아직 세상 심한 풍파는 겪어 보지 못한 풋내기이다. 그래서 그런지 내가 선택한 앞날에 대한 그럴듯한 변명거리를 찾을 수가 없었다. 언제든 다시 시작할 수 있는 멋진 기술을 가진 것도 아니고, 작은 일이라도 시작할 수 있는 경제적 능력이 있는 것도 아니다. 그러니, 멀쩡히 다니던 직장에 사표를 던지고 해외 봉사를 떠나는 나에 대해, 누가 물으면, 만족할 만한 대답을 들려줄 수 없었다.

　아직 가보지 않은 두 갈래 길 앞에서 고민할 때, 내가 원하는 기대감과 반대급부로서의 두려움이 서로의 크기를 강조하겠지만, 나의 잠재의식에 남아 있는 무의식적 경험까지 동원하여, 한 직장에서 정년을 맞이하는 안정적인 답답함보다 남은 인생을 부딪치며 깨져 보자는 무모한 생각이 앞섰다.

다만, 나만의 논리로 나 자신을 위로할 뿐이었다.

"매를 미리 맞자!"

이것이 가장 쉬운 변명이었다. 58세 퇴직하고 만만찮은 세상에 휘둘리느니, 7년 미리 우물 밖으로 나가서 그동안 해보고 싶던 해외봉사하면서 자신을 돌아보고, 가다듬으며 적응하자. 그러면서 험한 세상과 부딪치며 살자. 나이가 들면, 용기도 줄어들고, 한번 넘어지면 일어날 수도 없다는데, 용기도 아직 좀 남아 있고, 돌부리에 걸려 코방아를 찧더라도 일어날 확률이 조금이라도 있을 때 부딪쳐 보자는 생각이었다.

정년퇴직 후에는 건설현장 막노동처럼 험한 일은 하기 어려울 것이라는 생각도 했다. 그러나 50대 초반이면, 막노동에 적응하기가 나을 것이다. 미리 막노동에 익숙해지면 좀 더 나이가 들어서도 할 수 있을 것이라는 나만의 생각이 틀리지 않기를 바라며, 뭐 굳이 막노동이 아니라도 할 의지만 있다면, 무엇이든 할 수 있을 것이라 믿었다.

매월 통장에 찍히는 돈이야 반 이하로 줄어들겠지만, 수입을 얻는 기간이 길어진다면, 크게 손해 보는 일도 아니라고 자신을 속이고 남도 속였다.

'양재 시민의 숲' 역에서 내려 걷다 보니 어느새 코이카 국제협력연

수원 건물이 시야에 들어왔다. 면접 때 한 번 왔던 곳이라 익숙한 느낌이다.

3개월 전, '월드프랜즈코리아 해외봉사단 83기 모집' 공고(네팔, 임상병리사, 2년)를 보고 새로운 길을 발견한 듯 바로 지원서를 작성하였었다.

서류심사와 면접을 통과하면서 남들과 얘기를 하는 과정에서 2년간의 해외 생활에 대해 우려하는 사람이 있었지만 후회하거나 걱정하지는 않았다.

'ㄷ'자 형태로 된 교육원은 외관이 아담했고, 현관 위에 붙어 있는 '코이카 해외봉사단 83기 입소 환영' 전광판이 마음의 안정을 주었다.

안내 요원이 배정된 숙소를 설명하면서, 나와 같은 방을 쓸 동료가 이미 올라갔다고 했다.

교육원이 보이는 순간 잡다한 고민은 사라졌고 잠시 후면 알게 될 궁금증이 일었다.

4주를 같이 지낼 동료는 누구일까?

◎ 글로벌 인재교육원(서울, 염곡동) 전경

타임캡슐 – 2년 후의 나에게 쓰는 편지

　　　　　　숨을 죽인 콧바람, 홀연히 타오르는 촛불을 바라보며 10분째 생각에 잠겨 있었다. 자신을 태운 향기를 풍기며 어두운 천장을 향해 직선으로 올라가다가, 팔짱을 풀거나 자세를 고쳐 잡는 작은 몸동작에도 흔들거리며 어두운 허공으로 흔적도 없이 사라지는 연기처럼, 내 인생도 저렇게 나의 의지와 상관없이 무자비하게 뒤쫓아 오는 세월에 쫓겨 가다, 세상 풍파에 휘둘리며 이 세상 밖으로 밀려날 것이라는 서글픈 생각을 하며, 춤추는 연기의 끝을 따라 허공을 바라보았다.

　동료들의 집중에 방해가 되지 않도록 모두가 숨조차 크게 쉬지 못하고 있지만, 아주 이따금 나지막한 한숨 소리는 몇 번 들렸었다. 담당 교관도 먼발치에서 눈만 반짝이며 응원의 기도를 하는 듯하다. 카메라를 든 직원이 교육생 사이를 한 바퀴 돌고 나가자 대 강당은 다시 정적이 흘렀다.

한 줄기 빛이라도 들어올세라, 모든 창문은 암막 커튼으로 가렸고, 책상 하나당 한 명씩, 앞 뒷줄을 좌우로 거리를 둔 채, 촛불 하나씩 마주하고 2년 후의 나에게 편지를 쓰고 있었다.

월드컵 자원봉사하기 전 철도아카데미에서 친절교육을 받았고, 사내강사 활동을 위해 에버랜드에서 서비스 아카데미를 수료하면서, 전공 관련 보수교육보다는 외부 교육을 더 좋아하게 되었었다.
교육받는 것을 좋아하기는 하지만, 4주라는 봉사단원 교육은 기간도 길고, 외출도 할 수 없는 생활이 답답하지 않을까 우려되긴 하였었다.
그러나, 교육원 교관들은 이미 단원들의 집중을 끌어낼 방법을 알고 있었다. 입교하여 교육이 시작되자 다른 일은 신경 쓸 틈도 없이 수업에만 몰입하게 되고 시간의 흐름을 잊게 했다.

잘 발달한 현대문물에 적응되어 살다가, 시간을 거꾸로 돌려, 상상도 하기 힘든 50년 전의 시골 생활과 유사한, 개발도상국 오지에 나가 현지인과 혈혈단신 부대끼며 2년을 살아갈 해외봉사단원 교육이다 보니, 다른 교육과는 달랐다.

국가관, 봉사/희생/도전정신, 자아발전, 자기방어, 체력단련, 응급처치, 현지적응, 현지문화, 현지어, 복무규정 등, 한 과목, 한순간도 소홀히 할 수가 없었고, 모든 입소자의 관심을 집중시킬 만큼 교육내용과 관리가 전문적이고 철저했다.

입소한 예비단원은 20대 후반에서 70대 초반까지 연령분포가 다양했고, 전공과 경력, 지역도 모두 달랐다. 입소 전에는 자신만의 색을 가진 개성이 강한 분들이었겠지만, 글로벌 인재를 양성하기 위한 강사와 교관들의 열정에 모두가 민간외교관으로 탈바꿈하였다.

허공에 머물던 시선이 백지로 내려왔다. 귀국 후 인생 제2막 개척을 위한 청사진을 그려 볼까?
 봉사에 대한 다짐이나 각오 같은 것을 멋지게 표현하고 싶지만 다 욕심일 뿐, 글로써 표현하자니 깔끔하게 정리가 되지 않았다.
 차라리 편하게 쓰자. 초심으로 돌아가서, 지원서 제출하던 때와 27년 멀쩡히 다니던 직장에 사직서를 제출하던 시기에, 모든 걸 내려놓고 봉사활동 끝난 후, 인생을 바닥부터 다시 시작하겠다고 마음먹지 않았던가. 우선, 봉사활동 충실하게 하고 뒷일은 나중에 생각하자!

해외에서 하는 봉사보다 귀국 후 국내 정착과정이 더 어려울 수도 있겠다는 생각을 하며, 어떤 계획이나 기대는 하지 않기로 했다.
 고생 좀 하면 어때!
 쉽게 경험하기 어려운 밑바닥 생활도 즐겨 보는 거지!

◎ 83기 단체 발단식 후

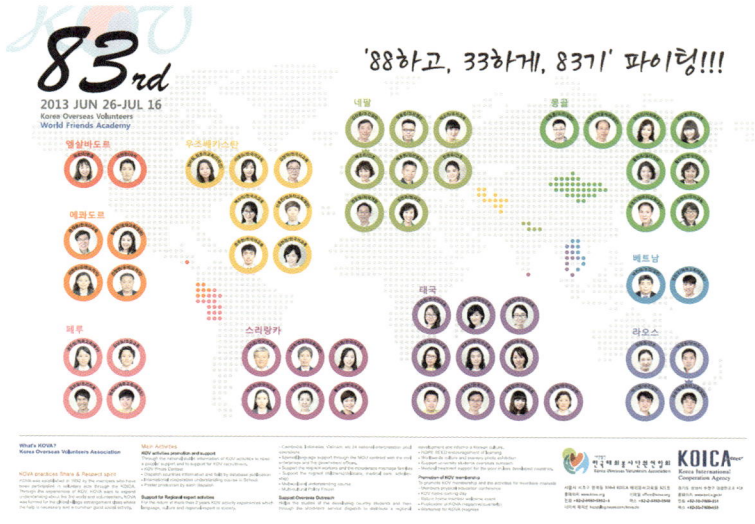

◎ 팔팔하고 삼삼하게, 83기 국별 파견 명단

현지어 학습과 노래

♬풀코아카마 풀러이선사러, 카다코아카마 카더이선사러♬

전체 교육 중 절반 정도는 현지어 교육이었다. 단원 홀로 현지인과 어울려 살아야 하기에 현지어는 필수적으로 배워야만 하고, 그러기에 교육에서 현지어가 차지하는 비중이 컸다.

같은 네팔로 가게 될 K 단원은 현지어 시간과 자투리 시간에 네팔 음악을 즐겨 듣고 따라 불렀다. 주된 곡은 '레쌈삐리리'와 '풀코아카마'였다.

레쌈삐리리는 우리나라 '아리랑'격의 네팔 전통민요이고, 풀코아카마는 비구니, 초잉 돌마스님이 불러 대중의 인기를 얻은 곡으로 네팔뿐만 아니라 세계적 관심을 받았던 곡이다.

외국어는 어느 나라 말이나 다 배우기가 어렵겠지만, 네팔어도 정말 배우기 쉬운 언어가 아니었다. 자모 숫자도 많은 데다가 반음도 있고, 한글이나 영어로 정확한 표기를 할 수 없으니, 발음하기도 어렵고 외우거나 기억하기도 어려웠다.

네팔어 글자 써놓은 것을 보면 꼭 줄에 늘어놓은 호박고지 같았다. 어릴 적 시골 어머니가 늙은 호박을 반으로 갈라 씨를 빼고, 가늘고 길게 깎아서 빨랫줄에 촘촘히 걸어 놓은 모양처럼, 가로 선에 걸쳐 아래로 줄줄이 내려 걸렸다.

그래도 네팔에서 유학 온 쁘라까스가 일주일에 세 번씩 와서 체계적으로 가르쳐 준 덕분에 기초 회화부터 조금씩 익혀 나갈 수 있었.

노래에 더 신경을 쓰는 K 단원은 문법과 회화를 외우는 것이 버거운지, 누군지도 모를 네팔어 창시자를 탓했다.

"네팔어는 너무 머리가 좋은 사람이 만들어서 그래! 너무 복잡하게 만들었어! 머리가 대충 좋은 사람이 만들어야 쉽고 간단하게 만들고 배우기도 쉽지!"

◎ 네팔팀, 쁘라까스, 이영복 교관

◎ 전망바위에서 본 서울 시내 전경

현지어 학습과 노래

구룡산 극기훈련

교육 중에 극기훈련과정이 있었다. 과거에는 제대로 등반을 하기도 했었다는데, 이번에는 교육원이 구룡산(해발 306m) 자락에 있다 보니 구룡산 등산을 하기로 했다.

등산을 잘하는 분들에게 구룡산 정도는 산책에 가까울 수 있지만, 등산을 해보지 않은 분들에게는 극기훈련이라고 해도 과언은 아닐 것이다.

구룡산은, 한 여인이 용 열 마리가 승천하는 것을 보고 놀라 소리치자 한 마리가 떨어지고 아홉 마리만 승천하였다고 하여 붙여진 이름이라고 했다.

구룡산 남쪽에 조선 3대 태종과 23대 순조가 잠든 헌인릉이 있는 것을 보면 예로부터 명산이었던 것 같다.

교관들은 안전사고에 신경을 썼다. 길이 가파르고 모래가 있어 미끄러우니 천천히 올라가고, 가다가 힘들면 굳이 정상까지 가지 않아도 된다고 했다.

교육원에서 바로 올라가는 길도 있지만, 그 길은 경사가 심해서, 완만한 경사를 오르기 위해 돌아가는 길을 택했다. 정문에서 큰길로 나가 코트라 지나서 양재대로를 따라 개포동 방향으로 갔다. 구룡사 맞은편에서 산길로 들어서서 고추와 가지 등을 심어 놓은 밭을 지나 계곡을 따라 올라갔다.

산길로 들어선 지 10여 분 만에 완만하던 경사가 가팔라졌다. 숨을 헐떡이며 급경사를 다 오르자 모두 지친 듯 그만 내려가자는 얘기가 나왔다.

"먼저들 내려가세요! 저는 정상까지 올라가 보겠습니다!"

아무도 따라오는 사람은 없었다. 하지만 난 무슨 오기가 생겼는지 끝까지 가보고 싶었다. 언제 다시 올지 기약도 없는데, 정상에 뭐가 있든 없든 일단 가서 보고 와야지 그냥 내려가면 두고두고 후회할 것 같았다.

혼자서 걸으니 신경 쓸 것도 없고 마음이 편하긴 했다. 뒷머리에 땀은 줄줄 흘러내리지만 산 등이라 그런지 솔숲 사이로 바람이 계속 불어오고, 떡갈나무 잎들이 그늘을 만들어 주었다.

와우! 이렇게 멋진 곳이!

전망 바위까지 올라오는 동안에는 주변 숲에 가려 하늘을 거의 볼 수 없었는데, 정상 바로 못 미친 자리에 깎아지른 절벽이 시야를 확 틔웠다. 바위 끝에 올라서자 사당, 여의도, 용산, 서울타워, 잠실이 한눈에 들어오지 않고 고개를 한 바퀴 돌려야 했다. 손에 잡힐 듯한 서초 강남 개포는 햇볕을 받아 반짝이며 도시의 생생함을 느끼게 했다.

탁구 시합과 방 동료

"핑퐁핑퐁핑퐁핑퐁틱~."
"아이! 이게 뭐야!"
"~ ~"!

 운동을 좋아하는 단원들은 점심시간에 건물 앞에서 배드민턴을 치거나 공을 차기도 했다. 현관 옆에는 누구든 언제든 운동을 하고 싶으면 할 수 있도록 여러 운동 도구가 준비되어 있었다.
 저녁에는 탁구를 좋아하는 단원들이 지하 체력단련장으로 모여들었다. 체력단련장에는 여러 기구가 있었지만 근력 운동이나 러닝머신을 이용하러 오는 단원은 거의 보지 못했고 탁구 시합만 수시로 열렸다.

 "아이! 이게 뭐야! 다시 해! 세상에 마지막 게임 포인트를 엣지로 끝내는 게 어딨어! 이건 다시 해야지!"

게임에 진 B가 억울하다며 소리를 질렀다.

마지막 게임 포인트 남겨 놓고 여러 번 듀스 끝에 M(내 방 동료)이 날린 공이 B 앞으로 향하자, B는 기회가 왔다고 생각했는지 내 쪽을 힐끗 보며 재빨리 반격 준비를 했다. 같이 복식을 치는 3명에 비해 나는 초보였다. 만약 B가 강한 회전을 걸어 내 쪽으로 보내면 못 받을 확률이 높았다. 그러니 B는 당연히 기회가 왔다고 생각하고 강한 회전을 걸려고 자세를 잡았다.

그런데, 공이 탁구대에 맞고 튀어 오르는 것이 아니라, 그만 탁구대 끝에 맞고 '틱' 소리만 내며 바닥으로 바로 떨어져 버렸다. 회심의 일격을 날리려던 B가 반격할 기회조차 잃어버렸으니 억울할 만도 했다.

"잘못된 거 아니야! 정상적인 게임이지. 잔말 말고 아이스크림이나 사!"

M이 한마디 하며 앞장서서 1층 매점을 향했다. 말이 매점이지, 여기 매점은 과자 몇 가지와 아이스크림 정도만 갖추고 있었다. 이용객이 많지 않다 보니 이것도 겨우 유지한다며, 사장님은 자주 와서 많이 사 먹기를 바라는 눈치다.

두어 시간 운동을 한 데다가, 6월 말이라 날도 더운데 아이스크림을 먹을 수 있다는 것만으로도 행복했다.

주로 탁구장에 오는 단원은 4명이다. 그래서 항상 복식이고, 306호와 316호의 대결이었다(306호는 나와 M, 316호는 B와 L).

나야 탁구를 제대로 배운 적이 없어서 상대가 공에 회전을 걸면 받아넘기지 못하고 허공으로 날리는 경우가 허다하다. 그저 평범하게 넘어오는 공만 겨우 받아넘기는 수준이지만, 그래도 내가 낄 수 있는 건, 나라도 있어야 복식을 칠 수 있고 방 대 방 대결이 가능하기 때문이다.

방 동료 잘 만난 덕에 운동을 같이할 수 있고, 게다가 우리 팀이 이기는 경우가 더 많았다.

방 동료 M은 탁구만 잘 치는 게 아니다. 노래도 잘하고 기타도 잘 친다. 악보 없이도 누가 노래를 시작하면 기타 반주가 절로 나왔다.

◎ 망중한(네팔 B 단원)

◎ 방 동료 M(배식 도우미 끝내고)

난타와 페이스 페인팅

"형님, 저 먼저 내려갈게요!"

교육생들이 식사 때마다 방별로 돌아가며 배식하는 일이며, 식사가 끝난 후, 식당 뒷정리를 도와주고 있었다.

오늘은 우리 방이 도우미를 하는 날이라 M과 같이 식당 정리를 끝내고 교관을 만나기 위해 앞치마를 서둘러 벗어 놓고 1층으로 갔다.

늦은 시간이지만, 불이 훤한 행정실로 들어서니 오후 수업을 했던 교관이 무슨 일이냐고 물었다.

"저~, 난타를 좀 배울 수 있을까 해서요!"
"난~타~요?"

갑작스러운 질문에 난감한 모양이다. 교관의 눈동자가 두 배는 커지더니 허공을 바라봤다. 페이스 페인팅이며 다른 과목은 이미 일정이 짜여 있고 강사도 섭외되어 있으니 많이 참석하라고 했었다.

"주말 프로그램으로 배우고 싶은 종목이 있으면 알려 달라고 하셨잖아요?"
"왜 배우시려는 거예요?"
"작년에 몇 달 배웠는데 좀 더 배우고 싶어서요!"
"배우고자 하는 사람이 있나요?"
"아직 모르겠습니다. 공지하면 좀 모이지 않을까요?"
"그러면 같이할 단원을 먼저 모아 보세요!"
"제가 직접 모아요?"
"네, 같이할 사람 좀 모아 보고 충분히 모이면 다시 얘기하죠!"
"아! 네, 알겠습니다! 나중에 다시 오겠습니다!"

한 짐 짐을 지기라도 한 것처럼 기운이 빠진 상태로 숙소로 들어갔다.

"무슨 일 있어요?"

방으로 들어서자 동료가 내 얼굴을 쳐다보며 물었다. 식당 도우미 끝나고 자세한 말도 없이 먼저 내려가 버리니 걱정하고 있었던 것 같았다.

"무슨 일이라기보다 주말 프로그램으로 난타를 배우고 싶다고 했더니, 사람부터 모으라고 하는데, 어찌해야 할지 난감해서요! 형님 같이 하시겠어요?"

"내가 다 난감하네! 원래 그런 거 안 좋아하거든요. 여러 명이 모여서 뭐 하는 거 싫어해요. 다른 주말 프로그램도 신청 안 했어요!"

"그래도 같이하면 좋겠는데…!"

"아! 방 동료가 뭘 하겠다고 들이대니 못 하겠다고 할 수도 없고, 곤란하네!"

"형님은 기타도 잘 치고 음악적 감각이 있잖아요. 형님이 안 하면 누가 하겠어요? 형님 안 하면 저도 포기해야겠어요!"

"왜 나를 걸고넘어져? 혼자 일 벌였으면 혼자 알아서 해야지?"

"아직 시작도 안 했잖아요! 포기하려면 지금 바로 포기해야지!"

"알았어요, 알았어! 시작도 안 하고 포기하게 할 수야 없지. 같이할 테니까, 사람 모아 봐요!"

"고맙습니다. 그럼, 사람들은 모아 볼게요!"

방마다 문을 두들기고 난타를 배워 보지 않겠냐고 설명하자, 즉석에서 합류 의사를 밝힌 사람은 1명이었다. 다음 날 아침체조 시간에 단상에 올라 난타 같이하실 분은 오늘 중으로 말씀해 달라고 얘기했더니, 체조 끝나고 1명이 배우고 싶다고 찾아왔고, 점심시간에 또 1명이 왔다. 저녁 식사 후에는 또 방마다 얼굴을 들이밀고는 같이할 사람을 찾아다녔다.

스리랑카로 파견되는 Y 단원이 한국어 교육할 때, 우리 전통 가락을 알려 주면 도움이 될 거 같다는 응원과 함께 참여하겠다고 했다. 응원을 받으니 힘도 나고 자신감도 생겼다.

그럭저럭 난타를 배우고 싶다는 단원이 8명이 되어 담당 교관을 찾아갔다.

"난타 같이할 사람 8명 모았습니다. 이 정도면 되지 않을까요?"
"그래요? 그러면 우선 자체 연습을 하세요!"
"네? 강사 없이 그냥 연습하라고요?"
"좀 배우셨다면서요! 직접 가르쳐 보셔요!"
"아니, 제가 아직 누구를 가르칠 만한 실력도 아니고, 배우는 재주는 몰라도 가르칠 재주는 없습니다만!"
"다들 취미로 잠시 배우는 것이니 아시는 만큼 같이 연습해 보세요!"
"뭐, 그럼 시작은 해보겠습니다만, 난타 북은 어디에 있나요?"
"난타 북이요? 사물놀이는 있는데, 난타 북은 없어요! 직접 구하시는 게 좋겠습니다!"
"네? 직접요? 어디서 대여라도 해주시면 좋겠습니다만!"
"그러면, 대여업체도 알아보시고요!"

갑작스레 강사를 구할 수 있을 것 같지 않았다. 그냥 참여하는 사람들끼리 연습이나 해야 할 것 같았다.

"문제 있어요?"

내 표정이 밝지 않았는지 방으로 돌아오자 방 동료가 물었다.

"아니, 형님은 무슨 남의 마음 꿰뚫는 초능력 가지고 있어요? 내 마음을 훤히 들여다보는 거 같네!"
"점쟁이 아냐, 오해하지 마! 그냥 넘겨짚은 거야!"
"강사 구하기도 어려울 것 같고, 난타 북도 없대요!"
"난타 북이 없대요?"
"네, 없다고 알아서 구하래요!"
"음~, 난타 북. 내가 알아봐 줄까요?"
"네, 정말요?"
"난타 북은 학교에 연락하면 빌려 올 수 있을 것 같아요! 음악 선생님하고 막걸리 자주 마셨거든!"
"그러시면, 난타 북도 빌리고 그 선생님이 여기 오셔서 교육도 좀 해달라고 하시면 안 될까요?"
"난타 강습은 어려울 거예요! 북은 빌려 달라고 해볼게요!"

전화 한 통에 다음날 9대의 난타 북이 트럭에 실려 왔다.
방 동료를 잘 만난 덕분에 탁구판에도 끼고, 난타 북도 구할 수 있어 정말 다행이다. 북을 모두 강당에 올려놓고 사진을 찍어서 카카오 스토리(카스)에 올리고 M에게 보여 줬다.

"카스 해보셨어요?"
"무슨 카스? 목과 기분을 시원하게 해주는 거요?"
"아니요. 술 좋아하는 건 알지만, 맥주 말고 '카카오 스토리'요."
"그게 뭔데요? 카톡은 알아도 카스니 뭐 그런 거 몰라요, 관심도 없고요!"
"간단히 설명해 줄게요. 그냥 뭔지 보기나 하셔요!"

"페이스북이니 뭐 그런 거예요?"

"아뇨 좀 달라요. 사진과 함께 개인적인 이야기를 기록할 수 있어요. 본인이 초대한 사람만이 와서 볼 수 있고, 댓글도 달 수 있어요! 가족끼리 하시는 분들 많아요!"

내 카스 계정에 접속하여 난타 북 사진을 보여 주며 설명을 했다.

한 번 설명에 관심이 생겼는지 바로 계정을 만들어서 식당 배식 도우미를 하며 찍은 사진을 올리고는 옆에 자세한 설명도 덧붙였다.

만족해하는 방 동료를 보고, 북 도착 보고를 하려고 교관을 찾아갔다.

"북 도착했습니다. 혹시, 강사는 구했습니까?"

"북 도착한 건 봤습니다. 잘 구하셨네요. 그런데, 죄송한 말씀이지만, 강사는 구하기 어려울 거 같습니다. 자체 연습으로 하세요. 그리고 한 가지 부탁이 있습니다!"

"네? 부탁이요? 뭐 어려운 일이 아니라면 좋겠습니다!"

"어렵지 않습니다. 쉬운 일이에요!"

"뭔데요?"

"어차피 난타 연습하시는 거, 공연도 한번 하시는 게 어떨까요?"

"공연요? 말도 안 돼요! 난타 연습 며칠 했다고 공연을 할 수 있겠습니까?"

"할 수 있습니다. 부담 갖지 마시고 그냥 하시면 됩니다! 교육 마지막 날, 83기 해외봉사단 발단식을 할 겁니다. 밋밋한 발단식보다는 중간에 난타 공연이 들어가면 정말 재미있는, 아마 교육원 역사상 전무후무한 발단식이 될 겁니다!"

"아니, 그래도 그렇지, 주말 해야 3주 남았는데, 3일 연습해서 공연하라고요?"

"전문 공연단처럼 잘하지 않아도 됩니다. 그냥, 연습하신 만큼만 보여 주시면 됩니다!"

"아니에요. 자신 없습니다!"

"그날 다른 팀도 공연합니다. '태권무'를 준비하는 팀이 있습니다. 태권무도 중요한 공연이 되겠지만, 저는 개인적으로 난타 공연을 꼭 보고 싶습니다! 4주 동안 모두 고생하시는데 83기 발단식을 83기가 자축하셔야죠!"

"아~, 팀원들이 싫어할 수도 있어서요. 일단, 팀원들에게 동의를 구해 보겠습니다!"

의견이 분분했다.

연습이야 하겠지만, 공연을 왜 해야 하느냐고, 하지 말자는 의견도 있었다. 대부분 남 앞에서 공연하는 것을 부담스러워했지만, 결국, 봉사를 자청하신 분들이라 그런지 자기 고집만 내세우지 않고 83기 발단식을 위해 공연을 하기로 했다.

말이 페이스 페인팅(페페)이지 페페는 얼굴에만 그리는 게 아니었다. 손톱에도 그리고, 팔뚝에도 그리는 것이었다. 내 팔과 손에 그리는 것이 마음도 편하고 그리기도 편했다. 남의 얼굴, 남의 팔에 그리자니 그리는 자세도 부자연스럽고, 실수할 것 같아 마음도 불편했다. 하지만, 둘씩 짝이 되어 상대방 얼굴에 그리라는 강사의 주문에 덩치 좋은 기수대표의 오른쪽 뺨에 삐뚤빼뚤 태극문양을 그리고, 오른쪽 팔뚝에는 삼지창을 그렸더니, 손동작에 따라 움직이는 듯한 생동감이 있었다.

주말 오전은 페페를 배우고 오후에는 별달거리, 자진모리, 휘모리, 희미해진 기억을 더듬고, 인터넷으로 가락을 찾아가며, 구룡산 자락이 떠나가도록 난타 북을 두들겼다.

공연해야 한다고 생각하니 토요일만 연습해서는 될 일이 아니었다. 일요일도 연습하자는 의견이 나왔고, 일정 봐서 주중에도 한 번 더 연습하기로 했다. 마지막 주에는 주중에도 두 번을 더 했다.

조임줄이 팽팽하도록 조이개를 바짝 당기고, 손아귀에 착 붙는 북채로 복판을 내리칠 때는, 팔달산 정상에서 효원의 종을 칠 때의 가슴 깊은 공명처럼, 음파의 진동이 몸을 관통하는 전율을 느끼게 했다.

그래서 이 맛에 난타를 하나 보다!

다른 팀원들도 소리에 취해 지칠 줄 모르고 연습하는 걸 보니 모두 난타에 미쳐 가는 모양이다.

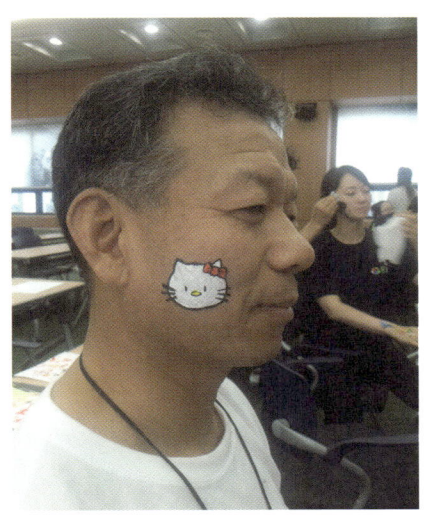

◎ 주말 프로그램 페페(1)

◎ 주말 프로그램 페페(2)

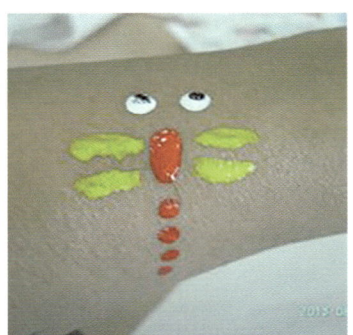

◎ 주말 프로그램 페페(3)

◎ 주말 프로그램 페페(4)

팔팔하고 삼삼한
83기 발단식

'팔팔하고 삼삼한 83기!' 교육 마지막 절차로 발단식을 하는 날이다.

5층 대강당에 강의용 책상을 치우고 원탁을 배치하여 하얀 보로 덮었다. 강당 밖 접수 공간에는 뷔페 음식이 차려지고 교육생들은 깔끔한 단복을 차려입은 채 삼삼오오 강당을 채웠다. 교관과 홍보대사, 교육원장, 코이카 이사장, 그리고 코바 이사장 등 주요 인사가 참석하자 코바 사무국장의 사회로 발단식이 시작되었다.

공연 준비하느라 축사나 다른 행사에는 신경 쓸 겨를이 없었다. 바지는 단복을 입고 상의는 진한 청색 기수티를 입었다. 8명이 연습을 해왔건만, 1명이 일이 생겨서 발단식에 참여하지 못했다.

긴장되고 떨려서 그런지, 아니면 갑자기 빠진 1명 때문인지 다들 말이 없었다.

축사가 끝나고 난타 순서가 되어 무대에 올랐다.

단상과 마이크를 치우고 한구석에 밀어 두었던 북을 밀고 나와 각자 자리를 잡았다.

공연이 어떻게 진행되었는지는 기억나지 않는다. 긴장도 되고 실수하지 않으려고 애쓰는 바람에 다른 사람의 북소리를 듣거나 관중석을 바라볼 여유가 없었다.

입소하기 전에는 코이카 홍보대사가 누구인지 몰랐었는데, 오늘 내외빈 소개할 때 보니 엄홍길 대장이었다.

식이 끝나고 만찬 중에 귀빈석을 보니 누가 잠시 자리를 비웠는지 홍보대사 옆자리가 비어 있었다. 잠시 말씀을 나누고자 옆자리로 갔다.

"대장님 여기 좀 앉아도 되겠습니까?"
"네, 그러세요! 어서 앉으세요!"
"이렇게 축하하러 와주셔서 감사합니다!"
"좋은 일 하러 가시는데 당연히 와야지요!"

내가 여기에 앉아도 되는 걸까? 무례한 행동은 아닐까? 속으로 걱정을 하였었지만, 대장님이 환한 미소로 반겨 주시니 마음이 한결 놓였다.

"『거친 산 오를 땐 독재자가 된다』는 책 봤습니다!"
"그러셨군요! 감사합니다!"
"자세한 내용은 생각나지 않습니다만, 제 생각에는 저희와 같은 해외로 단신 파견되는 봉사단원도 독단적 행동을 해야 할 경우가 생기지 않을까 합니다!"
"네, 그럴 수 있겠지요!"
"혼자 현지 기관에 파견되어 현지인들과 부딪쳐 가며 살아야 한다는 것이 걱정도 됩니다!"
"걱정하지 마셔요! 모두 잘 해내실 겁니다!"

물론 현지에 전임자나 다른 봉사자가 있을 수도 있고, 봉사단 운영 규정과 실행지침이 잘 되어 있어서 현지사무소와 긴밀히 연락하고 소통을 잘하면 혼자 결정할 일이 많이 줄어들겠지만, 그래도 미처 예상치 못한 일이 발생하는 등 피치 못할 이유로 사무소와 연락이 되지 않으면 혼자서 결정하고 행동해야 할 경우도 있을 것이다.
4주간의 다양한 교육이 현장에서의 정확한 의사결정 능력을 발휘할 수 있게 하고 단원들의 문제 해결 능력도 배가시켜 놓았을 것이다.

발단식이 끝나고 네팔팀은 네팔 음식 전문점을 찾아 동대문으로 향했다. 미리 현지음식 체험도 하고, 그동안 현지어를 가르쳐 준 쁘라까스에게 식사 한번 대접하자고 뜻을 모았다.
'에베레스트'라는 간판이 붙은 식당은 수백 가지 네팔 물건들로 빼곡하게 장식을 했고, 주방장, 주문받고 음식 나르는 사람, 사장 등 모두 네팔사람이라고 했다.

쁘라까스가 주문하고 음식이 나오자 하나씩 설명을 했다. '달밧'에 '난', '라시'와 맥주도 나왔다. '달'은 멀건 녹두죽 같았고, '밧'은 태국 여행 갔을 때 먹어 본 것처럼 찰기가 없었다.

　화덕에 구운 '난'은 어릴 적 어머니가 칼국수 만드실 때, 홍두깨로 얇게 민 반죽을 다 썰지 않고 마지막 꼬리 부분을 손바닥만 하게 남겨 주시면 그걸 쇠죽 끓이던 아궁이에 넣어 구워 먹던 것과 같이 구수한 맛도 나고, 기름을 발라 놓아 고소한 맛도 났다. 그 위에 카레를 넉넉히 올리니 입안 가득 만족감이 차올랐다.

◎ 발단식 난타 공연 후

◎ 발단식 후 교육원장님과

◎ 발단식 후 뒷풀이, 네팔음식 전문식당 에베레스트에서

◎ 엄홍길 대장님과

파견 대기

"후혀니 네가? 왜? 가족들은 어쩌고?"

이승도 선생님은, 안동교대를 마치시고 첫 부임지로 평온초등학교에 오셔서 3학년 담임을 맡아 첫 인연을 맺었고, 6학년 때 또 담임을 맡으셔서 그런지 지금도 모든 학생의 이름을 기억하고 계신다.

졸업 후 20년이 지나서 선생님이 인천 모 초등학교에서 교편을 잡고 계시다는 소식을 듣고 연락이 되어 그 후 가끔 뵙고 있었는데, 출국을 앞두고 인사를 갔다.

"아직은 일할 나이 아닌가? 2년짜리 봉사면 정년퇴직하고 가는 것이 좋지 않아?"

잔을 받으시면서, 너무 서둘러 봉사를 선택한 것이 아니냐는 듯한 말씀을 하셨다. 봉사도 봉사지만, 남아 있는 가족들이 걱정되어서 하시는 말씀일 것이다.

"좋은 일 하러 간다는데 말릴 수는 없고, 허, 참, 나!"

직장을 그만두고 봉사를 떠나는 이유를 주저리주저리 읊어 드리기는 했지만, 가족들 문제에 대해서는 아무런 핑곗거리를 찾지 못했다. 명분이 있다 한들, 갑자기 남겨진 가족들이 겪을 어려움에는 어떤 말로도 핑계가 되지 않을 것 같았다.
처음엔 걱정 어린 질문과 조언을 해주시더니 나중에는 힘을 주는 격려를 해주셨다.

"그래, 너는 뭐든 잘할 수 있을 거야! 성격에도 잘 맞을 거고, 네 아버지 봐서 잘 안다!"

그때는 담임 선생님이 각 마을로 가정방문을 다니셨고, 지역사회 일에도 관심이 많으셨다. 또한, 운동회 때마다 동네 사람들도 참여하고, 봄, 가을 소풍은 각 마을로 다녔기 때문에 학생뿐만 아니라 가족들에 대해서도 훤히 알고 계셨다.

교육 끝나고 파견되기까지 길지 않은 시간이지만, 그동안 알고 지내던 사람들을 만나 작별을 고했다. 이민 가는 것도 아니고, 2년이면 돌아올 텐데 뭐 그리 요란을 떠나 싶었지만, 그래도 도망치듯 사라지고 싶지는 않았다.

◎ 동탄성심병원 마라톤 후배들

◎ 이승도 선생님과

◎ 임상병리 제자들

◎ 출국 전 가족 기념사진

2장

현지 교육

PhoolKo
Aankhama

네팔 도착

　　　　　단원 출국에 문제가 생기지 않도록, 담당 교관이 출국하기 전날까지 신경을 써주었다. 필요한 물건 잘 챙겼는지 확인하고, 출국 당일은 공항까지 배웅을 나왔다. 긴장 풀어지라고 농담을 했지만, 너무 긴장한 탓이었는지 공감도 못 해주고 출국장으로 나갔다.

　멀미!
　어려서부터 차멀미가 심했다. 어머니 따라 서울 올 때, 차에서 내린 후에도 한동안 정신을 차릴 수가 없었다. 비행기 역시 마찬가지다. 기내에 들어오면 자리도 잡기 전에 속이 울렁거리고 어지러웠다.
　이륙 후 1시간도 되지 않아 앞자리 B 단원은 코를 골지만, 난 잠이 오지 않았다. 영화를 보거나 음악을 들으려 해도 못난이 이어폰이 귀만 아프게 했다. 상체를 뒤로 조금만 기대고 싶지만, 수직으로 세운 듯한 등받이는 옆이나 앞으로 쏠리지 않으려 힘을 줘야 했다. 이것 때문에 허리가 아픈 것도 같고, 다리는 뻗을 수도 없어 묶여 있는 듯 불편했다.

혹시 술을 한 잔 마시면 잠이 올까 싶어, 포도주를 한 잔 마셔 봤지만, 머리만 더 아팠다.
차라리 마시지 말걸!

잠을 좀 자고 싶은데 잠이 오지 않으니, 약간의 짜증과 함께 쓸데없는 걱정이 시작되었다.
지금 가고 있는 네팔이란 나라는 어떤 나라일까?
2008년부터 정치는 안정되어 가고 있고, 문화적 차이도 크다고는 하지만 실제로 어떨지는 아직 모를 일이었다.
먹거리는 충분할까? 주거 상황은 괜찮을까? 운동은 할 수 있을까? 여러 궁금증과 우려에 가슴이 답답해져 갔다.

걱정하던 마음을 구름 위에 두었는지 착륙하면서 기분이 좀 맑아졌다. 출국장을 빠져나오자 현지사무소 직원들과 근처 단원들이 나와서 반가이 맞아주었다. 기대하지 않았던 열렬한 환영에 현지 도착을 실감하며 버스에 올랐다.
공항을 빠져나와 링로드(카트만두 시내를 이어 주는 순환도로)에 들어서자 숨이 턱 막혔다. 매연과 흙먼지에 창문을 닫았는데도 알 수 없는 유쾌하지 않은 냄새가 기도에 머물러 있는 듯 숨쉬기가 곤란했다.

대사관에 도착하자 숨쉬기가 좀 나아졌다. 차가 별로 다니지 않는 주택가에 자리를 잡은 탓에 쾌적한 느낌이었다.

대사관 상견례를 마치고 두 달간 합숙할 유숙소로 갔다. 유숙소는 대사관과 멀지도 않고 주택가여서 역시 공기가 괜찮았다.

버스에서 내리자 덩치가 크고 인심 좋게 생긴 경비가 대문을 열어주었다. 1층은 응접실과 강의실, 주방 그리고 작은 도서관도 있었고, 2층 숙소는 남자 단원 4명이 방 하나씩 차지하고, 3층은 여자 단원 4명이 하나씩 차지했다.

여장을 풀고 옥상에 올라가니 카트만두 하늘에 쌍무지개가 떴다. 83기 도착을 알리는 건가? 상스러운 일이 많이 생기면 좋겠다.

아래를 내다보니 빈 공터에 한 주민이 낫으로 수북이 자란 잡초를 깎고 있었다.

그동안 긴장된 생활의 연속이었는데, 짐 풀고 나니 당장은 할 일이 없어, 풀이라도 깎아 볼까 하는 생각에 B 단원을 불렀다.

"B형? 풀 깎아 봤어? 저기 가서 풀이나 깎아 볼까?"

B 단원도 심심했는지 좋다고 따라나섰다.

어리둥절한 표정으로 낫을 넘겨준 아주머니는 뒤에 서 있고, 삼복에 팔자에 없는 풀을 깎고 있는데 유숙소 3층 창에서 선배가 불렀다.

"후현 씨?"

"왜요?"

"다들 들어와요! 회의하게!"

"알았습니다!"

낯을 주인에게 건네주고 강의실에 자리를 잡자 사무소 직원이 와서 교육일정표를 나눠 주며 식사 얘기를 먼저 꺼냈다.

"합숙하는 동안 식사를 자체 해결해야 합니다. 앞선 어느 기수에서는 처음에는 같이 어울려 밥을 해 먹다가, 중간에 서로 의견이 맞지 않아 12명이 각자 해결을 했어요. 83기는 마찰 없이 잘 지내면 좋겠어요!"

"우리도 직접 해 먹어요! 싸우지는 말고!"

직접 해서 먹자는 의견에 모두 찬성은 하였지만, 당번을 정하자니 2~3명씩 조를 짜서 돌아간들 남자들이 밥, 반찬을 얼마나 잘할 것이며, 메뉴는 또 어떻게 할 것인지 답이 나오지 않았다.

"쉽게 갑시다! 남자들은 시장 보고 설거지하고, 여자들은 밥하고 반찬 하면 어떻습니까?"
"…"

K 단원의 제안에 여자분들이 별로 좋아하는 눈치는 아니지만, 결국에는 기꺼이 받아 주었다.

◎ 공항 도착, 마중 나온 선배 단원, 사무소 직원

◎ 유숙소 전경

◎ 유숙소 도착 첫 회의

현지적응

　　　　네팔에 도착한 다음 날 오후에 선배 단원이 와서 유숙소 주변을 안내해 주었다. 네팔에서 제법 큰 농산물 시장인 '깔리마띠'는 유숙소에서 1km 정도 떨어져 있어서 걸어서도 다닐 만한 거리였다.
　시장을 같이 가려고 숙소를 나오자 가게 앞에서 낮잠 자는 개들이 먼저 눈에 띄고, 파란 망고를 쌓아 놓은 과일가게도 눈에 띄었다.

　도로 중간에 그릇이 보였다. 큼직한 도자기 그릇에 밥을 꼭꼭 눌러 담고, 도깨비형상이 인쇄된 종이를 나무젓가락에 붙여서 밥 중앙에 꽂아 놓았다. 근처 뉘 집에 제사를 지내고 길거리에 내놓은 것일까? 지나가던 차에 치였는지 얇은 뚝배기는 이미 깨졌고 뭉쳐진 밥에 깃대만 꽂혀 있었다.

　큰길에 나오자 길 중간에 소 두 마리가 버스와 자동차, 오토바이가 오는 것을 태평스럽게 지켜보면서 한 마리는 누워 있고 한 마리는 서 있다. 그 옆에는 파헤쳐진 무덤처럼 널브러진 쓰레기 더미를 얼룩소와 누렁이가 뒤지고 있었다.

어릴 적 시골에는 집마다 소를 한 마리씩 키웠었다. 송아지 티를 벗은 소는 코뚜레 꿰어 목사리 뒤로 옭아서 밤낮으로 말뚝에 매어 두고, 하루 세끼 사람 밥 먹듯 여물을 챙겨 주었는데, 여기는 고삐 하나 없이 자기 멋대로 도로를 배회하고 쓰레기를 뒤지고 있었다.

불편할 만도 한데, 사람이나 차가 소를 피해서 지나갈 뿐, 누구 하나 손댈 생각을 하지 않는다는 것이 더 신기했다. 이들에게는 소로 인한 불편함보다 소에 대한 예우가 더 중요한가 보다.

문화충격에 넋두리할 시간이 아니었다. 사진 몇 장 찍다 보니 동료들은 저만치 앞서가고 있었다. 헐레벌떡 따라잡고 보니 모두 모자를 눌러쓰고, 마스크를 단단히 매고, 선글라스까지 쓰고 있어서 얼굴을 알아볼 수 없을 정도였다.

시장 입구 노점에 늘어놓은 호박잎, 부추, 두부를 보자, 먹거리는 우리와 별반 다르지 않다는 생각이 들고, 야채가 많이 있으니 반찬 재료는 걱정하지 않아도 될 것 같았다. 시장 안으로 들어서자 양파, 감자, 당근, 마늘, 생강, 가지, 무, 오이, 호박 등 우리네 어느 시장이나 비슷한 물건이 많고 더러는 처음 보는 것들도 있었다. 시장 나온 김에 배낭 가득하게 야채를 사서 둘러맸다.

세 번째 날은 대사관 서기관이 네팔의 정세 및 한-네 관계와 민간외교 등을 자세하게 알려 주었고, 노르빅병원(Norvic International Hospital)에서 신체검사도 했다. 오후에는 은행, 통신사 등 실생활에 필요한 기관을 방문해, 핸드폰 개통하고 통장도 개설했다.

그 후, '네팔인에게 듣는 네팔인의 삶', '네팔의 역사 및 문화이해', '네팔의 물 및 전기사정 이해', '전통음식 체험', '전통문화 체험', '문화탐방', 등 현지적응 교육이 차근차근 이어졌다. 현지 생활에 대한 교육이 잘 짜여 있었던 것을 모르고 비행기 안에서 괜한 우려를 했던 것에 실소가 나왔다.

여러 교육 중에 안전교육은 NSET(National Society for Earthquake Technology)에서 운영하는 CELC(Community Earthquake Learning Center)를 방문하여 실습으로 진행되었다. 폐타이어에 불붙여서 화재진압 연습을 하고, 안전담당 현지 직원인 띠까의 네팔은 지진 위험국이니 지진에 철저히 대비해야 한다는 강의를 듣고서야 네팔도 지진 위험 국가라는 것을 알게 되었다.

지진이라고 하면, 환태평양 화산대가 어쩌고, 일본, 인도네시아, 필리핀이 저쩌고 하는 뉴스를 많이 들어서 그런지, 지진은 섬나라에서 주로 난다고 생각했지 내륙 깊숙한 네팔은 지진이 일어나지 않는 나라인 줄 알았었다.

◎ 길거리를 점령한 소

◎ K단원 완전무장

◎ 깔리마띠 풍경(1)

◎ 깔리마띠 풍경(2)

◎ 깔리마띠 풍경(3)

◎ 깔리마띠 풍경(4)

◎ 안전교육, 화재진압 실습

현지적응

길거리 대화 실습

아침에 일어나 동네 한 바퀴 가볍게 뛰면서 집 앞에 내놓고 파는 '로띠'를 한 봉지 샀다. 10개가 든 한 봉지에 200루피, 와 싸다! 우리 돈 2,500원.

토스트와 시리얼, 로띠, 그리고 푸짐하게 잘라 놓은 망고로 아침상이 차려졌다. G 선배 덕분에 하루 세끼 식단이 네팔 오기 전보다 풍성해져서 살이 좀 찔 것 같다.

'로띠'는 네팔 전통음식 중의 하나로 쌀가루를 튀겨 만든다. 모양은 얇은 베이글이나 도넛처럼 생겼어도 맛은 전혀 달랐다. 쫀쫀하고 구수하며 밥 대용으로도 가능할 것 같았다.

현지어 강습은 대학교 학장으로 있는 '어눕' 선생과 한국어 학원을 운영하는 '딜립' 선생이 유숙소로 오셔서 진행했다.

어눕 선생은 학장이라 그런지 여유 있는 표정과 말투에 믿음이 가고, 오랜 경험 탓인지 단원들이 무엇을 필요로 하는지 다 알고 있는 듯, 상황에 따른 주제와 관련 단어들을 일목요연하게 정리해 주었고, 딜립 선생은 학원 원장답게 일상생활에 필요한 대화 위주로 수업을 했다.

수업 시작 3일 만에 길거리에 나가서 현지인과 대화 연습을 하라고 했다.

아니, 벌써?

네팔에 도착한 것으로 계산해도 5일밖에 되지 않았는데 현지인과 대화를 하라고?

당황스럽고 걱정부터 앞서지만, 준비되었다는 믿음이 올 때까지 기다릴 수는 없는 노릇이다. 부딪치며 배우는 것이 가장 빠른 방법인지도 모른다.

그동안 정리해 두었던 노트와 간단한 짐만 챙겨서 숙소를 나왔다.

새벽마다 주민들이 복을 비는 장소인 '먼딜(작은 사당)'을 지나 상가들이 있는 쪽으로 갔다. 각자 흩어져 가게 주인들에게 말을 걸었다. 손님이 없는 한가한 시간이라 그런지, 원래 성격이 낙천적이라 그런지, 모두 환한 미소로 반겨 주었다. 과거에도 여러 번 단원들이 왔었기 때문인지 이미 익숙한 듯, 우리가 무슨 말을 하려다 말문이 막히면 자기들이 단어를 알려 주기도 했다.

어느 나라나 길거리 음식이 있는 법이다.

여기도, 손수레에 여러 먹거리를 진열해 놓고 파는 노점상이 눈에 띄었다. 길거리 음식이 맛도 좋고 간식으로 제법인데 사무소 직원이 먹지 말라고 했으니 눈길도 주지 않고 지나쳤다.

과거 수차례 단원들이 길거리 음식을 먹을 때마다 배탈이 났으니 절대 먹어서는 안 된다고 했기 때문이었다. 특히, '빠니뿌리'만큼은 먹을 생각도 하지 말라고 했었다.

"어느 것이 빠니뿌리예요?"

먹지 말라고 했으니 먹지는 않더라도 그게 어떻게 생겼는지 궁금해서 물어보았다.

"지금 여기에는 없는데, 딱 보면 알 수 있을 거예요. 달걀 정도 크기로 동그랗게 생겼는데, 안은 텅 비어 있는 튀김 비슷해요!"

서투른 길거리 인터뷰를 마치고 유숙소로 돌아오니 시간이 좀 남았다. 수업하기에는 애매한 시간이라 탁구를 한판 치자고 했다. 건물 앞 그늘에 탁구대를 설치하고 두 선생님이 한편이 되고, 나와 B 단원이 한편이 되었다. 두 선생님의 실력이 만만치 않았다.
교육원에서 칠 때는 다들 공을 빠르게 보내려고 애를 썼고 공에 회전을 걸어도 정방향 회전이나 역방향 회전을 주로 걸었었는데, 이분들은 공을 빠르게 보내지는 않지만, 옆회전을 강하게 걸어서 보내니 탁구대에 맞고 튀어 오를 때 옆으로 꺾여 따라가기도 힘들었고, 제대로 받아 내기도 어려웠다.

두 게임 끝내고 탁구대를 치우는데 손가락이 가려웠다. 탁구채를 꽉 잡아서 그런가 생각했지만, 부위가 달랐다. 잠시 쉴 때 모기에 물렸나 하고 살펴보았으나 물린 자국은 없었다. 시간이 지날수록 더 가렵고, 저녁에는 입술 주변도 가려웠다.

처음엔 땀 때문에 긁어서 그런 줄 알았지만, 그것이 아닌 것 같았다. 입술 주변도 가려운 것을 보니 아침에 먹은 망고 때문일 것이라는 생각이 들었다.

이런!
망고에 과민반응이 있다는 말인가!
흔하고 맛난 망고를 먹고 싶을 때 원 없이 먹을 수 있을 줄 알았는데, 이제 눈앞에 두고도 못 먹게 생겼다.

◎ 쉬는 시간에 딜립 선생님과

◎ 어눕 선생님 수업 장면

◎ 로띠를 곁들인 아침식사

◎ 유숙소 옆 먼딜

◎ 길거리 음식

◎ 길거리 대화 실습(1)

◎ 길거리 대화 실습(2)

◎ 길거리 대화 실습(3)

설거지가 문제야

"후현 지?"

네팔 말이 점점 익숙해져 가나 보다. 옥상에 빨래를 널고 3층을 지나오는데, G 선배가 '씨'가 아닌, '지'를 붙여 불러 세웠다.
'지'는 우리말 '씨'처럼 상대방에게 대한 존칭이다.

코이카에서는 50세가 넘은 단원은 시니어라 칭하는데, 83기 네팔팀은 8명 중 5명이 50대가 넘어 시니어 단원으로, 남자 4명 모두 시니어 단원이다. 여자 단원 3명은 20대 후반과 30대 초반이고, 나머지 1명이 시니어 단원으로, 나에겐 학교 선배이다.
G 선배가 여자 단원 중 나이가 가장 많으니 대표 격이고, 남자 단원 중에는 내가 후배여서 그런지 무슨 일이 있으면 항상 나를 불렀다.

"할 얘기가 좀 있어요!"

"네, 무슨 일이신데요?"

"젊은 단원들 불만이 커요!"

"네? 그러면 안 되죠! 더 커지기 전에 해결해야 할 텐데, 남자들이 옥상 오르내리며 사생활 침해해요?"

"아니, 설거지 때문에 그래요!"

"아, 난, 또, 빨래 널고 오는데 부르시기에, 여기 지나다니면서 불편을 끼쳐드리는 줄 알았네요. 설거지 문제라면, 설거지가 깨끗하게 되지 않아서 그러나요?"

"그게 아니라, 설거지를 왜 둘만 하는 거예요? 4명이 똑같이 해야지?"

"아, 그건, 남자들끼리 알아서 하는 일이니 신경 쓰지 않으면 좋겠습니다만!"

"나야 신경 안 쓰지만, 젊은 사람들은 그렇게 생각 안 해요! 다 같이 돌아가며 하는 게 좋겠대! 그리고 시장은 왜 또 후현 지 혼자서 봐?"

"시장 봐 오는 거야 뭐, 혼자 다 보는 건 아니잖아요! 혼자 갈 때가 종종 있지만, B도 같이 가기도 하잖아요. 제가 밖에 다니는 거 좋아하고, 운동 삼아 갔다 오는 것이니 신경 쓰지 말라고 잘 말씀해 주세요. 그리고, 설거지는 환갑 넘은 분들이 하는 거 제가 원치 않아요! 집에서도 설거지 안 해봤을 테고, 물론 하면 잘하겠지만, 세제를 다 헹구지 않고 대충 끝낼까 봐 염려도 되고, 접시라도 깬다거나, 그러다 손이라도 벨까 걱정이 되어서요!"

"아이, 말도 안 되는 소리 하지 말고, 진지하게 생각해 봐요! 젊은 단원들을 설득해 봤지만, 공평하지 않다고 생각해요!"

"한 살이라도 젊은 사람이 손발 더 움직이는 것이 공평한 거예요!"

"농담하지 말래도 그러네!"

"그렇다면, 제가 형님들한테 일주일에 한 번씩 밥 사라고 할게요! 주말마다 단체 외식 어때요? 대사관에서 조금 더 나가면 현지 식당이지만 깔끔한 레스토랑 있다고 들었어요! 다른 식당도 있을 겁니다! 삼겹살도 한 번씩 먹으러 가고요! 외식하다 보면 말도 늘고 좋지 않아요?"

"밥 안 사겠다면 어쩌려고?"

"돈을 쓰고 싶어도 쓸 기회를 주지 않아서 못 쓰는 경우가 있어요! 돈 쓸 기회를 주면 좋아할 거예요!"

"아~, 정말, 말장난 그만하고, 설거지는 돌아가며 안 할 거예요?"

"어르신 강제노역시키면 안 돼요!"

"그런 게 어딨어? 끝까지 농담하고 그래?"

"아님~! '네 가지' 없다고 두들겨 맞아요!"

"뭔 소리를 하는 거야? 알았어요. 그만해요. 도대체 말이 되는 소리를 해야 대화를 하지!"

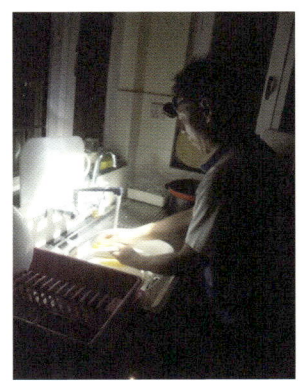
◎ 정전, 어둠 속 설거지

◎ 풍성한 식단

난 망했다 – 피쉬 수프

주말이 되어 약속했던 외식을 나갔다.

"어디로 갈까요?"
"대사관 지나서 쭉 가면 큰길 옆에 깔끔해 보이는 식당 있던데 그리로 갈까요?"
"일단 가봅시다!"

큰길에서 들어오는 골목 입구 2층에 'Gandaki Tandoori Restaurant'이 있었다. 안으로 들어서자 내부가 넓고 깨끗했다. 창가에 다 같이 앉을 수 있는 곳에 자리를 잡고 각자 주문을 했다.
나를 제외한 남자 세 단원은 국물이 걸쭉하고 시원한 '뚝바'를 시켰고, 여자 단원들은 달밧에 치킨 수프와 전통 빵인 '난'을 골고루 시켰다. 나는 호기심이 발동하여 처음 보는 메뉴인 '피쉬 수프'를 시켰다.

네팔에서 생선이 들어간 음식을 본 적이 없는데 어떻게 나올지 궁금했다.

 음식은 난과 뚝바가 먼저 나왔다. 뚝바는 양도 많지 않고 간단히 한 끼 때우기는 괜찮아 보였다. 그다음 달밧에 치킨 수프가 나왔다. 나름 먹음직스럽고 깔끔하게 나왔다. '밧'은 넉넉하지만 '달'이 작은 종지에 나와 양이 너무 적어 보였다.

 뚝바 그릇이 다 비도록 내 음식은 나오지 않았다. 하지만 맛있게 하느라 늦게 나오는 것이라고 스스로 위안했다.

 드디어 음식이 나왔다.

 ?

 이것을 어떻게 먹지?

 '달'은 없고, '밧'과 생선 수프만 나왔는데, 수프 모양을 보자 식욕이 사라졌다.

 치킨 수프와 국물은 같은데, 치킨 수프에는 삶은 닭고기를 길쭉하게 썰어 넣었듯이, 피쉬 수프에는 짜리몽땅 미꾸라지를 통으로 삶아서 걸쳐 놓은 모양이었다.

 추어탕이나 동태탕을 기대했던 내가 잘못이었다. 손가락처럼 생긴 물고기를 그냥 넣어 주리라 상상도 못 했으니 말이다.

◎ 구수하고 고소한 네팔 전통빵 '난'

◎ 먹음직스러운 치킨 달밧

◎ 예상치 못한 피쉬 수프

비 오는 주말에는
못난이 만두를

토요일, 아침부터 비가 내렸다. 공부들을 하는지, 낮잠들을 자는지 밖으로 나오는 단원이 없었다.

강의실에 있자니 답답하고 도서관에서 책을 좀 읽다가 경비초소에 갔다. 덩치 큰 경비가 점심을 준비하는지 사발만 한 작은 냄비에 야채를 볶고 있었다.

"께 버나우니?(뭘 만드니?)"

"*&^%$#@!"

짧은 대답이 돌아왔지만 무슨 말인지, 한 단어도 들리지 않았다. 알아듣지 못하니 더 물어볼 수도 없어 그냥 우두커니 서서 지켜보고 있으니 힐끔힐끔 돌아보며 웃기만 했다.

떨까리(나물 반찬)를 만드나 보다. 우리말 나물이 네팔말로 떨까리인데, 나물 반찬도 역시 떨까리다. 이 경비는 아침은 찌야(우유에 끓인 녹차)로 때우고, 점심은 떨까리만 카레에 볶아서 밥과 비벼 손으로 먹는다. 네팔인들의 기본 식사가 '달밧(국과 밥)'이라지만, 이 경비는 달은 끓이지 않는 모양이다.

다 익었는지 냄비를 들고는 나에게 내밀어 보였다. 같이 먹겠냐고 묻는 거 같아서 아니라고 손사래를 치며 경비실에서 나왔다.

비가 오니 다들 흙탕길을 걸어서 외식하러 가는 것도 내키지 않는 모양이었다. 그렇다고 선뜻 자기들이 준비하기도 그렇고, 남자들에게 밥해 달라는 말도 안 나오는 모양이었다. 이럴 땐 배달이 최고인데 여긴 배달문화가 없으니 아쉬울 뿐이다.

"형님, 여자 단원들이 외식할 맘이 없나 봐! 돈 굳었네! 수제비나 끓이고 부침개나 부칠까요?"
"그럽시다! 남자들이 합시다!"
"형님은 뭐 하실래요?"
"뭐 해야 합니까?"
"뭐, 할 거 많죠, 마늘도 까고, 양파도 까고, 반죽도 하고!"
"그럼 양파 깔게요!"
"양파요? 눈물 좀 흘리셔야 할 텐데요?"
"아뇨, 저는 눈물 안 납니다. 마늘 양파 까도 아무 문제 없어요!"
"그럼, 양파 까시고, J 형님은 반죽하셔요!"

밀가루에 달걀을 풀어 한창 반죽을 치대고 있는데 G 선배가 나타났다.

"에계! 반죽이 이게 뭐야! 너무 적어요. 큰 그릇에 이거 두 배는 돼야지!"
"어쩐지, 치대기가 안 좋더라고! 진작 알려 줬어야지!"
"아니, 후현 지는 뭐하고 고참이 양파를 깐대?"
"저는 눈이 따가워서 못 해요! K 형님이 자원했어요!"
"뺀질거릴 때도 다 있네! 근데, 주문이 바뀌었어요! 수제비보다 만두가 먹고 싶대요!"
"네? 만두~요~?"

만두라는 말에 대답을 흐렸다. 수제비야 뭐 대충 호박, 양파, 감자 썰어 넣고 끓이면서 반죽만 뜯어 넣으면 될 것 같은데, 어릴 때 추석 준비한다고 송편은 만들어 봤지만, 만두는 속을 만드는 것부터 어떻게 해야 할지 자신이 없었다.

"시간이 좀 걸릴 텐데요? 8인분 만들자면 밤 새야 할 거 같아요!"
"잔말 말고, 먹고 싶다는 거 해줘요!"

쪼그리고 앉아 만두 빚을 생각에 다리가 벌써 저린데, 주방 문이 열리고 아리따운 세 단원이 들어왔다.

"우리도 만두 만들래요!"

침침하던 주방 분위기가 한순간에 화기가 돌면서 밝아졌다.

"어서들 와요! 같이하면 좋죠!"

만두 빚어 놓은 쟁반을 보니 가관이었다. 내가 만든 것만 못생긴 것이 아니라 다행이었다. 모두가 다 개성 있게 생겼다. 일부러 저렇게 못생기게 만들기도 어려울 것 같았다.

"자기가 만든 거 자기가 먹기!"
"난 내가 만든 거 안 먹을래!"

누군가가 자신이 만든 만두는 먹지 않겠다고 했다. 못난이 만두 만든 것이 탄로 날까 봐 그러는 모양이다.
반죽이 떨어지자, 서로의 얼굴에 묻은 밀가루를 쳐다보며 웃다가 장난을 치기 시작했다.

저런!
저런!
네 얼굴, 내 얼굴 밀가루 범벅이 되고, 옷이며 바닥이며, 주방은 난장판이 되어 갔다.

◎ 못난이 만두 빚기 대회라도 하나

◎ 만두 재료 준비

◎ 만두를 빚는 건지, 난장판을 만드는 건지

비 오는 주말에는 못난이 만두를

문화탐방 – 치트완

　　보름 만에 문화탐방 일정이 잡혔다.
　배낭 한가득 짐을 챙겨 버스를 타고 '치트완'으로 갔다. 치트완 국립공원 내에 있는 호텔 '와일드라이프 캠프'는 사파리를 주로 하는 리조트였다.
　카트만두에서는 사원이든, 궁이든 방문하는 곳마다 북적이는 사람들과 하늘을 덮을 듯한 비둘기, 뻘건 물감과 쌀알, 그리고 곳곳에 피워 놓은 초와 향으로 인한 특유의 냄새 때문에 문화재나 관광지라기보다는 지저분한 시장통 같은 느낌이었는데, 여기는 리조트답게 잘 관리된 정원이 초가지붕을 위시한 나지막한 건물들과 조화를 이루고 있으며, 이 나라의 국화인 붉은 색 '난리구라스'뿐만 아니라, 봉선화, 하루초, 수국 등 낯익은 꽃들과 이름 모를 꽃들이 정원수와 잘 어우러져 휴양지다운 면모를 갖추고 있었다.

각자 객실에 여장을 풀고, 코이카에서 지원한 국립 치트완 의과대학을 방문하였다. 대학캠퍼스는 주변 주택이나 상가들과 구분이 되지 않을 정도로 조경 같은 개념 없이 밋밋하고, 건물도 낡아서 방치된 건물 같은 느낌이 들었다.

학장실에서 학교에 관한 설명을 듣고 건물을 돌아보며 도서관에 들렀다. 오래되기도 했고, 사용을 많이 했는지 너덜너덜해진 책들이 불과 몇백 권 되지 않을 듯했다.

도서관에 책이 많다고 학생들이 많이 보는 것은 아니겠지만, 학생들 형편에 전공 서적이나 보고 싶은 책들을 개인적으로 다 구매하기는 어려울 것이니, 도서관에서라도 더 다양한 책을 확보하는 것이 좋겠다는 생각을 했다.

밖으로 나오자 학장이 기다리고 있었다. 정자에 앉아 학생 얘기도 하고 책 얘기도 하다가 식사 장소로 갔다.

식당엔 이 근처에서 근무하는 선배 단원들이 먼저 와 있었다. 선배들의 격려를 들으며 알찬 시간을 보냈다.

다음 날은 코끼리 트레킹을 하는 날이었다.

체험장에 도착하니 덩치 큰 코끼리의 등에 안장을 잡아매고 있었다. 그 옆에는 안장 높이에 맞춰 고객이 쉽게 올라갈 수 있는 단을 만들어 놓았다.

4명씩 한 조가 되어 사각형 안장 모서리에 바깥을 향해 다리를 뻗고 앉았다. 우리 조의 코끼리는 머리가 희끗희끗하고 얼굴 주름이 많은 분이 고삐를 잡고 있었다.

코끼리가 걸음을 시작하자 '와~!' 하는 탄성부터 나왔다.

코끼리 등은 생각보다 높아서 코끼리가 움직일 때마다 출렁임이 심했다. 혹시나 떨어질까 불안한 마음에 안장 모서리에 세워진 짧은 기둥을 꽉 잡아야 했다. 특히 경사진 곳을 기우뚱거리며 걸을 때는 겁이 더 났다.

개울을 건너고 잎이 무성한 나뭇가지를 피해 가며 정글로 들어서자 주변이 어두컴컴했다. 처음에는 햇빛이 나뭇잎에 가려 그런 줄 알았더니 그런 것만은 아니었다. 시간이 좀 더 지나자 빗방울이 듣기 시작하고 이내 소낙비가 세차게 내렸다.

우산을 썼으나 몸만 가려 줄 뿐, 우산을 타고 안장에 떨어진 빗물은 엉덩이로 스며들고, 안장 밖으로 뻗어 있는 다리는 우산으로 해결될 문제가 아니었다. 게다가, 바람이 몰아치니 우산이 날려갈 지경이었다.

다른 신발은 안 가져왔는데 이를 어쩔꼬!

사자도 만나고, 누 떼도 만나는 정글 사파리를 예상했었는데 그렇지가 않았다. 안내서에는 여러 동물이 있다고 설명되어 있지만, 날아가는 새만 몇 마리 보았을 뿐, 흔들거리는 코끼리 타는 재미(?) 외에 다른 것은 없었다.

자연경관이라도 볼만한 경치가 있었으면 좋으련만 그렇지도 못했고, 뒤를 보고 앉아 있으니 뒤에 따라오는 다른 코끼리만 잘 볼 수 있었다.

다른 팀은 젊은이가 코끼리를 몰고 있었다. 손에 부지깽이 같은 나무 막대를 들고 코끼리의 목덜미를 찌르기도 하고 때리기도 했다.

저런!
동물 학대?

시골서 아버님이 소를 부릴 때는 고삐로 방향과 속도 조절을 했었다. 고삐를 좌우로 흔드는 것만으로도 밭고랑이 자로 잰 듯 반듯했었는데, 저렇게 나뭇가지로 찔러 대면 상처가 날 것만 같았다.
숲을 빠져나와 넓은 지역에서 우리를 앞지를 때 보니, 아니나 다를까 그 코끼리의 귀 뒤에는 작은 상처가 여러 개 보이고 핏자국도 보였다.
다시는 코끼리를 타지 말아야 할 것 같았다.

어느새 비는 뚝 그쳤고, 몸을 돌려 내가 탄 코끼리를 몰고 계신 할아버지를 지켜봤다. 연륜 탓인지, 할아버지는 느긋한 자세로 작대기 없이도 숙련된 솜씨로 몰고 계셨다.

◎ 조경이 잘된 와일드라이프 캠프(1)

◎ 조경이 잘된 와일드라이프 캠프(2)

◎ 치트완 의대 방문

◎ 코끼리 트레킹(1)

◎ 코끼리 트레킹(2)

베뜨니(Beteni) 마을의 거머리

　　　　단원들의 네팔 전통 체험을 위해 전통 풍습이 이 잘 보전되었다는 베뜨니 마을로 가기로 했다. 전통 가옥에 머물면서 현지인과 같은 식사를 같은 방식으로 하고, 잠도 현지인 집에서 자며 마을 풍습도 같이 즐길 수 있는 공정여행이었다.

　베뜨니 마을에 가기 위해서는 카트만두에서 버스로 3시간을 달리고, 거기에서 케이블카로 '머나까머나(Manakamana)'까지 올라가고, 머나까머나에서 또 1시간을 걸어야 했다.

　머나까머나는 1765년 지어진 힌두사원으로, 위치로 보면 카트만두와 포카라의 중간 정도 지점에 있다. 이 사원에 와서 소원을 빌면 다 이루어진다는 속설이 있어 네팔인들은 평생 한 번은 꼭 방문하고 싶어 하는 곳이라고 했다.

해발 1,300m 정도의 높이에 있지만, 접근로가 험악하여 차량으로 접근하기도 어렵고, 걸어서 가기도 힘들다. 그래서인지 다행스럽게도 네팔 유일의 케이블카가 놓여 있었다(현재는 2개, 찬드리기리, 2016년 완공).

4명이 탄 케이블카는 잿빛 트리슐리 강을 건너자마자 수직으로 상승하듯 가파르게 올라갔다. 유리창 밖으로 내다보이는 산등성이 계단식 논에는 벼가 한창 자라고 있고 밭도 보였다.
케이블카에서 내리자 크지는 않지만 고색창연한 사원이 있었다. 접근이 쉽지 않아 그런지, 사람이 많지 않았다. 고풍스러운 사원에서 무사 여행을 빌고 베뜨니를 향해 계단을 오르기 시작했다. 좁은 골목 양편으로 늘어선 가게에는 전통 북이며, 토기가 가득 쌓여 있었다.

기념품 상점을 지나서 산길로 들어섰다.
숲속에 나 있는 오솔길을 따라 1시간을 오르락내리락하면서 몸과 마음이 지쳐갈 때쯤, 전망이 훤히 트인 작은 등성이가 나왔다. 그 끝자락에 돌로 사각형 기단을 쌓고 그 중간에 어린 정자나무 하나를 심어 놓았다. 그 그늘에 젊은이 셋이 있는 것을 보니 근처에 마을이 있을 것이란 짐작이 갔다.
아니나 다를까, 정자나무에 당도하니 그 아래에 숲과 어우러진 40여 채의 가옥이 보였다.
모퉁이를 돌자 어디서 나타났는지 하늘색 상의를 입은 초등학생들이 언덕 위에 모여 서서 호기심 어린 눈으로 우리를 쳐다보고 있었다.

"나마스테!"

"나마스테!"

큰소리로 인사하자 어떤 애는 말로 화답하고, 어떤 애는 합장도 했다. 우리를 환영하기 위해 나와 있는 것 같아 사진을 몇 장 찍고 안내원의 성화에 마을로 들어갔다.

마을 입구에 다다르자 낯선 풍경의 옥수수밭이 먼저 눈에 들어왔다.
옥수수가 달린 채 옥수수가 달린 윗부분의 대를 모두 잘랐고 잎도 모두 떼어 내고 없었다. 옥수수와 대는 그대로 회갈색으로 바짝 말랐고, 바닥엔 잡초가 깔려 있었다.
옥수수가 달린 윗부분을 미리 자르면 옥수수가 크고 튼실해질까? 그럴 수 있겠다는 생각도 들고, 잘 마를 것 같다는 생각도 들었다.
여기는 쥐나 오소리, 멧돼지 같은 동물도 없고 비도 잘 오지 않는 모양이다.

넓은 돌 마당이 있는 집 앞에 이르자 주민들이 환영 행사를 준비해 놓고 기다리고 있었다. 단원들의 이마에 빨간 '띠까'부터 붙여 주었고, 측백나무 잔가지와 풀잎을 실로 엮고, 그 사이에 꽃을 끼워 만든 긴 목걸이(마라, 다른 곳에서는 보통 노란 꽃으로 만듦)를 걸어 주었다. 그리고는 한 주먹씩 묶은 빨간 꽃을 또 건네주었다.

환영식이 끝나자 안내원이 앞장서서 돌담 사이 좁은 돌계단을 따라 마을을 한 바퀴 돌았다. 아기를 안은 채 맷돌을 돌리는 아주머니를 보니 어릴 적 어머니와 두부콩 갈던 기억이 나고, 어느 집에서는 술 내리는 광경을 보니 어머니가 막걸리 담던 기억도 났다.

어느 집 마루턱에 걸터앉아 애들과 사진을 찍다 부엌을 들여다봤다. 염치없는 노릇이지만 가끔은 남의 집 안이 궁금했다. 안에서는 아주머니가 옥수수를 볶아 팝콘을 만들고 있었다.

"미토 데낀처!(맛있어 보여요!)"
"카누 훈처?(드실래요?)"

하얗게 튀겨진 팝콘이 정말이지 맛나게 생겼다. 그렇다고 먹고 싶다는 의미보다 그냥 맛있겠다는 표현을 하려고 했는데 아주머니는 대답도 하기 전에 다 되었다며 통째로 내밀었다.

이렇게 황송할 수가! 금방 튀긴 팝콘을 염치없이 들이닥친 객이 먹다니!

먼저 말을 걸었으니 사양한다는 것도 멋쩍은 일이라, 얼른 받으며 고맙다고 인사를 했다.

"엑덤 미토처!(아주 맛있습니다!)
데러이 던여밧!(대단히 감사합니다!)"

네팔인들은 돌 다루는 솜씨를 타고난 것만 같다.

산등성을 따라 마을로 이어지는 비탈길에 몇백 년 됐음 직하면서도 튼튼해 보이는 돌계단을 볼 때마다 감탄사가 절로 나왔다.

이 마을 역시 집집이 이어지는 골목이며 담장을 돌로 만들었고, 앞마당도 자연석을 이용해 타일처럼 평평하게 깔아 놓았다.

거기에서 돌 던지기도 하고 배드민턴도 치고, 애들은 어디서나 놀 거리를 잘 찾나 보다.

하루 묵을 집을 배정받아 주인을 따라가니 조명도 없는 어두운 방으로 안내했다. 가방을 뒤져서 티셔츠를 하나 꺼내서 주인에게 주었다. 마라톤 대회에 참가할 때마다 받아서 포장을 뜯지 않고 두었던 것을 여러 벌 가져왔었다.

잘 다져진 황토 바닥에는 2명이 앉을 만한 거적을 깔아 놓았고 거기에 앉으라는 시늉을 했다. 핸드폰 불을 비춰 가며 엉거주춤 자리를 잡자 밧과 떨까리가 담긴 쟁반을 가지고 왔다. 이어서 볶은 염소고기 한 종지와 '달' 한 그릇도 들어왔다.

염소고기 말고 닭고기를 달라고 할걸!

닭고기도 실제 준비가 되어 있었는지는 모르지만, 미리 무엇을 먹을 것인지 물어보기는 했었다. 네팔에서는 염소고기를 최고로 친다며, 염소고기 먹기를 유도하는 듯하여 그렇게 하자고 했었다. 그런데 내가 기대했던 염소고기가 아니었다.

양념(맛살라)을 많이 넣고 볶아 맵고 짜고, 살점보다는 뼈가 더 많고, 가장 난감했던 것은 고무만큼이나 질겨서 백 번쯤 어금니로 꽉꽉 씹어도 삼킬 수가 없었다는 점이다. 하지만 남기고 싶지 않아 계속 먹었다.

어릴 때부터 어머니가 해주시는 밥을 맛과 양에 상관없이 주는 대로 먹는 것이 습관이 되어 그랬는지도 모른다. 한 그릇 퍼주시면, 더 달라고 하지도 않고 남기지도 않았었다.

네팔에 와서 한 번쯤은 현지인처럼 손으로 먹어 보고 싶었었다. 이 나라 사람들도 일부는 수저나 포크를 사용한다. 그러나 손으로 먹는 분들에게 수저 사용을 권하면 자기네 전통을 무시하냐며 화를 낸다. 어떻게 보면 비위생적일 수도 있고 미련한 처사라고 치부할 수도 있겠지만, 아직 이들에게는 중요한 전통이다.

　이번이 손으로 식사를 하기에 가장 적당한 기회라는 생각이 들어 3명이 문 앞에서 지켜보는 가운데 손으로 먹었다.

　옆에 앉은 K 형님은 도저히 손으로 먹을 수 없었는지 수저를 달라고 했다. 젓가락을 가져오자 한두 번 먹는가 싶더니 젓가락을 든 채 가만히 있었다. 처음엔 고기가 질겨서 오래 씹나 보다 했는데, 그게 아니었다.

"왜 안 드셔요?"
"못 먹겠네요! 돌 같은 게 씹혀서….."
"그래도 좀 드셔야지, 끼니를 거르고 어쩌시려구요?"
"괜찮아요! 그냥 버텨 보는 거지요!"
"더 안 드실 거면 밖으로 나갈까요? 저는 다 먹었어요!"
"그럽시다. 노래나 들으러 갑시다!"

　조금 전부터 어디선가 소구(?) 두드리며 K 형님이 좋아하는 '레섬삐리리'를 부르는 소리가 들려오고 있었다. 소리를 따라가 보니 열댓 명 아이들이 작은 북을 손에 들고 두들기며 목소리를 높이고 있었다.

　뭔 일 있냐고 물었더니, 손으로 나를 가리켰다.

아~, 그렇지! 문화행사 한다고 했었지.

간단한 인사말이 끝나고, 어둠 속에서 연습하던 남자아이들이 나타나서 노래를 부르며 분위기를 돋우자, 전통의상을 입은 여학생들이 춤을 추었다. 음악이 빠른 리듬으로 바뀌자 무희들이 흩어져서 마루에 앉아 있던 관객을 붙잡고 마당으로 인도했다. J 형님은 춤을 추고 싶었는지, 기다렸다는 듯이 따라 나갔고, 춤을 못 추는 나도 끌려 나갔다.
그들과 하나가 된다는 것이 중요할 거 같아서 모두 합세하여 개인기(?)를 발휘하느라 밤이 깊어 가는 줄 몰랐다.

두 평쯤 될 듯한 숙소에는 1인용 침대가 양쪽 흙벽 하나씩 있었다. 흙바닥에는 벌레가 기어다닐 것만 같은 선입감이 있었는데 모기장이 있어 그나마 다행이었다.
치트완에서부터의 긴 여행과 늦게까지 들뛴 탓인지, 헛간 같은 움막에 삐거덕거리는 나무 침대지만 잠은 금방 들었다.

잠을 깨니 6시, K 형님도 잠을 깬 건지, 뒤척이고 있었다.

"일어났어요?"
"네!"
"산책 갈까요?"
"그럽시다!"

밖에 나오니 인솔자도 나와 있었다. 산책 좀 갔다 와도 되겠냐고 물었더니, 아침 먹을 시간이 많이 남았으니 같이 가자며 앞장을 섰다.

"신발이 그래서 되겠습니까?"

실내용 슬리퍼를 신고 나서는 나를 보고 K 형님이 걱정했다.
어제 치트완에서 코끼리 사파리 체험할 때 신고 갔던 등산화가 다 젖어 버려서 치트완에서 올 때부터 계속 실내용 슬리퍼만 신고 다니던 참이었다.

"신을 게 이거밖에 없어요! 괜찮아요. 소싯적엔 맨발로도 다녔었는데요 뭘!"
"신발마저 그러니 현지인이나 똑같네!"
"제가 생긴 게 좀 그렇죠? 중국 가면 중국사람이냐고 묻고, 태국 가니까 거기서도 현지인 같대요! 뭐 나중에 동남아 어디 가서 살든 현지 적응하는 데는 문제 없을 거 같아요!"

이슬이 내려앉아 약간 젖은 자갈길을 슬리퍼 신고 걷다 보니 흙이 발에 튀었다. 길옆에 물이 고인 작은 웅덩이가 보이길래 발을 넣어 휘휘 저어서 흙을 대충 털어 내고는 다시 걸음을 옮겼다. 언덕 꼭대기에 올라오니 문을 연 가게가 있어서 찌야를 한 잔씩 마시며 주변을 둘러봤다.

"저기 잘 보이지는 않지만, 설산이 있는 것 같은데 이름이 뭐예요?"
"아, 왼쪽은 럼중히말이고요, 그 바로 옆이 안나푸르나, 오른쪽 희미하게 보이는 그것이 마나슬루예요!"
"제가 럼중으로 갈 건데, 그러면 저 럼중히말이 그 럼중 맞나요?"
"네, '베시사허르' 옆에요!"

구름이 많이 끼어서 잘 보이지는 않지만 멀리 마나슬루 방향을 배경으로 사진을 찍어 달라고 부탁하고 자세를 잡았다.

"앗~?"

갑자기 인솔자가 사진을 찍으려다 말고 내 발을 보며 소리쳤다!

"Bloo~~d!"
"뭐요? 피?"

농담인지 장난인지 분간이 가지 않았다.

"뻑가호(정말로)?"

정말인지 묻자 인솔자는 내 발을 가리켰다.

"거봐요! 신발 그거 신고 오면 다친다니까!"

K 형님이 내게 핀잔을 주었다.

"그럴 리가요! 다친 적이 없는데, 아픈 느낌도 없었는데!"

피가 날 정도로 돌에 차이거나, 뭐에 찔렸다면 알아차렸을 것이다. 그러나 걸어오면서 그런 느낌은 없었다.

자세히 보니 왼발 엄지발가락에 검은 물체가 있고 그 아래로 피가 흘렀다.

설마 거머리?
논바닥도 아닌 이 언덕 꼭대기에서 거머리에 물렸을 리가!
2~3초 동안 웅덩이에서 발을 헹구었을 뿐인데 그새 거머리가 붙었다고? 발 헹구는 사이 슬리퍼에 끼어 있다가 걷는 사이에 발로 옮겨 붙었나?
어릴 적 무논에서 모내기할 때야 여러 번 물렸었지만, 논에 들어가 있었던 것도 아니고 산책하다 물렸다는 것이 믿어지지 않았다.

"빨리 떼어 내소!"
"아뇨, 이놈에게 고통스러운 형벌을 내릴 방법을 찾고 있어요!"

어릴 적 했던 것처럼, 강아지풀 뽑아서 거머리 입으로 집어넣어 항문으로 빼낸 다음, 홀딱 뒤집어서 햇빛에 매달아 놓을까? 물에 살던 놈인데 햇살에 마르는 고통 속에서 내 피 빨던 것을 후회하게 만들어 줄까?
햇빛에 말라죽기 전에 일찍 일어난 참새가 물고 갈 수도 있겠지만!

"엉뚱한 생각 하지 말고, 얼른 살려 주고 내려갑시다!"
"아니, 2박 3일 가려울 거 생각하면 어떻게 살려 줘요? 이 자리에서 능지처참해야지!"
"고집 피우지 말고 살려 줘요. 나쁜 짓 하면 벌 받아요!"
"참새 아침밥 주려는 것인데 착한 일 하는 거 아니에요?"
"아따! 얼른 떼어 내소! 내 심장이 다 오글거리네!"
"알았어요, 알았어! 금방 떼어 낼게요!"

징그럽지만 손으로 잡아떼서 잡초 무성한 밭으로 던졌다.

"이왕 살려 줄 거면 물에다 던지지!"

내가 대답을 망설이는 사이 인솔자가 거들고 나섰다.

"아녀요, 상관없어요! 숲에서도 살아요!"

◎ 머나까머나 사원

◎ 베뜨니 가는 길

◎ 언덕에 모여 반기는 학생들

◎ 옥수수밭

◎ 전통가옥

◎ 환영 마라

◎ 좁은 골목길로 동네 한 바퀴

◎ 어둠 속 공연 연습

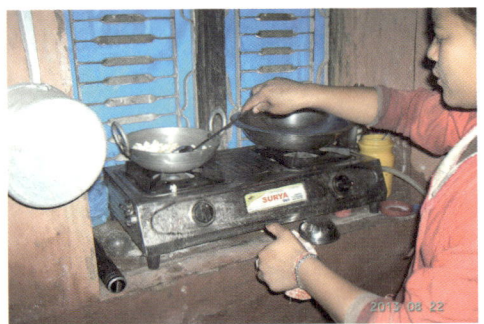
◎ 팝콘 만드는 중

◎ 다 같이 춤을

◎ 맨바닥에 거적 깔고 맨손 식사

베뜨니(Beteni) 마을의 거머리

네팔에서 가장 오래된 종교 성지 소엽부나트

계속되는 문화탐방으로 소엽부나트를 갔다.

일명 원숭이 사원이라고도 불리는 소엽부나트는 외국인에게 많이 권하는 관광지라고 했다. 만약, 카트만두에서 관광지 한 곳만 방문할 여유가 있다면, 소엽부나트를 가라고 추천할 만큼 유명한 곳이었다.

이곳은 중간의 불탑 건물을 중심으로 불당 건물과 힌두교 건물들이 빼곡하게 배치되어 있어 불자와 힌두교도가 함께 경배하는 곳으로, 1979년 유네스코 세계유산에 등재된, 5세기에 지어진 네팔에서 가장 오래된 종교 성지다. 이름 그대로 해석하면 '저절로 만들어졌다'는 뜻이라고 했다. 즉 사원이 있는 언덕이 저절로 솟아올랐다는 이야기다.

버스에서 내려 사원으로 향하는데 공터에 한 아주머니가 원숭이 여러 마리에게 음식을 주고 있고, 또 다른 원숭이들은 담장을 따라 이동하다 나무로 올라가는 것이 보였다.

　여기 원숭이들은 모자나 선글라스에는 관심이 없다. 주민들이 먹을 것을 던져 주기도 하지만, 사람이 손에 먹을 것을 들고 있으면 그것을 낚아채 달아나기도 한다.

　사원 입구에는 커다란 황금 불상이 먼저 눈에 띄었다.
　중앙에는 공양 그릇을 선정인 수인으로 받치고 있는 정갈한 차림의 부처님이 앉아 계시고, 그 좌우에는 화려한 치장을 한 보살들이 나란히 앉아 있었다.

　길옆에는 쿠쿠리며 갖가지 기괴한 모양의 목각 제품뿐만 아니라 다양한 기념품을 팔고 있는 노점상들이 있었다.
　J 형님은 쿠쿠리에 관심이 많은지 쿠쿠리에서 눈을 떼지 못했다. 그러자 눈치 빠른 주인이 동전으로 화려하게 장식한 것을 들고 싸게 주겠다며 흥정을 했다. 비싸다고 하자 깎아 주겠다며 계단을 반쯤 오를 때까지 따라왔다. 그러나, 대꾸도 하지 않고 계속 계단을 오르자 그도 발길을 돌렸다.

　사원을 돌아보며 만차도 돌리고, 종도 쳐보고, 바즈라(Vajra)도 보고, 돔 형식으로 된 불당에 들어가 불전함에 시주도 했다. 중앙에 있는 건물은 바닥에서 돔형으로 올라갔고 그 위에 사각 벽을 쌓았으며, 그 위에 둥근 모양의 구조물이 탑처럼 올라갔다. 사각 벽에는 이들이 전통 문양처럼 여기는 사람의 눈과 코가 그려져 있었다. 그 외에도 다양한 건물들이 작은 언덕 가득 들어차 있어 볼거리가 많았다.

사원을 다 둘러보고 내려오자 쿠쿠리 아저씨가 기다렸다는 듯이 또 달라붙었다. 포기한 줄 알았더니 그게 아니라, 내려오기를 기다리고 있었던 것이었다. 결국, 끈질긴 그 사장한테 J 형님은 처음 불렀던 값의 반의반을 치르고 쿠쿠리를 받았다.

◎ 담장 끝에 올라앉은 원숭이

◎ 불상

◎ 계단

◎ 동전 장식된 쿠쿠리

◎ 다양한 목각품(1)

◎ 다양한 목각품(2)

◎ 만차 돌리는 사람들

◎ 바즈라

◎ 불당과 주변 건물

◎ 사원

가장 오래된 힌두사원
파슈파티나트

　　　　세계에서 가장 크고 오래된 힌두사원으로 알려진 파슈파티나트에는 힌두교 신자만 들어갈 수 있다고 했다.
　사원도 사원이지만, 여기는 사원만큼 잘 알려진 것이 힌두교 장례문화를 직접 볼 수 있는 화장터였다. 화장터는 사원 외부에 있어서 누구나 볼 수 있었다.
　유네스코 세계문화유산으로 등록된 이곳을 흔히들 삶과 죽음이 공존한다고 표현했다. 사람도 살고 있고, 돌아가신 분들이 영면에 드는 장소이니 그렇게 부르나 보다.

　버스에서 내리자 다른 장소에서는 보기 드문, 축제에나 쓰이는 총천연색 염료들과 몸에 문양을 찍는 도장, 수를 놓은 벽걸이 그림들을 늘어놓고 팔고 있었다.
　강에 가까워지자 길옆에는, 글로 표현하기 거북한 모습의 할아버지가 기괴한 자세로 지나가는 관광객들을 쳐다보고 있었다.

앞서가던 외국인이 사진을 찍으려 하자 거부하는 몸짓을 보이더니 바로 손을 내미는 자세가 돈을 먼저 내라는 것 같았다. 좀 망설이던 외국인도 싫다는 듯 손사래를 치자 할아버지는 표정이 바뀌면서 옆에 있던 지팡이를 들고는 삿대질하듯 흔들었다.

흙탕물이 흐르는 강 건너편에 화장이 끝나 가는 모습이 보였다. 한 젊은이는 선 채로, 다른 노인은 웃통을 벗고 쪼그리고 앉아서, 이미 반쯤 탄 장작더미를 지켜보고 있고, 주변에는 가족인 듯한 사람들이 무표정한 얼굴로 서 있었다.

상류 쪽에는 자기 몸을 씻는 사람도 있고 주검을 씻기고 있는 사람도 보였다. 강물이 그다지 깨끗해 보이지 않지만, 이들은 개의치 않는 모양이었다.

씻긴 주검을 단 옆으로 옮겨 놓고, 단 바닥에는 굵은 장작을 띄엄띄엄 놓았다. 그 위에는 장작을 세로 한 줄, 가로 한 줄을 촘촘하게 올려놓고, 그 위에 황포에 쌓인 주검을 올렸다.

여인네들은 근처에 오면 안 되는지 남정네들만 비통한 표정으로 단 주변에 모였고, 가족인 것 같은 몇몇 장정들은 맨발로 바짝 다가섰다. 단 주변을 한두 바퀴 돌더니 주검 위에도 장작을 몇 개 올리고 짚단을 풀어 덮었다.

이제 곧 불을 붙일 것 같은데, 끝까지 지켜보고 싶었지만 떠나야 할 시간이었다.

◎ 염료

◎ 수놓은 벽걸이 그림

◎ 주검도 씻기고 산 사람도 씻고

◎ 화장 전 의식

◎ 마지막 화장 준비

밥퍼와 바리스타 체험

　　　　초등학교 저학년일 때 어머니를 따라 서울에 몇 번 왔었다. 버스 안에서도 역겨운 냄새 때문에 코를 틀어쥐고 있었는데, 용산 시외버스 터미널에 내려서는 메케한 차량 배기가스 냄새 때문에 숨을 쉬기 어려웠다.
　아들이 숨을 못 쉬어 주저앉을 판인데도 어머니는 길 물어보시느라 신경도 안 쓰셨다. 어찌어찌 버스를 타고 뚝섬 근처까지 갔다. 한강 둑 뒤편으로 줄줄이 이어진 판자촌 가까이 다가가자 거기서 나는 쓰레기가 썩는 듯한 냄새 때문에 숨을 쉴 수가 없었다.

　봉사단원이 봉사 시작하기 전 봉사 체험하러 꼬테솔 근처 다일공동체가 운영하는 '밥퍼' 현장에 왔다.
　도착하면서부터 마치 시간을 거꾸로 거슬러 뚝섬 뒤 판자촌에 온 것 같은 착각이 들 정도로 역한 냄새가 풍겼다.

바그마티 강을 중심으로 공항 쪽은 웬만큼 사는 집들이 있지만, 반대쪽은 쪽방촌 같은 취약계층이 모여 사는 지역이다. 형편이 어렵다 보니 학교에 간다는 것은 꿈도 꾸지 못하고, 식사조차 제대로 못 하는 가정도 많은 지역이다.

여기에, 다일 공동체가 대안학교 만들어 청소년들에게 공부할 기회도 주고, 하루 한 끼라도 밥을 제공하기 위해 코이카와 협조하여 의미 있는 시설을 만든 것 같았다.

식당 외벽에 수도꼭지가 여러 개 달려 있어, 학생들이 세수도 하고 마시기도 했다. 바로 옆에는 물 펌프가 있어 뒤에 온 애들을 위해 펌프를 자아 주자 우르르 몰려들었다. 쫄쫄 흘러내리는 수도꼭지보다 콸콸 쏟아져 나오는 물이 더 좋은가 보다.

한쪽에 10명 정도 앉으면 적당할 것 같은 책상에 20여 명이 궁둥이를 붙여 앉았다. 자리가 꽉 차자 앞줄부터 식판을 나눠 주며 배식을 했다.
100여 명의 아이에게 쉴새 없이 퍼주려니 온몸에 진땀이 났다.

밥퍼 봉사가 끝나고 오후에는 커피 공정무역으로 잘 알려진 카페 아사(CAFE ASSA)로 바리스타 체험을 갔다. 대표로부터, Indonesia Mandheling, Tanzania AA+, Columbia Organic, Ethiopia Yirgacheffe 등 각 커피 종류별 특징에 대한 설명을 듣고 에티오피아 예가체프 원두를 받아 항아리 같은 솥에 넣어 로스팅했다.
로스팅이 끝나자 손으로 갈았다. 한 잔은 기계에 넣어 압력으로 추출하여 우유를 넣어 라떼로 마시고, 또 한 잔은 dropping으로도 추출하여 빨간 잔에 담아 건물 밖에서 즐겼다.

◎ 강 건너는 트리부반 공항

◎ 도착하자마자 세수부터 해요

◎ 앉을 자리가 부족할 정도로 모였어요

◎ 밥퍼, 반찬퍼

◎ 진열된 원두

◎ 커피 로스팅 중

3장

OJT
(On the Job Training)

PhoolKo
Aankhama

입지 가는 길

두 달간의 현지 교육 중에는 자신이 봉사할 기관을 미리 방문하여 시설도 둘러보고 직원들도 만나 업무파악도 하는 OJT 과정이 포함되어 있었다.

'치트완'으로 가는 J 형님은 국내선 비행기로 가고, '럼중'으로 가는 나와 다딩으로 가는 두 단원에게는 길이 험하고 짐이 많다고 SUV를 배정해 주었다. 나머지 단원들은 모두 이 근처이니 승합차 한 대로 돌면 될 것이다. 내가 탈 차에는 럼중병원에 근무하고 있는 협력 의사에게 보내는 짐이 있어, 그 짐은 지붕에 올려 단단히 묶고 숙소를 빠져나왔다.

카트만두를 거의 벗어나는 지점에서 검문을 마치고 내리막길을 내려가기 시작하는데 차가 막혔다. 길도 구불구불하여 잘 보이지는 않지만, 저 멀리 까마득한 아래까지 계속 밀려 있는 것 같았다.

　카트만두에서 포카라까지 고속도로라고는 하지만 우리가 생각하는 고속도로와는 달랐다. 지방도 같은 2차선 도로는 관리가 되지 않았다.

　차가 막혀 있으니 기사가 혼잣말로 중얼거렸지만 알아들을 수 없었고 굳이 왜 그러냐고 물어보지도 않았다. 차가 조금씩 움직이자 혼자 뭐라고 또 중얼거리더니 비포장도로를 향해 오른쪽으로 핸들을 꺾었다.

　괜찮으려나?

　길도 좁고 꺾이는 각도가 심해 한 번에 회전을 못 하고 두 번을 후진한 다음에야 좁고 경사가 급한 흙탕길로 들어섰다.
　내 생각에는 도저히 차가 못 갈 것 같았지만, 기사는 경험이 많아서 그런지 망설이거나 고민하는 기색이 없었다. 차 바퀴가 굴러가는 게 아니라 미끄러져 내려가는 느낌도 있었지만, 이미 들어선 길을 돌아갈 수도 없었다.

　거의 급경사를 다 내려왔을 즘, 도로가 주변보다 낮아 빗물이 아직 그대로 고여 있고, 그 건너는 약간 오르막이었다. 흙탕물 건너에 바퀴 자국이 있는 걸 보면 다른 차가 지나간 것 같기는 하였다.
　여기도 당연히 문제없을 것이라 믿고 진입하였을 텐데, 아뿔싸! 차가 중간에 서더니 헛바퀴를 돌았다. 후진을 넣어 봤으나 뒤로도 움직이지 않았다. 기사가 내려서 바닥을 살펴보고 애를 써보지만 어떻게 할 수가 없었는지 결국 근처 농가에 가서 트랙터를 불러왔다. 트랙터가 당겨 주니 쉽사리 진흙탕을 빠져나왔다.

  다시 고속도로로 들어서니 여기는 차가 많지 않았다. 기사가 고생은 좀 했지만 2~3시간 정도는 줄였을 것 같았다. 나야 럼중에 도착만 하면 되지만, 이 기사는 다시 카트만두로 돌아갈 것을 생각하면 마음이 급한 것 같았다.
  9시에 출발했는데 벌써 12시 반, 뱃속에서 '쪼르르' 소리가 났다. 점심 먹을 곳이 있느냐고 물으니, 20분 정도 더 가면 좋은 식당이 있으니 그리로 가겠다고 했다.

  기사가 선택한 식당은 주차장도 널찍하고 건물도 제법 모양을 냈고 분위기도 괜찮았다. 직원에게 뭐가 좋은지 물었더니 '에그 샌드위치'를 추천했다. 추천받은 대로 에그 샌드위치와 커피를 주문하고 기사에게 뭐든 주문하라고 했으나, 기사는 먹지 않겠다고 했다. 보통은 식당에서 기사에게 '찌야'나 누들을 서비스로 제공하는 듯해서 신경 쓰지 않고 기다렸다.

  드디어 음식이 나왔다. 그런데….

  커피잔에 얼룩이 있고, 잔 받침에도 얼룩이 있었다. 식빵은 식용유 없이 그냥 구운 듯한데, 한쪽 귀퉁이가 까맣게 타버렸다.
  직원을 불러 다시 해달라니까 안 된다고 했다. 왜 바꿔 달라냐고 되레 큰소리를 쳤다. 빵이 타지 않았냐고 반문하자 문제없다는 말만 반복했다.

나 원 참!

그냥 먹자.

화는 나지만 그냥 먹기로 하고 케첩이라도 달라고 했더니, 케첩도 없고 버터도 없고, 그 흔한 오이 한쪽도 없다고 했다.

현지인과 싸워 볼 만큼 현지어가 능통했으면 더 따졌을지도 모르지만, 그렇지 못하니 그냥 참기로 하고 검게 탄 부분을 떼어 내고 먹었다.

포카라까지 가는 길은 그래도 고속도로라고, 잘 보이지는 않아도 중앙선이 있기는 있다. 하지만 위험천만하게도 중앙선을 넘어서는 안 된다는 개념이 이들에게는 없는 것 같다. 특히 마이크로버스 같은 경우 앞차가 천천히 가면 거리낌 없이 중앙선을 침범하고 반대편에서 오던 차들을 기다리게 했다. 그럴 때마다, 기사 입에서 거친 발음이 튀어나왔지만, 화가 많이 난 표정은 아니었다.

고속도로에서 갈라져 럼중 가는 지방도로로 들어서니 도로가 좁아 중앙차선이 없었다. 반대편에서 오는 차를 만나면 갓길을 이용해서 교행했고, '순들버자르' 근처에서는, 앞서가던 버스가 반대편에서 오던 버스를 만나 종이 한 장 틈을 두고 비켜 지나갔다.

그래도 좋은 점은, 차가 많지 않아 공기가 맑았고, 빈 논바닥에 부어 놓은 거름 더미가 시골의 정취를 느끼게 했다.

◎ 출발 전 짐을 가득 싣고

◎ 지름길로 가려다 진흙탕에 빠져서

◎ 시설은 잘되어 있는 식당

◎ 불량 에그 샌드위치

◎ 럼중 가는 길, 종이 한 장 차이로 비켜 가는 두 버스

바퀴벌레 축제와 개소리

여기 럼중병원도 정부에서 운영하던 병원이고 이 지역 거점 병원이니 건물이나 시설이, 카트만두 근처 '박타푸르'에 있는 티미병원(2008년 코이카에서 지어 준 한-네 친선병원)과 비슷하리라 예상을 했지만 좀 달랐다.

단층 건물에 입구 간판이 세련되지는 못했지만, 여느 관공서보다 공간도 여유 있고 건물도 깔끔한 편이었다.

입구 간판에는 HDCS-Lamjung District Community Hospital(LDCH)라고 적혀 있었다. HDCS는 Human Development Community Service의 약자로, 네팔에서 잘 알려진 의료 비영리 단체다. 럼중병원 외 다른 지역에도 2개의 병원을 운영하고 있으며, 의료뿐 아니라 교육과 지역개발 분야 등 다양한 비영리사업을 운영 중이라고 했다.

HDCS에서 위탁 운영을 맡은 후 많은 성장을 하였으며, UN에서 우수병원으로 표창을 받았다고 했다.

본부에서 지명된 원장이 모든 권한을 가지고 있으나 일부 직원은 정부소속으로 정부에서 임금을 받고, 일부는 운영 수익금으로 임금을 지급한다고 했다.

파란 지붕 건물의 현관으로 들어서니 왼쪽은 접수대, 오른쪽은 수납창구가 있었다. 수납창구 오른쪽 복도로 들어서니 왼쪽은 강당이 있고, 오른쪽은 약국과 원장실이 자리하고 있었다. 원장은 출타 중이고 행정직원 '헤만타'가 나를 맞이했다.

병원시설을 둘러보며 검사실 직원과 인사하고, 수술실에서는 코이카에서 파견된 협력 의사와 부산 모 교회에서 파견된 간호사도 만났다. 이제 나까지 한국인 봉사자는 3명이 되었고, 우리 외에도 외국인은 영국의 모 병원에서 파견 온 연세 많으신 의사가 있었다.

단층 병원 건물이 'ㅁ'자 형태로 되어 있어 중앙은 작은 화단을 만들어 놓았고, 본 건물 외에 3층으로 된 교육관 하나와 그 옆으로 직원 숙소가 여러 개 배치되어 있었다. 본 건물과 숙소 사이에 넓은 공간에는 잡풀이 무성히 자라고 있었다.

내가 임시로 묵을 숙소는 병원 밖에 있는 직원 숙소였다. 거기에는 원장 '유브라즈'와 행정부장 '판타'가 방 하나씩 차지하고 있고, 남는 방 하나를 나에게 배정해 주었다.

시내를 돌아보다 어둠과 함께 숙소에 와서 방으로 가는데 주방 문이 열려 있었다. 어두운 주방을 봐봐야 별거 없지만, 문이 열려 있으니 안을 힐끔 보게 되었다. 그런데, 어둠에 묻힌 맞은편 벽이 희끄무레하게 보여야 하는데, 생각보다 검게 보였다.

내가 잘못 봤나?
원래 흰 벽이 아니었던가?
궁금하기는 했지만, 굳이 확인할 일도 아니라 그냥 지나쳐서 방으로 들어갔다.
아침부터 부지런히 움직여 피곤한 탓에 일찍 자려고 모기장을 치고 누웠다.
날이 더워 살짝 열어 둔 베란다 문 사이로 들어온 달빛이 방안을 희미하게 비추고 있었다. 그런데, 천장에 달린 형광등 그림자 밑으로 뭔가 들어가는 것 같았다.

이런! 첫날부터 왜 헛것이 보이지?
잘못 본 것일 거야!
애써 무시하며 잠을 청해 보았으나 쉬이 잠이 들지 않았다. 시간이 좀 지나자 천장이 좀 더 선명하게 보이는데, 형광등 그림자에서 뭔가가 또 움직였다.

이런 젠장!
뭐지?
갑자기 온몸에 소름이 돋았다.
슬금슬금 팔을 뻗어 침대 옆에 둔 가방을 뒤져 손전등을 찾아 천장을 비췄다.

헉!
도마뱀?
방안에?
도마뱀이라는 것이 확인되자 무섭지는 않았다. 그렇다고 도마뱀과 같이 자고 싶지는 않아 불을 켜고 신문을 말아 베란다 쪽으로 몰고 갔다.
베란다 문은 안쪽이 방충문이고 바깥이 나무문이었다. 한여름이라 날씨가 더워 나무문은 열어 둔 상태인데 방충문 가까이 와서 보니 방충문 밖에도 한 마리가 붙어 있었다.

절망이다. 이런 곳에서 2주를 살아야 하나?
아니지, 2주 OJT 끝난다고 다 끝나는 것이 아니지, 2년을 살 수 있을까?
방안에 도마뱀이 돌아다닌다는 것을 미리 알았더라면 자원봉사고 뭐고 신청하지 않았을지도 모른다.

방충망에 붙어 있던 것을 쫓아 보내고 방 안에 있던 불청객도 방 밖으로 몰아냈다.
잠은 다 달아나서 정신은 말짱해졌고, 저녁으로 먹은 마살라 범벅 덕분인지 목이 말라 주방으로 갔다.

헉!

이건 또 뭐지?

등골에 식은땀이 맺히고, 머리털이 밤송이처럼 곤추서는 느낌이었다.
불을 켜고 나서야 벽이 희끄무레하게 보였던 의문이 풀리며 다시 온몸에 소름이 돋았다.
어쩜 저렇게 하얀 벽이 새까맣게 보일 정도로 바퀴벌레가 많을 수가 있지?

얼음 가득 채운 냉커피를 긴 빨대 꽂아 단숨에 쭉~ 빨아 마실 때처럼, 내 몸의 기운도 머리끝에서 발끝으로 순식간에 내려갔다.
마지막 기운이 무릎을 지날 때쯤 몸이 휘청거렸다. 얼른 문고리를 잡으며 눈을 감자 흰 벽에 새까맣게 붙어 있던 바퀴벌레 무리가 쇠구슬 부딪치는 소리를 내며 내 다리를 타고 올라오는 장면이 연상되었다.

바퀴벌레는 소리에는 둔감하고 빛에는 민감한 걸까?
진동을 감지하는 감각기관이 있다는데, 왜 사람 발소리에 도망을 가지 않았을까? 발소리는 발소리일 뿐 위협이 되지 않으니 도망갈 이유도 없었던 것일까? 주방을 자기네 식당으로 알고 있나?

놀란 가슴 진정시키려, 초등학교 운동회 날 돼지국밥 먹던 추억을 생각하며 꿈나라로 가고자 했건만 잠은 쉬이 들지 않았다.
벌렁거리던 가슴이 조금씩 진정이 되자 개 짖는 소리가 들렸다.

처음에는 멀리서 들리는 것 같더니 시간이 지날수록 점점 가까워졌다. 그 소리가 가까워지자 숙소 주변의 다른 개들 짖는 소리도 커지고 여러 마리가 한꺼번에 짖어 댔다.

다른 지역 개들이 이쪽으로 오자 여기 개들이 자기 영역을 지키고자 짖어 대는 것 같았다.

귀를 틀어막아 보지만 소용없었고, 싸우듯이 짖는 소리에 내 신경도 점점 날카로워지고 있었다. 새벽 2시, 신경 쓰지 않으려 애를 쓰며 억지로 잠을 청하려니 머리도 아팠다.

유숙소에서는 주변 소음이 들리지 않았었고, 주택가라 그런지 떠돌이 개도 없었다. 집안에서 키우는 개들은 밤에 시끄럽게 하지 않았다. 그러나 시장통 근처에는 떠돌이 개가 많고 가끔 영역싸움을 하는 것 같았다. 그러고는 낮이면 아무 곳에서나 뒹굴며 졸거나 잠을 잤다.

저놈들을 조용하게 만들 수 없을까?
이 근처에서 쫓아낼 수 없을까?

고민만 한다고 해결될 일이 아닐 것 같고 뭔가 대책을 세워야 할 거 같았다. 적당한 방법이 생각나지 않아 베란다에 나가서 "악!"하고 소리를 지르자 더 시끄럽게 짖어 댔다.
이런, 잘못된 판단을 했나 보다.
성난 개들이 멀리 있는 나를 무서워할 리도 없고, 내 목소리에 담긴 증오를 알아차려서 날 위해 조용히 있을 개들도 아니었다.

물을 한번 뿌려 볼까?

물을 뿌리면 물에 젖는 것이 싫어서 다른 곳으로 가려나? 결과야 알 수 없지만, 시도는 해보자.

정말이지 이 밤중에 주방에서 벌어지는 바퀴들의 축제를 방해하고 싶지도 않고, 내 몸에 돋을 소름도 싫었지만, 그래도 잠이 더 중요할 거 같아서 주방으로 갔다. 일부러 쿵쿵대며 문도 화들짝 열며 들어갔다. 벽을 쳐다보지 않으려 눈을 감고 불을 켠 뒤 조금 있다가 눈을 떴다.

냄비에 찬물을 반쯤 받아서 베란다로 갔다. 여전히 자기 땅 지키겠노라고 왈왈대는 개들을 향해 물을 뿌렸다.

효과가 있을까?

아니었다.

잠시 조용하더니 몇 초를 넘기지 않아서 또 짖기 시작했다.
주방에 가서 다시 물을 퍼 왔다. 이번에는 가득 담아서 더 멀리 뿌려 봤지만 아무런 효과가 없었다.
다른 방법 없을까? 돌이라도 구해서 던지고 싶지만 남의 집 부서질까 봐 참았다. 단단하지 않은 물건을 던져서 개만 맞추면 괜찮지 않을까?

그렇지!

냉장고에 넣어둔 물병이 생각났다. 물이 반쯤 남은 물병을 들고나와 한 놈 맞으라고 세차게 던졌다. 하지만 물병은 개를 위협하지 못했다.

포기해야 하나?
포기하자!

포시라운 환경을 떠난 첫날, 당장 내가 해결할 수 없는 현실에 부딪히자 모든 것을 포기하고 싶은 생각마저도 들었다.

짖어 대건 쌈을 하건 그냥 두자!
뜬눈으로 밤을 지새우더라도 포기하자!

부임 인사와 이발

출근해서 원장실로 가서 '유브라즈' 원장과 서로 인사를 하고 같이 강당으로 갔다. 책상 없이 의자만 놓고 20여 명이 앉을 수 있는 공간이었다.

럼중병원은 네팔에서 보기 드물게 기독교를 신봉하는 병원이라 아침마다 전 직원이 강당에 모여서 성경을 읽고 기도를 했다(디보션). 그 뒤 공지사항을 전달하고 일과를 시작했다.

디보션 마지막에 원장이 나를 앞으로 불러 세웠다.

남의 앞에 서면 언제나 속이 울렁거리지만 피할 수 있는 자리가 아니었다.

앞으로 나가서 그동안 열심히 외운 네팔말로 인사하고 2년 동안 잘 봐달라는 말로 마무리를 했다.

오전에는 코워커와 검사실 업무에 관한 얘기를 하고, 퇴근길에 헤만타에게 근처에 이발소가 있는지 물었다.

"헤만타, 머리 좀 다듬고 싶은데, 할 데가 있을까?"
"그럼! 있지! 같이 갈까?"
"아냐, 혼자 가도 돼! 위치만 알려 줘!"
"괜찮아, 나도 하려고!"

카트만두에서 교육 중에는 이발할 생각도 안 했었다.
오리엔테이션에 왔던 선배가, 근처 이발소는 믿을 수가 없고(위생상태), 머리도 제대로 못 깎으니, 이발하려거든 터멜이나 번화가로 나가서 깎으라고 했었다. 그러나, 이발 때문에 '터멜'까지 가고 싶지는 않아서 여태까지 미루어 왔었다.

헤만타와 오르막길을 걸어 버스가 다니는 큰길에 오니 이발소가 보였다. 안이 어두컴컴하였지만 불 켜달라는 말을 하지 않았다. 유숙소에서는 밝게 불을 켜고 생활했지만, 네팔은 관공서든 은행이든 외부 기관을 방문하면 거의 불을 켜지 않았던 것을 종종 봐왔기 때문이다.
이발 끝내고 이발을 해준 친구와 사진을 찍으며 얼마냐고 묻자 이미 계산을 했단다.

"내가 냈어!"

카메라를 내게 주며 헤만타가 말했다.

아니, 이 네팔에서, 남의 이발비를 내준다는 것은 상상도 못 할 일인데, 이 친구 만만찮다는 생각이 들었다.

"헤만타? 내 것은 내가 내야지!"
"괜찮아!"
"그럼 밥 먹으러 가자!"
"아냐, 괜찮아!"

아직 식사시간이 되지 않았다며 사양하는 헤만타를 굳이 식당으로 데리고 갔다.
누들을 한 접시씩 시켜서 젓가락을 들었으나 내 입맛에 맞지 않았다. 모양은 파스타와 비슷하지만, 아무 맛도 나지 않았다.

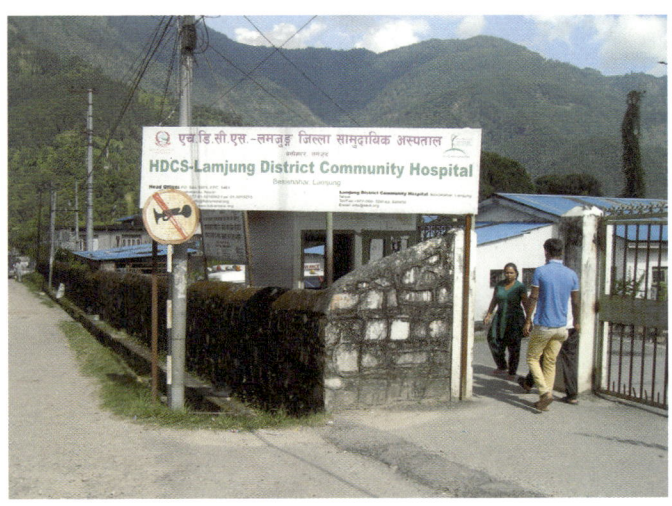
◎ 럼중병원 입구 간판

◎ 숙소에서 바라본 럼중병원 전경, 파란 지붕, 하얀 벽

◎ 방충망에 붙어 있는 도마뱀

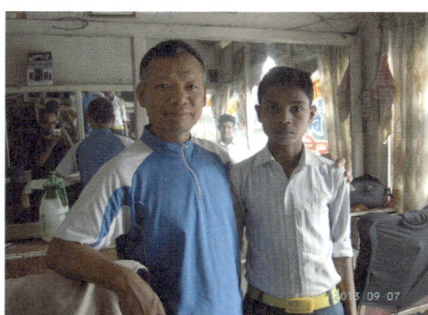
◎ 이발 후 이발사와

밥 굶는 축제 - 떼즈(Teej)

 다음 날 아침 디보션이 끝나자 원장이 지역 축제가 있으니, 같이 가보자고 했다. 축제라니, 마다할 이유가 없었다. 검사실 직원들과 잠시 이야기 나누고는 경찰서 앞 광장으로 향했다.

 병원을 나서서 언덕길을 오르는데 확성기 소리가 들려오고, 좀 늦었는지 광장에는 이미 많은 사람이 있었다.
 무대에서는 여자들의 춤과 노래가 이어지고, 경찰서 앞마당에서는 남자들의 힘자랑이 벌어지고 있었다. 공연장 근처는 대부분 양산을 쓴 여자 관객들이고, 돌 던지기 경기장 주변은 남자들로 둘러싸여 있었다.

 돌 던지기 경기는 20kg 정도 되어 보이는 돌을 한쪽 어깨에 메고 10여 미터를 도움닫기 하여 멀리 던지기를 하는 시합이었다. 이런 힘자랑에는 덩치 큰 사람이 많이 출전할 것 같았는데, 몇 명을 지켜봤지만 덩치가 큰 선수는 보이지 않았다. 게다가 전부 맨발이었다. 맨발로는 제대로 실력 발휘가 안 될 것 같은데, 변변한 신발이 없는 사람도 있을 수 있으니, 공평의 원칙 때문에 다 벗고 경기하기로 정하였는지는 모르겠다.

 여자들이 춤추고 노래하는 것은, 다 남자를 위해서라고 하는데, 이해할 수 없는 것은 이날 하루는 여자들은 밥을 먹지 않는다고 했다.
 아니, 잘 먹어야 잘 놀고, 남자도 잘 섬기지, 춤추고 노래하는 것만도 힘이 들 텐데, 어찌 밥을 굶어 가며 가족을 챙기라는 것인지 어안이 벙벙할 따름이었다.
 대대로 물려 내려온 전통을 바꾸기야 어렵겠지만, 축제는 그래도 배불리 먹어 가며 즐기는 축제로 바뀌었으면 좋겠다.

'축제도 식후락!'

◎ 축제장에 모인 인파들

◎ 춤, 노래 경연장

◎ 돌 던지기 경연장에 모인 인파, 날아가는 돌이 보이나요

밥 굶는 축제 - 떼즈(Teej)

보금자리 구하기

OJT 중에 해결해야 할 일이 앞으로 22개월을 지낼 안전한 방을 구하는 것이다. 3페이지 분량의 주거안전 점검표에는 어떤 집을 구해야 할지 자세하게 나와 있었다. 그러나 현실적으로는 그 안전기준에 다 맞추기가 쉽지 않아 보였다.

코워커에게 집 구하는 것을 도와 달라고 했더니, 새집이 좋은지 헌집이 좋은지 물었다.

이왕이면 새집이면 좋겠다고 했더니 시장통 바로 뒷골목으로 데리고 갔다. 병원과도 가깝고 바로 큰길 옆이라 생활하기는 편하게 생겼으나 아직 짓는 중이었다. 도로에 인접한 건물 1층 방 한 칸이 남아 있다는데 사생활 침해도 걱정되고 안전도 장담할 수 없을 것 같았다. 게다가, 1개월 내로 완공된다고 하지만, 믿을 수도 없고, 내장재를 어떤 것을 쓸지, 완공된 모습이 어떨지 상상이 가지 않아 다른 방을 보자고 했다.

그러자, 시멘트 냄새가 진동하는, 또 다른 공사 중인 집으로 데리고 갔다.

여기도 방금 본 집이나 마찬가지였다. 방 한 칸이 남았는데, 거기에서는 살 자신이 없었다. 병원 사택은 모두 방 한 칸에 부엌이 별도로 있는 구조이지만, 현지인이 월세 사는 방들은 방 하나가 전부였다. 주방이나 화장실이 딸려 있지 않았다.

검사실 직원 모띠가 사는 방도 그 안에 휴대용 가스레인지를 하나 놓고 밥을 해 먹고 있었다.

"아니, 공사 중인 집 말고, 완공된 집이 좋겠어!"
"새집 알아봐 달라며?"
"새집이라고 해서 아직 공사 중인 것 말고, 몇 년 된 집도 괜찮아!"
그다음 날까지 코워커의 오토바이 뒤에 앉아 몇 집을 더 다녀 봤으나 마음에 드는 집이 없었다.
원하는 집을 다시 설명해야 할 것만 같았다.

"꼭 새집 아니어도 돼, 오래된 집도 깔끔한 집이면 괜찮을 거 같아. 주방도 있고 싱크대도 있는 집 없을까? 큰길 주변 말고, 좀 큰길에서 떨어진 곳이 좋겠어. 도둑 걱정 안 해도 되는, 안전해 보이는 집 같은 건 없을까?"
"여긴 도둑이나 나쁜 사람 없어! 어느 장소나 다 안전해! 그러면, 전에 코이카 단원이 살던 집은 어때?"
"그래? 아직 비어 있으면 가보자! 단원 살던 집이면 괜찮겠지!"

베시사허르 들어오는 입구에 큰길에서 100여 미터 떨어진 곳으로 가니 4층 건물이 있었다. 진입로 우측에는 내 무릎만큼 벼가 자라고 있고, 왼쪽에는 이제 막 꽃이 피기 시작한 옥수수와 아직 알이 차지 않은 양파가 자라고 있었다.

사회복지 단원이 여기에 살다가 몇 달 전 임기 마치고 돌아갔다는 얘기를 들었지만, 지금은 다른 사람이 이미 살고 있을 줄 알았다.

1층에는 현지인 두 가구가 살고 3층은 일본인, 4층은 주인이 사는데 2층이 비어 있었다. 내부를 보니 좀 좁기는 하지만 그래도 작은 주방을 제외하고도 방이 2개라 혼자 살기에는 충분했다.

집 주변에 개도 보이지 않았고, 큰길에서 좀 떨어져 있으니 조용할 것 같았다. 현관이 마주 보이는 앞집에 초등학생으로 보이는 꼬맹이들이 집 앞에서 공기놀이하는 모습을 보니, 이들 덕분에 더 안전할 것 같기도 했다. 뒤편이나 옆에는 다른 건물이 없으니 도둑이 들어올 위험성도 적어 보였다.

위층으로 올라가는 1층 입구에 자바라가 잠금장치와 함께 달려 있었다. 2층도 입구에 자바라와 자물통이 달려 있고, 문이 하나 더 있어, 삼중 안전장치가 되어 있었다.
창문에도 잠금장치가 되어 있고 쇠창살까지 덧대 놓았으니 일단 안심이 되었다.
바퀴벌레야 창문마다 방충망 설치되어 있으니 벌어진 창틈만 잘 메꾸면 못 들어올 것 같았다. 다만 주방에서 베란다로 연결된 문에는 방충 장치가 없어 방충문을 다는 것이 좋을 것 같았다.

 개울과 산을 바라보는 어둑한 방은 침실로, 큰 도로 쪽을 향한 방은 책상을 놓고 서재처럼 사용하다가 손님이 오면 손님용 방으로 사용하면 될 것 같았다.

 현관 바로 앞에 식탁을 놓으면 좀 답답하기야 하겠지만, 그래도 주방과 연결되어 있으니 그게 좋겠다. 문제는 가스레인지와 싱크대 있는 장소가 좁아 한번 들어가면 엉덩이도 못 돌리게 생겼지만 오래 있을 장소가 아니니 상관이 없을 것 같고, 세면장도 좁기는 마찬가지지만, 그래도 손 비데가 있으니 살 만할 것 같았다!

 식칼이며 몇 가지 주방 물건은 가지고 온 것도 있고, 쟁반은 여기에 남아 있는 것을 사용하면 되겠으나 밥솥이 없었다.
 주인에게 압력솥과 식탁, 식탁 의자를 구해 달라고 하고 침대 2개와 책상, 그리고 옷장도 하나 주문했다. 이불만 카트만두에서 사 오면 우선 필요한 살림살이는 다 준비가 될 것 같았다.

◎ 앞집 꼬마들

◎ 침실

◎ 화장실

◎ 주방

등산이 처음인 병원장

　　　　　　　　　방을 얻고 나니 마음의 여유가 좀 생겼다.
　원장과 얘기 도중에 산에 자주 가느냐고 물었더니 가지 않는다고 했다. 11년 전에 여기 원장으로 부임을 하였으나 주변 산이나 다른 마을은 가보지 않았다고 했다. 원장뿐만이 아니라 주민들 대부분이 우리가 생각하는 등산은 하지 않는 것 같았다.
　시골 생활이라는 것이 항상 소일거리가 있으니, 꼭 필요한 일이 아니면 어디를 다닐 만한 마음의 여유도 없을 것이고 건강을 위한다는 이유로 등산이나 달리기를 할 만한 분위기도 아닌 것 같았다.
　내가 살던 고향에서도 땔감을 한다거나, 버섯을 따거나, 쇠꼴을 베러 갈 때는 산을 오르지만, 일없이 그냥 산을 오르지는 않았었다.

　하지만 난, 아직 설산을 보지 못했으니, 산에 올라가서 설산을 좀 더 가까이서 보고 싶었다. 그러나 모르는 지역을 혼자 다닐 수는 없어

원장에게 같이 가자는 제안을 했다.

"원장님! 내일이 휴일이니 앞산 한번 올라갑시다!"
 내가 제안을 하자 원장도 그동안에는 산에 갈 만한 계기가 없었던 것인지 흔쾌히 가자고 했다. 옆에 있던 행정부장 판타도 같이 가기로 약속하고 검사실로 가다가 베네딕트를 만났다.
 베네딕트는 현장실습으로 3일 전 여기에 온 독일 의대생이었다. 산에 가는 것을 좋아하는지 모르지만, 내일 원장과 앞산 트레킹 가려는데 같이 가겠느냐고 물었다. 그는 가고 싶기는 하지만 10시에 영국에서 파견 온 의사와 미팅이 있어서 안 된다고 했다.
 원장 말에 따라, 6시에 출발하면 9시에 되돌아올 수 있다고 설명하자 같이 가겠다고 했다.

 토요일 아침 병원 정문에서 넷이 만나 앞산을 오르는데 제대로 된 길이 없었다. 이집 저집 이어지는 길과 논밭으로 이어지는 길만 있어서 빨리 올라갈 수가 없었다.
 원장은 만나는 사람마다 길을 묻고, 아픈 데는 없는지 묻다 보니 시간이 점점 지체되었다.

 큰 산은 아니어서 산 정상에 거의 다다른 것 같은데 옆으로 돌아가는 길만 보이고 정상으로 가는 길은 보이지 않았다.
 옆으로 비스듬히 설산이 좀 보이는 것이, 꼭대기에 올라가면 마나슬루가 잘 보일 것만 같았다. 돌아서 가자니 마나슬루를 못 볼 것만 같아 길은 없지만 바로 올라가 보자고 했다.

길이 아닌 수풀을 헤치며 꼭대기를 향해 발걸음을 옮겼다. 땀이 흘러 큰 나무 아래서 잠시 숨을 돌리고 다시 올라갔다. 이슬이 많아 무릎 아래 바지가 다 젖었는데 앞서가던 판타의 목을 보니 까만 것이 붙어 있었다.

"판타! 네 목에 벌레 있어!"

목을 문지르며 뒤를 돌아보던 판타가 내 머리를 가리켰다. 이 광경을 보던 베네틱트도 자기 목을 만지더니 소리를 질렀다.

"으악!"

헉!
이럴 수가!
모자를 벗어 내 두 눈으로 보면서도 믿을 수가 없었다.
한쪽 빨판을 모자에 고정하고 몸 전체를 바늘처럼 가느다랗게 늘려서 허공으로 쭉 뻗더니 앞으로 툭 쓰러졌다. 앞쪽 빨판을 다시 고정하고는 몸을 잔뜩 움츠려 당기는 방식으로 모자 위에서 이동하고 있었다.
아래를 보니 신발에도 바지에도 바늘처럼 가늘게 몸을 늘리는 놈이 있고, 어떤 것은 신발을 뚫고 반쯤 들어가고 있었다.
다들 소리를 질러 가며 서둘러 풀숲을 빠져나와 주변이 트인 잔디밭에서 신발과 양말을 벗고 온몸을 털어 냈다. 헐렁한 운동화를 신은 세 사람은 발에 대여섯 마리가 피를 빨고 있었고, 모자를 쓰지 않은 원장과 판타는 목에도 두 군데 물렸다. 양말은 아무리 두꺼워도 뚫고 들어가고, 운동화도 빈틈만 있으면 뚫고 들어가는 모양이었다.

　등산화와 두꺼운 양말을 신은 내게도 여러 마리가 붙어 있기는 했지만, 양말을 뚫고 발목까지 들어간 것은 한 마리다.
　모자에 있던 것은 다리에서 몸을 타고 위로 올라간 것은 아닌 것 같았다. 나무 밑에서 잠시 숨돌리는 사이에 위에 있던 것이 땀 냄새를 맡고 낙하한 것 같았다.

　정신을 좀 추스르고 보니 시간은 이미 9시가 다 되었다.
　배가 출출해서 배낭에서 초코파이 4개를 꺼내자 베네딕트도 커다란 쿠키 상자를 꺼냈다.
　간식을 나누어 먹으면서 베네딕트에게 10시 약속을 어떻게 할 것인지 물었다. 원장 말을 믿고 9시 전에 돌아올 수 있다고 했는데, 이미 9시가 넘었으니 곤란하게 되었다.
　보통 산에 올라오면 전화가 되지 않는다. 그러나 다행히도 전화가 걸렸다.

　베네딕트가 약속을 취소하자 원장이 하산할 것인지 등산을 더 할 것인지 물었다. 마나슬루 보려고 여기까지 왔는데 거머리에 뜯기기만 하고 그냥 돌아가기에는 너무 아쉬웠다.
　내가 먼저 더 올라가는 게 좋겠다고 하고 베네딕트도 동의하자 원장이 앞장을 섰다. 정상 가는 것을 포기하고 옆으로 돌아 20여 분 걷다 보니 양철지붕이 옹기종기 모여 있는 마을이 나타났다.

저 멀리 까마득히 마나슬루는 구름에 가린 채 제 모습이 잘 보이지 않았지만, 구병산에 오른 것처럼 시야가 확 트이고 주변 경치는 장관을 이루었다.

마을 중간쯤 작은 공터에 커다란 플라스틱 양동이로 쓰레기통을 만들어 매달아 놓은 것이 이색적이었다.

주변에 놀고 있던 애들을 불러 사탕을 하나씩 나눠 주고 사진을 찍어 주니 카메라를 보면서 보여 달라고 했다. 원장이 카메라 화면에 찍은 사진을 띄워 보여 주니 모두 모여서 신기한 듯 바라보았다.

여기도 다른 마을처럼 집집이 염소 한두 마리씩은 키우고 있었다. 네팔 어디를 가나 쇠고기나 돼지고기보다는 염소고기가 귀한 대접을 받고 값도 비쌌다.

이런 산골에서는 농사지은 곡식은 내다 팔기가 어렵다. 시내까지 짊어지고 내려가기도 어렵거니와 사줄 사람도 없다. 이미 인도에서 넘어온 값싼 곡식들이 많기 때문이다.

그러나, 염소는 키우면 시내에 끌고 내려가서 팔기도 쉽고 값이 제법 나간다. 어쩌면 돈을 좀 벌 수 있는 한 방법일 것 같다. 그러니 매일 먹이를 걷어 먹이더라도 그만한 가치는 있을 것이다.

어떤 집은 벽에 벌통이 달려 있기도 하고, 어떤 집은 양철지붕에 무를 썰어서 널어놓았고 그 옆에는 무청도 말리고 있었다. 사는 모습이 우리네와 별반 다르지 않은 것 같다.

어릴 적 아버님도 토봉을 키우시면서 벌은 영물이라며 신주단지 모시듯 정성을 들이셨었고, 어머니도 가을만 되면 무말랭이와 무시래기를 만드셨었다.

　우리나라는 화전을 일구고 살 때야 화전민이 산 중턱에 살기도 했지만, 70년대 이후 대부분이 낮은 지역에 마을을 이루고 논밭을 경작하며 살고 있는데, 여기 네팔은 주로 산등성이나 정상 부위에도 주민들이 많이 살고 있다.

　산에 대한 개념도 우리와는 좀 차이가 있다. 우리는 아무리 작아도 웬만하면 산으로 대접하고 이름을 다 붙였는데, 여기 네팔은 2,000~3,000m 높이 정도는 산이라고 하지 않는 모양이다. 이들은 그냥 언덕이라 하고 이름도 일일이 붙이지 않았다. 흰 눈이 쌓여 있는 바위라야 산이라고 부르는 모양이다.
　좀 더 걷다 보니 학교가 보였다. 휴일이라 그런지 학생은 몇 명만 있고, 교장 선생님과 주민 몇 명이 얘기를 나누고 있었다. 애들 사진도 찍고, 나도 주민과 교장 사이에 끼여서 한 장 찍었다.
　그러는 사이에 오후 2시가 훌쩍 넘어갔다.

"이젠 내려갑시다!"

　내려가자고 말하자, 원장은 웬 재촉이냐는 듯 힐끗 보더니 앞장서서 내려갔다. 다들 앞서 보내고 맨 뒤에서 내려가는데 허기가 졌다. 배고픔보다 온몸에서 기운이 빠져나가는 것이 더 괴로웠다. 아침도 못 먹었는데, 초코파이 하나와 쿠키 몇 개로 점심을 대신하다 보니 체력이 바닥이 난 모양이다. 그나마 내리막길이라 다행이기는 하지만 다리 힘이 점점 풀리고 기분도 가라앉았다. 사탕이라도 몇 개 남겨 놓을걸, 하는 후회가 되기도 했지만 이미 늦은 일이다.

 헛다리를 짚지 않도록 조심해 가며 산 중턱쯤 오자 괭이질하는 소리가 들렸다. 이런 산중 오솔길에 굳이 작업할 필요가 있을까 싶지만, 그래도 내심 그러기를 바랐다.

 가까이 가보니 정말 인부 4명이 길을 다듬고 있었다.

 내 고향 마을에서는 부역으로 동네일을 하거나 놉을 얻어 집안 일할 때는 꼭 막걸리를 한 말씩 받아 놓고 일을 했었다.

 농번기에는 연일 이어지는 노동으로 몸이 피곤하고 체력이 모자라는 것이 당연지사다. 이럴 때 일하면서 마시는 농주 한 잔은 하루 일을 버틸 수 있는 보약 같은 존재다. 또 어떤 경우는, 술이 한두 잔 들어가면 객기 부리듯 더 열심히 일하는 경향도 있었다.

 이분들도 힘든 작업을 하시는데 술이 있을 것이란 기대를 하며, 주변을 살펴보니 흰 플라스틱 통이 2개 보였다.

"나마스떼?(안녕하세요?)"

일부러 큰 소리로 인사말을 건넸더니 나를 쳐다봤다.

"요 럭시호?(이거 럭시예요?)"

흰 통을 가리키며 묻자 한동안 아무 대답이 없었다.
발음이 정확하지 않아 잘 듣지 못했을 수도 있고, 외국인 같은데 느닷없는 술타령이니 자신들의 귀를 의심했을 수도 있었을 것이다.

배낭에 달려 있던 컵을 풀어서 마시는 시늉을 하면서 다시 물었다.

"요 럭시호?"
"호! 호!(네! 네!)"

그제야 한 분이 대답하며 가까이 왔다. 컵 흔드는 것을 보며 내 마음을 눈치챈 모양이었다. 뚜껑을 열고는 한 잔을 따라 주었다. 컵이 작아 단숨에 들이키자 한 잔을 더 따라 주었다.

농주는 아니지만, 알코올의 힘은 여전히 놀라웠다. 혈액 순환을 도운 탓인지 다리 힘이 돌아왔고, 중추신경을 자극한 탓인지 기분도 좋아졌다.

경쾌한 발걸음으로 내려오니 이내 베시사허르 시내가 가까이 보이고 출렁다리가 나타났다.

다리 바로 옆에 라면도 끓여 주고 생선튀김도 파는 작은 가게가 눈에 들어왔다. 그 가게를 보자 며칠 전 검사실 직원과 같이 와서 생선튀김을 먹었던 게 생각났다. 여전히 배도 고프고, 뭐든 좀 먹고 싶어서 쉬었다 가자고 했다.

"저 집에 가서 생선튀김 먹으며 쉬었다 갑시다!"

네팔은 튀김 문화가 발달하지 않은 것 같았다. 닭튀김은 물론 생선

튀김이나 돈가스 같은 메뉴를 보지 못했으니 말이다.

바다 생선은 마트에서 파는 냉동된 것 외에는 구경할 수도 없고, 강은 오염되었거나 물살이 험악해서 물고기 잡기도 어려울 것 같았다.

그러나 여기 모르샹디는 안나푸르나와 마나슬루 설산에서 내려오는 물이고 주민들은 주로 산 중턱이나 등성이에 모여 사는 덕분인지 아직 오염되지 않았다. 다만 여기도 석회 성분이 섞여 있는지 강물은 뿌옇게 보였다.

그런데 신기하게도 저 가게에서는 조기 새끼만 한 물고기를 잡아서 튀겨 팔았다.

지붕만 갈대를 엮어 올렸고 사방이 트인 움막에 앉아 생선 4인분과 음료수를 시켰다. 1인분은 생선 대여섯 토막과 소스만 나왔다. 밑반찬도 없는데 1인분 가지고는 배가 부르지 않았다. 라면이라도 더 시키려 했지만, 원장이 극구 말렸다. 배가 불러서 그러는 것 같지는 않았다. 호의를 부담스러워하는 것 같았다.

네팔사람 중에 술을 좋아하는 사람을 별로 보지 못했다. 어디에서는 기호식품이지만 이들은 술뿐만 아니라 담배도 사치품으로 여긴다. 벌이가 넉넉하지 않다면 씀씀이를 줄이는 것이 현명한 처사다. 원장의 말은 갚지 못할 호의를 받지 않겠다는 듯한 느낌이었다.

원장은 산행이 좋았는지 오늘 다닌 길이 '유브라즈 바토'가 되었다고 농담을 하며 큰 의미를 부여했다. 자기 이름이 들어간 길이라는 말인데, 뭐 이름이 없는 길이니 혼자서야 어떻게 부르던 무슨 상관이 있겠는가!

◎ 거머리 잡는 베네딕트

◎ 쓰레기통과 옹기종기 모인 양철지붕, 멀리 보이는 마나슬루

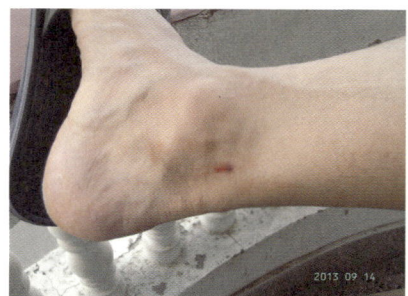

◎ 거머리 물린 발

◎ 카메라 모니터를 보며 즐거워하는 아이들

◎ 양철지붕에 말리는 무말랭이와 무청

◎ 이름 없는 가게의 생선튀김

◎ 왼쪽부터 필자, 병원장, 베네딕트, 판타

약속시간 좀
지키고 삽시다

　　　　OJT 끝날 때가 되어 카트만두로 올라가기 위해 원장에게 렌터카를 알아봐 달라고 했다. 그러자 원장 본인도 카트만두에 가야 한다며 태워 달라고 했다.
　다음 날 새벽, 차가 출발하자 원장이 기사에게 뭐라고 말을 했지만 무슨 말인지 알아들을 수 없었다. 차가 큰 도로에 나오자 우회전을 했다.
　좌회전해야 카트만두로 가는데 우회전하는 순간 뭔가 불안한 느낌이 들었다.

　이번 주가 한국문화 주간이라 카트만두에 있는 극장에서 한국영화를 상영하고 있었다. 사무소에서 관람을 권장하기도 하고, 개인적으로도 「마더」를 보고 싶어 동기들과 극장 앞에서 만나기로 약속을 해 놓은 상태였다.

원장에게 어딜 가냐고 물었더니 한 사람을 더 태워 가야 한다고 했다.

시내 끝 지점에서 보따리 2개를 든 할아버지를 1명 태우고 카트만두로 향했다. 40분 정도를 달려 순들버자르에 이르자 차가 골목으로 들어섰다. 할아버지를 내려 주려는 것으로 여겼으나 그게 아니었다. 한 5분 정도 골목을 가다가 가게 앞에 서서 보따리 하나를 넘겨주더니 다시 차에 오르는 것이었다.

순간 이분을 어딘가에 또 내려 줘야 한다면 시간이 더 늦어질 것이라는 생각에 기분이 우울해졌다.

이러다가 약속된 시간에 늦을지도 모르니 서둘렀으면 좋겠다고 말하자 원장은 무표정하게 극장 앞까지 데려다주겠다는 말만 했다. 기사에게 빨리 가자는 말이라도 하기를 바랐지만, 원장은 그러지 않았다.

나에게는 시간도 중요한데, 원장의 어투는 원하는 장소까지 데려다만 주면 되지 않느냐는 듯한 태도였다.

흔히들 카트만두를 밸리라고 한다. 주변에 언덕이 있어, 그 언덕에 비하면 낮아 보인다. 하지만, 해발 1,400m의 고도가 높은 지역이다. 해발 800m 정도인 포카라에서 카트만두로 가다 보면, 약간 굴곡이 있기는 하지만 거의 평지처럼 가다가 카트만두 바로 직전에서 계속 오르막을 올라가야 한다.

여기가 항상 막히는 도로인데, 오늘도 여지없이 막혔다. 시간은 벌써 11시 반, 여기서부터 막히지 않는다고 해도 12시 반은 되어야 도착할 수 있는데 벌써 막히기 시작하니 점심은 먹기 어려울 것 같았다.

점심 한 끼 정도는 굶어도 상관없다! 하지만 영화만큼은 놓치고 싶지 않았다. 2시 전에만 도착할 수 있기를 바라며, 김혜자, 원빈 배우의 멋진 연기를 볼 수 있으니 마음을 편하게 먹자고 자신을 달랬다.

화물차의 매연과 흙먼지를 마셔가며 언덕 위 검문소에 다다르자 시간은 이미 1시였다. 여기서부터는 많이 막히지 않으니 잘하면 영화가 시작하기 전에 도착할 수 있을 것도 같았다.

그런데, 껄럼끼에서 직진할 줄 알았더니 좌회전을 했다.
복잡한 시내를 피해 가려는 것일까?
아님, 지름길이라도 있나 싶었는데, 웬걸, 수염부나트를 지나고 공거부 버스터미널까지 왔다. 차가 멈추기에 촌부가 내리는 줄 알았더니 그게 아니었다. 다른 아주머니가 차에 올랐다.

화를 내도 소용없을 것 같고 내 속만 탈 뿐이다.
누구나 폭력유전자를 가지고 있다는데, 충동 억제 유전자를 잘 작동시켜야 할 것 같았다. 핸드폰을 꺼내서 음악을 최대한 크게 틀고는 귀에다 바싹 붙였다. 구태여 시간을 확인하고 싶지도 않았다. 그냥 아무 생각도 하고 싶지 않았다.

결국, 영화가 시작한 지 20분이 지나서야 극장 앞에 도착했다. 미안한 표정이나, 미안하다는 말 한마디 없이 원장은 차와 함께 떠났다.
처음부터 자세히 감정 이입하여 감상하고 싶었는데, 앞부분을 놓친 것이 너무 아쉬웠다.

이 나라 사람들은 어떤 행사에 있어서 시간보다는 사건 중심으로 생각한다는 말이 있다.

10시에 행사가 예정되어 있다 하여도 10시에 시작하는 것이 중요한 것이 아니라, 11시에 하든 오후 2시에 하든 그 일을 하는 것에 의미를 둔다는 것이었다.

만약 주요 인사의 도착이 늦어지면, 1시간이고 4시간이고 기다렸다가 그가 도착해야 행사를 시작한다. 물론 아주 중요한 인사가 좀 늦을 수도 있고, 좀 늦는다면 기다려 주는 것이 나쁜 것도 아닐 것이다. 시간이 충분한 사람들에게는 기다림이 미덕이고, 오늘 행사를 내일 하더라도 아무 문제가 되지 않는다.

다만, 짜증이 나는 것은 이들의 약속에 대한 생각이나 그 약속을 지키려는 노력이 우리와는 다르다는 것이고, 권력이 있는 자가 가진, 남의 불편쯤이야 상관하지 않는 일종의 우월의식과 그것을 받아들이고 사는 사회적 통념에 반기를 들고 싶은 것이다.

이방인이 판단하거나 개입할 문제는 아니지만, 하루빨리 약속을 잘 지킬 수 있는 여건이 마련되고 스스로 그 약속들을 지키기 위한 노력을 해주기를 바랄 뿐이다.

◉ 껄럼끼

◉ 영화 「마더」 포스터

성과발표회와
너그러콧(Nagarkot)

     2개월간의 현지 교육 마지막 단계로 성과발표회를 하는 날이 되었다. 오늘 발표회만 끝나면 주말 쉬고 월요일에 각자 임지로 나가야 한다.

  소장님과 사무소 직원들이 참석한 가운데, 8명이 모두 차례로 발표를 했다.

  K 단원은 OJT 기간에 주인 가족과 만두를 빚는 사진과 함께, 현지 적응 교육이 매우 체계적이고 효율적으로 운영되었으며, 특히 교육을 통해 현지어도 어느 정도 습득하여 네팔 생활에 잘 적응할 수 있는 토대가 되었다는 말과 함께, 항상 해외봉사단원으로서의 품위를 잃지 않고 봉사정신 실천에 최선을 다하겠다는 다짐으로 마무리하였다.

  두 달간 단원들 식사 챙기느라 고생을 많이 한 J 선배는 반찬 사진뿐만 아니라 그동안 있었던 일들을 사진으로 설명하면서 한-네 친선 병원의 발전을 위해 최선을 다하겠노라고 했다.

H 단원은 자신이 근무할 모델병원 사진과 함께 병원 소개를 자세히 하였다. 그리고 100% 네팔인이 될 수는 없지만, 부단히 노력하면 75%는 가능하며, 한국인으로서도 75%만 살아도 둘을 더하면 150%의 인생을 살 수 있다는 이론(?)을 펼쳤다.

'소라의 목소리가 들려'로 시작한 P 단원은 깔리마띠의 푸짐한 야채 사진과 함께 다딩의 교육환경 실태조사, 학교 방문, 유아교육 수업 시연, 교사연수, 교구제작, 간호단원과 협업활동 등 자신의 계획을 일목요연하게 발표하였다.

'끼런의 네팔 적응기'란 제목을 붙인 S 단원은 '충격의 분만실'이란 제목의 사진과 함께 열악한 병원 환경을 자세히 설명하였고, 해외에서의 독립생활을 성공적으로 마치기 위해 긍정적 사고를 유지하고, 사교성 있게 생활할 것이며, 건강을 챙기기 위해 노력하고, 그리고 공부도 게을리하지 않을 것을 다짐했다.

J 단원은 삐쁠레(Piple)에 있는 새마을연수원 사진과 농업 관련 사진을 보여 주면서 코워커와 함께 여러 가지 농업기술 전수를 시사했다.

코이카와 단원 간의 계약조건에 PPT 발표를 해야 한다는 내용은 없었다며, 발표를 못 하겠다고 몽니를 부리던 B 단원은 발표자료에 베뜨니 마을에서 촬영한 민박집 사진과 동영상까지 넣어서 네팔어로 발표를 했다.

나 역시 그동안의 현지 교육과정을 설명하고, 럼중병원과 럼주히말 사진 그리고 검사실의 열악한 환경을 보여 주며 이제 시작될 검사실 활동이 쉽지 않을 것 같다는 얘기를 했다.

발표는 대표로 1~2명만 하자는 제안도 있었지만, 각자의 소감을 다 들어 보자는 의미에서 전원 발표를 했고, 조 소장님의 그동안 고생 많았다는 노고 치하와 앞으로 열심히 근무해 달라는 당부의 말씀으로 끝이 났다.

마음에 부담이 되었던 발표회가 끝나자 마음과 머리가 텅 비는 느낌이 들었다.
곧 각자 임지로 가야 한다는 약간의 압박감과 교육일정이 끝났다는 해방감 때문인지 어느 일에도 집중이 되지 않았다.
내일도 같은 상황이 반복되지 않을까?
현지어 공부도 안 될 것이 분명하고, 하는 일 없이 빈둥대야 하지 않을까?

뭔 일을 꾸미면 내일 하루를 재미있게 보낼 수 있을까?

혼자 고민하다 자정이 다 되어 단톡방에 문자를 보냈다.

- 두 달 합숙을 했는데 그냥 헤어지기엔 아쉽습니다.
- 마지막 주말이 무료할 거 같아서 내일 하루 짧은 여행을 가려고 합니다.
- 목적지는 너그러콧, 박타푸르 외곽에 있는 유명한 휴양지래요.
- 거리는 30km 정도지만 버스 두 번 갈아타고 2~3시간 걸릴 것 같아요.
- 내일 아침 5시 30분 출발 예정.
- 같이 가실 분은 댓글 다셔요!

혼자 갈 수는 없는 일이다. 같이 갈 단원이 없으면 나도 포기할 작정이었다. 하지만, 걱정도 잠시, 5분 만에 3명이 답장을 보내 왔다.

"저도 가요!"
"저도 가요!"
"저도 데려가세요!"

역시나, 시니어 분들은 이미 잠이 드셨거나, 그렇지 않다고 하더라도 갑작스러운 여행을 원치 않을 것 같았다.

다음 날 아침, 5시 30분이 되자 발소리를 죽여 가며 4명이 1층에 모였다. 서로 소곤소곤 인사를 하고 대문을 빠져나와 링로드까지 걸었다. 나빌 은행 앞에서 시내버스를 타고 벌쿠로 갔다. 새벽 이른 시간이라 승객이 별로 없어 다행이었다. 15인승 버스에 승객이 많을 때는 30명쯤은 타는 것 같았었다. 그러면 고개조차 들 수 없고 허리에 담이 들 듯 불편했었다.

 벌쿠에서 박타푸르 가는 버스를 바로 갈아탔으나, 20여 분을 서 있다가 출발했다. 정류장에 설 때마다 차장과 손님이 실랑이도 하고 3~5분씩 지체하다 보니 시간이 꽤 걸렸다.
 박타푸르에서 내려 너그러콧으로 가는 지역 버스를 다시 갈아탔다. 50년도 넘었을 듯한, 폐차장에서도 찾기 어려울 듯한 고물 버스는 창문도 닫히지 않았지만, 흙먼지 풀풀 날리며 너그러콧까지 무사히 올라갔다.
 해발 2,000m가 넘어서 그런지 버스에서 내리자 공기가 맑고 시원했다.

"어디로 가요?"
"아침 먹기 좋은 데로 가요!"
"어디가 좋은데요?"
"호텔이 좋지 않겠어요? 이 근처에 호텔 몇 군데 있으니, 한번 살펴보고 분위기 좋고 전망 탁 트인 곳으로 가요!"
"네, 좋아요!"

 호텔 '컨트리빌라' 안으로 들어가니 반대쪽 테라스에 야외 식당이 있고 시야를 가리는 것이 없어 멀리 구름에 덮인 히말까지 훤히 보였다.
 아침 10시가 되어 가니 손님은 우리밖에 없었다. 텅 빈 식당을 4명이 독차지하고 음료와 아침 식사를 주문하고 단체 카톡방에 글을 남겼다.

- 형님들, 4명이 바람 쐬러 나왔습니다.
- 아침 건너뛰지 마시고 잘 챙겨 드세요.
- 사무소에서 연락 오면 잘 말씀드려 주시고요!
- 5시 전에 들어갈게요!

휴양지인 만큼 요리는 정갈하고 맛있게 나왔다. 특히, 삶은 듯이 부드러운 베이컨이 일품이었다.

"자, 오늘은 급할 거 없으니 천천히 먹고 천천히 구경합시다!"

이미 구름이 올라와서 랑탕히말이 전혀 보이지 않았지만, 호텔 야외 식당에서 따뜻한 햇살을 받으며 우아한 정찬을 즐기는 것만으로도 행복했다.

"우와! 저기 봐요!"

이미 구름이 덮여 히말은 볼 수 없겠다고 생각했었는데, 히말처럼 펼쳐진 뭉게구름 사이로 하얀 설산이 약간 보였다. 하지만 카메라를 꺼내는 사이에 다시 가려져 버렸다.

"이제 일어날까요? 전망대로 갑시다!"

좀 더 위로 올라가면 리조트가 있고, 거기서 1시간 정도 더 올라가면 전망대가 있었다.

짐을 챙겨 나와서 리조트로 갔다. 건물 안에 들어갈 생각은 없고 그저 구경하고 싶어서였다. 찻길로 가면 걷기도 불편하고 매연도 싫으니 리조트와 연결된 산책로로 갈 생각이었다.

리조트는 규모가 그리 크지는 않았지만, 조경과 분위기는 좋았다. 한쪽 뜰에는 긴 대나무 4개를 이용해서 대형 그네를 매어 놓았다. 올라서서 한번 굴러 보았지만 잘 안 되었다. 어릴 때 단옷날 뒷마랑에 매어 놓은 그네는 타기 쉬웠는데, 이 그네는 그것보다 두 배는 컸다. 너무 커서 그런지 혼자 힘으로는 창공을 가를 수 없었다.

길 양옆으로 쭉쭉 뻗은 소나무가 빽빽한 오솔길을 세 처자가 춤을 추듯 가벼운 발걸음으로 앞서가고 난 뒤에서 천천히 따라갔다.
숲속 길을 걷는 것만으로도 모든 걱정과 잡생각은 없어졌고, 편안하고 즐거운 마음뿐이었다.

오솔길이 끝나고 군부대를 지나자 햇볕도 더 뜨거워지고 걷는 것이 지루해졌다. 그늘에서 쉬어 가자고 말하고, 간식을 꺼내 나눠 주면서 H 단원에게 말을 걸었다.

"힘들죠?"
"아니, 괜찮아요!"

H 단원에게 신경을 쓰는 것은 그가 여행을 좋아하지 않지만, 기꺼이 같이 와주었기 때문이었다.

전망대에 도착하자 여긴 뜨거운 햇살 대신 구름이 잔뜩 껴 있었다. 게다가 주변에 나무가 있어서 주변을 전망할 수 있는 여건이 아니었다. 그래도 몇몇 사람이 철탑으로 된 전망대에 올라가 사방을 둘러보고 있었다.

구름 때문에 아무것도 보이지 않을 것 같은데 굳이 철탑을 올라가는 이유를 모르겠지만, 1~2명씩 계속 오르내렸다.

쉽게 올라갈 수 있는 전망대 같으면 구름이 껴 있거나 말거나 올라가 보겠지만, 이 전망 탑은 전기 철탑 만들 듯이 만들어 놓은 데다가, 오르내릴 발판이나 사다리도 없었다.

한 군복 입은 여자가 유격훈련 하듯 두 손으로 봉을 잡고 다리를 걸어 겨우 올라가자, 막내 단원 S도 따라 올라갔다.

◎ 호텔 컨트리빌라 입구

◎ 호텔 컨트리빌라 전경

◎ 멀리 구름에 가린 랑탕히말을 배경으로

◎ 솔밭 길

◎ 전망탑 아랫부분, 1층은 사다리가 없음

◎ 전망탑과 구름

독립생활 준비

각자 임지로 떠날 때가 되어 가니 유숙소 관리하시는 분이 쌀 필요한 사람은 구해 주겠다고 했다. 지방으로 내려가면 우리가 먹는 찰진 쌀이 없기에 여기서 사야 한다는 말이었다. 도시에 근무할 단원들은 외식할 장소도 많으니 쌀이 조금만 있어도 되지만, 베시사허르는 외식하고 싶어도 그럴 만한 식당이 마땅치 않으니 한 포대를 샀다.

카트만두에서 근무할 단원들은 축전지와 인버터를 산다고 부산을 떨었다. 하루 12시간씩, 그것도 밤낮으로 일정 바꿔 가며 정전이 되니 축전지가 필수품처럼 되어 버렸기 때문이다. 그러나, 럼중은 정전되는 일이 거의 없으니 그럴 필요가 없어 다행이었다.

또한, J와 B 단원은 자전거를 사기 위해 전문점을 찾아다녔으나, 난 그러고 싶지 않았다. 새 제품보다 중고품을 선호하는 편이라, 그동안 자동차도 6년 된 중고차 사서 6년 타다 폐차하기를 반복했었다. 그래서 자전거도 럼중에서 중고 하나 구할 수 있으면 구해서 타고 적당한 중고가 없으면 걸어 다닐 작정이었다.

　세탁기도 사지 않기로 했다. 계약한 집이 좁아서 세탁기 놓을 자리가 없기 때문이었다.

　아들이 쓰던 노트북컴퓨터 하나 가지고 왔으니 그것으로 무료한 시간은 달랠 수 있을 것 같아 TV도 사지 않기로 했다.

　내일부터 시작될 독립생활을 위해 새벽에 일어나 밀린 빨래부터 했다. 날씨가 맑아 다행이다. 옥상에 널어놓고 이불을 사기 위해 터멜로 갔다.

　네팔인들은 대부분 목화솜 이불을 사용하지만, 난 그보다 가벼운 차렵이불을 살 작정이었다. 서너 가게를 둘러봤으나, 수입품이고 찾는 사람이 많지 않아 그런지 값이 생각만큼 저렴하지 않았다. 우리 돈으로 거의 5만 원 달라는 것을 베개를 포함하여 4만 원에 샀다.

　돌아오는 길에 깔리마띠에 들러 무와 당근, 양파를 샀다. 내일 임지로 가면 당장 반찬이 없으니 깍두기라도 담아 갈 생각이었다. 무와 당근을 좀 많이 샀더니 남았던 고춧가루를 다 털어 넣었는데도 빨갛지가 않았다.

　맛있어 보이지는 않지만 나눠 먹으려고 작은 통 3개에 먼저 담아서 어제 너그러콧에 같이 갔던 단원들에게 나눠 주고 나머지는 모두 한 통에 담았다.

　한 달간의 국내 교육에서는 서로 친하게 지내지 못했지만, 두 달간의 현지 교육에서는 수업시간에 장난도 치고, 매끼 식사를 같이하면서 서로 챙겨 주기도 했었다.

통제된 생활 속에 욕구불만이 터져 나올 때는 티격태격하기도 했지만, 서로에 대한 이해와 배려로 무사히 모든 교육이 끝났다.

이젠 이별이라는 우울한 단어가, 밝았던 표정들을 가벼운 침묵 뒤로 숨겨 버렸다.

◎ 옥상 빨래

◎ 깍두기

4장

단원 생활

PhoolKo
Aankhama

럼중병원 검사실

　　　　5평 정도 되는 검사실에는 병리사 1명과 보조원 2명이 있었고, 장비로는 현미경, 분광광도계, 혈액 냉장고, 인큐베이터가 각 1대씩 있었다.

　장비와 인력이 제한적이다 보니 검사도 몇 가지만 할 수가 있었다. 혈액학 검사는 백혈구 감별검사와 적혈구침강속도 정도 하고 있고, 혈액 화학 검사로는 혈당과 OT/PT, BUN/Creatinine, 요화학은 pH와 Bilirubin, 미생물학은 Blood Culture, 그 외 혈액은행과 분변검사, 정액검사, 그리고 외과 처치나 수술이 필요한 경우 Bleeding Time(출혈시간 검사) 등을 하고 있었다.

　하루 검사 건수는 60여 건이지만 자동화가 되어 있지 않다 보니 바쁜 편이었다.

　혈액은행은 포카라에 있는 혈액원과 연계되어 있어 헌혈 받으면 혈액원으로 보내고 수혈할 일이 있으면 혈액원에서 가지고 온다고 했다. 문제는 보내기는 쉬운데 당장 수술하기 위해 혈액원에 요청하면 혈액 보유량이 많지 않아 가져올 수가 없다는 것이었다.

티미병원(한-네 친선병원)과 비교하면 전체적으로는 부지가 넓어 여유롭고 좋지만, 인력, 시설, 장비 부분에서는 훨씬 부족했다.
형편이 어렵다는 것을 실감하며 내가 할 일들을 생각해 보았다. 검사일을 직접 해줄 수는 없다. 그러면 이들의 일자리를 내가 대신하는 것이 되기 때문이다.

우선 할 수 있는 일로는 정도 관리를 생각했다.
현재는 환자가 오면 검체를 채취하고 검사해서 보고하면 끝이었다. 표준 곡선(Calibration Curve)이나 표준물질 검사(Control Test)를 하지 않고 있었다.
정상 혈청을 모아서(Pooled Serum) 표준물질을 만들고, 표준 곡선도 그릴 예정이다. 이들이 몰라서 하지 않는 것은 아니었다. 알고는 있으면서도 시행하지 않고 있었다.

근무시간은 9시에서 5시까지였다. 보통 관공서가 10시부터 4시까지 근무하는 것에 비하면 시간이 긴 편이다. 나도 그 시간에 맞추기로 했다.
이들은 주 6일 근무로 토요일만 쉬고 일요일부터 한 주가 시작되지만, 난 일요일은 출근하지 않기로 했다. 또한, 한국의 공휴일과 네팔의 공휴일도 쉬기로 했다. 이것은 나뿐만이 아니라 모든 봉사자가 마찬가지였다.

점심시간도 우리와는 개념이 좀 달랐다.

식사시간이 아니라 차 한 잔 마시는 정도의 쉬는 시간이다. 처음 며칠은 직원들과 같이 12시에 연수 건물 1층에 가서 찌야 한 잔으로 점심을 대신해 봤다.

큰 주전자에 찌야를 끓여서 누구나 도착하는 대로 한 잔씩 따라 주었다. 의자와 소파가 몇 개 있기는 했지만 여러 명이 앉기에는 불편했다. 그러니 모두 찌야를 들고 밖으로 나와서 잡초밭에 모여 앉아 병원 돌아가는 이야기며 세상 돌아가는 이야기를 나누었다.

화기애애한 분위기와 여유로운 찌야 시간을 즐기는 것은 좋지만, 개인적으로는 찌야 한 잔으로 점심을 대신하기는 어려웠다.

원장을 찾아가 점심 이야기를 했다.

가끔은 직원들과 같이 찌야를 마시겠지만, 평소에는 집에 가서 점심을 먹고 오겠다고 했다. 이 근처에는 점심 먹을 만한 식당도 없고 도시락을 싸서 온다고 해도 어디 혼자 앉아서 먹고 싶지는 않았다.

이들과 같이 계속 찌야 한 잔으로 지내다 보면 언젠가는 적응하겠지만, 50년을 하루 세끼로 버텨 온 체력과 생활방식이 유지가 될지 의문이었다.

점심시간에 대해 원장은 흔쾌히 동의하였으나 문제는 부족한 시간이었다. 며칠을 집에 와서 밥을 먹고 출근해 보니, 집과의 거리가 1km쯤 떨어져 있어서 1시간이 더 걸렸다. 밥을 급하게 먹고 설거지를 하지 않아도 그랬다.

밥 먹는 시간이야 어쩔 수 없고, 왔다 가는 시간을 계산해 보니 자전거로 출퇴근하면 쉽게 해결될 것 같았다. 가능한 한 빨리 자전거를 사고 싶었다. 그렇다고 지금 당장 카트만두에 갈 수는 없어 고민하고 있는데, 집주인이 자전거 필요하지 않냐고 물었다.

우연인가?
궁하면 통한다더니!
그런 것은 아닌 것 같고, 사용하지 않는 자전거가 있으니 살 사람을 찾고 있다가 나를 점 찍은 모양이었다.
어쨌거나 당장 필요하게 생겼으니 고마운 일이었다.

◎ 찌야 시간에 야외에서

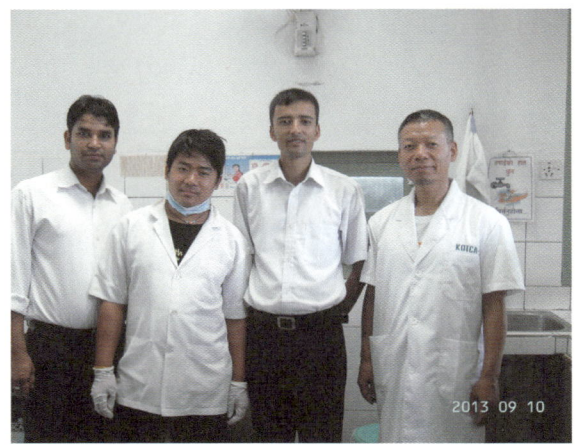
◎ 검사실 직원 왼쪽부터, 샤일렌드라, 모띠, 꾸말, 그리고 나

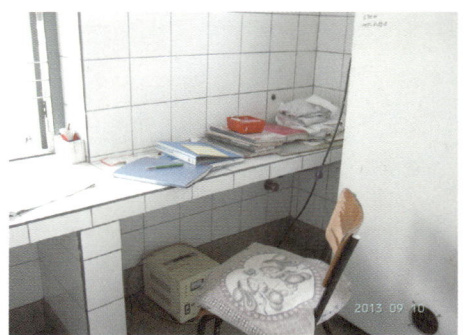
◎ 창가 장부 정리하는 곳

◎ 검사 장부

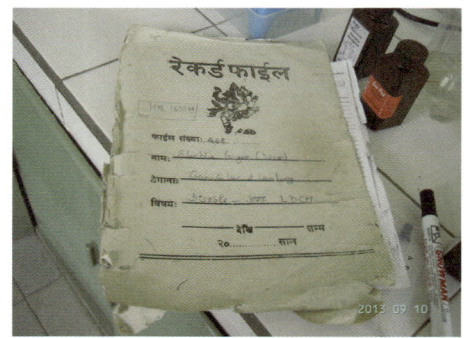
◎ 환자 기록부

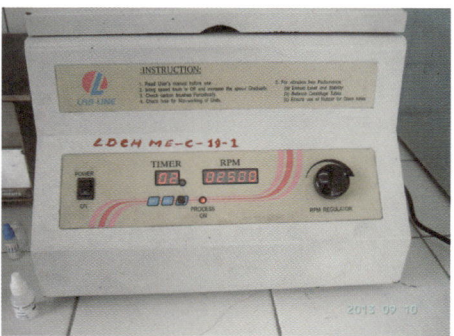
◎ 검사장비

믿지 못할 '볼리 아우누스'

　　　　자전거를 살 때는 몰랐는데 며칠 타면서 보니, 앞바퀴와 핸들이 연결되는 완충장치에 문제가 좀 있었다. 천천히 다닐 때는 괜찮겠는데, 빨리 달리거나 위급상황이 발생했을 때는 문제가 될 수 있을 것 같았다.

　마침 시내에 자전거 수리점이 있어서 찾아갔다.

　문제 있는 부분을 서툰 네팔말로 떠듬떠듬 설명하자 아주 어려 보이는 사환이 이리저리 살펴보더니 말했다.

"볼리 아우누스!(내일 오세요!)"

다른 설명은 없었다. 그저 내일 오라고 해서 다음 날 다시 찾아갔다.

"볼리 아우누스!"

이번에는 살펴볼 생각도 하지 않고 또 내일 다시 오라고 했다. 왜 다시 오라고 그러냐고 물었더니 부속이 없다고 했다. 어쩔 수 없이 그다음 날 다시 갔다.

"볼리 아우누스!"

다음 날 또 갔지만 같은 말만 반복했다.
화가 좀 나서 사무실 안에 있는 사장처럼 보이는 나이 든 사람에게 물었지만, 그도 같은 말을 했다.

"볼리 아우누스!"

정말 기막히고 화가 났다.
검사실에 와서 모띠에게 도대체 왜 내일 오라고 하고서는 다음 날 가도 같은 말만 하느냐고 물었다. 모띠는 내 말을 듣고 살짝 웃기만 할 뿐 아무런 설명을 하지 않았다.
나중에 오라는 거면 그 나중이 언제인지 정확한 날짜를 알려 줘야 헛걸음을 안 하지, 네 번이나 헛걸음했다고 불평을 해도 그저 웃기만 했다.

다시 수리점에 가서 언제 부속이 오는지 다그쳐 물었다.
그러나 언제 올지 모른다고 했다. 포카라에 가서 부속을 사와야 하는데, 그 부속 하나 때문에 갈 수는 없고, 언제 사러 갈지도 모른다는 의미 같았다.

그렇다면, 한 달이 걸릴지 두 달이 걸릴지 모르는 일이었다.

처음부터 그렇게 설명을 했으면, 일주일 동안 헛고생 안 하고 스트레스도 안 받았을 텐데, 이들의 미온적인 태도에 짜증이 더 났다.

차라리 포카라 가서 고쳐 오는 것이 나을 것 같아 버스 지붕에 자전거를 싣고 갔다. 갈 때는 아무 말 없이 그냥 실어 주더니 올 때 차장은 500루피를 달라고 했다.

◉ 20개월 타고 다닌 중고 자전거

◉ 길거리에서 노는 아이들

현지어 강습과 닭백숙

코이카에서는 단원이 현지에 파견된 후에도 현지어 학습을 계속하라고 권했다. 물론 강사 비용도 주기 때문에 적극적으로 활용하기로 마음먹고 병원장에게 강사 추천을 부탁했다. 그 자리에서 전화하자 10분 만에 키가 훤칠한 교사가 원장실로 왔다.

병원 근처 학교에서 영어 교사로 있는 홈 라울은 자신의 직업에 큰 자부심이 있었다. 영국 교육부 초청으로 연수를 다녀왔다는 사실을 연신 강조하면서 자기 집에서 수업하기를 원했다. 손님 접대에 대한 부담스러운 부분이 있어서 일주일에 두 번 그의 집으로 가겠다고 했다.

라울이 사는 집은 나와는 반대편 끝 외곽 언덕에 있어서 꽤 멀었다. 큰길만 벗어나면 포장이 안 된 도로라 비 오는 날에는 신발이 흙에 다 묻었다. 큰 도로까지는 자전거로 가서 자전거를 가게에다 맡긴 뒤 걸어서 올라갔다. 덕분에 그 가게에서 식료품이며 생필품을 수시로 사게 되었고, 길옆에서 4명이 서로 마주 보고 앉아 전통놀이하는 것도 종종 볼 수 있었다.

두 달 합숙할 때와는 달리, 라울은 처음부터 노트를 가져오라고 하더니 그 자리에서 문장을 쓰라 하고 집에서도 한 페이지씩 문장을 쓰라고 했다. 영어교재인 듯한 책을 펴놓고 영어를 노트에 적은 뒤 네팔어를 옆에 다시 적었다. 대화나 문법 구문 같은 것을 알려 주지는 않고 오로지 쓰기만을 강조했다.

수업 시작하고 일주일 정도 지나서 저녁을 같이 먹자며 우리 집으로 초대했다. 현지 음식은 할 줄을 모르니 닭을 한 마리 사다가 압력솥에 넣고 끓였는데, 육질이 쫄깃하게 살짝 익히고 싶었지만, 완전 죽이 되어 버렸다.

네팔에서 구한 압력솥은 한국에서 사용하던 딸랑이, 칙칙이와는 좀 달랐다. 압력솥이 끓으면 '쉬이익~~'하고 김 빠지는 소리가 10~15초 정도 났다가 2~3분 조용하다. 그러고 다시 김 빠지는 소리가 반복되었다.
밥을 할 때는 세 번째 김이 빠졌을 때 가스레인지 불을 작게 줄여서 2~3분 정도 놔두면 뜸이 잘 들었다.

닭백숙은 밥하는 것보다는 더 많이 끓여야 할 것 같아서 김 빠지는 소리가 한 번 더 나도록 한 것이 화근이었다. 미리 한번 연습으로 끓여 봤으면 좋았을 것을 혼자 생각만으로 백숙을 끓인 것이 닭죽을 만들었다.

　그렇다고 다시 되돌릴 수도 없는 일, 원래 그런 것처럼, 한국에서는 삼계탕을 만들 때 이렇게 만든다고 설명했다. 여기에 인삼만 넣으면 한여름 삼복더위에도 힘이 나는 삼계탕이라고 했더니 부인과 함께 '치킨 수프!' '치킨 수프!'를 연발하면서 먹었다.

　그다음 주말에는 라울이 나를 저녁 식사에 초대했다.
　베뜨니 마을에 갔던 것도 기억나고 평범한 가정에서 전통식사를 할 수 있다는 생각에 미리부터 행복했다. 식사에 대한 기대보다는 시골 정지(부엌) 같은 아늑한 분위기를 즐기고 싶었다.
　약속된 6시에 라울의 집에 도착했다. 준비해 간 수건 한 장과 티셔츠 한 장을 건네주고는 방안에서 이것저것 사진도 보고 전통 복장도 보며 시간을 보냈다. 30분이 지나도 아무런 말이 없었다. 수업하는 날이 아니니 수업을 하자고 할 수도 없고, 라울은 딱히 할 일이 있는 것 같지도 않은데 밖으로만 나돌 뿐 나에게는 신경을 쓰지 않았다.
　밖에 나와서 마루에 걸터앉아 시내를 내려다보기도 하고, 옆집 뜰에 핀 천일홍과 칸나도 보고, 지나가는 옆집 학생에게 말도 걸었다.
　지루함이 점점 심해지다 보니, 그냥 집으로 가는 것이 낫겠다는 생각도 들었지만, 그럴 수는 없었다.
　평소에는 5시 퇴근하면 6시쯤 저녁을 먹었는데 한 시간쯤 지나다 보니 배도 점점 고팠다.

　7시 반쯤 되자 식사 준비가 되었는지 부엌으로 가자고 했다.
　어둑어둑한 부엌 한쪽에 나무로 된 식탁이 있고 그 위에 희미하게 쟁반이 하나만 보였다. 입구에서 멈칫거리자 라울이 어서 들어가라고 했다.

혼밥이 익숙하기는 하지만 남의 집에 손님으로 와서 혼자 먹고 싶지는 않았다. 손님으로 생각하지 말고 가족으로 생각하고 같이 먹자고 했으나 자기네 전통을 깰 수 없다고 했다.

네팔 손님도 아니고 나는 외국인이니 꼭 네팔식 예의를 갖추지 않아도 된다고 했으나 내 말을 들으려 하지 않았다.

지난주 내 집에 왔을 때 내가 하는 대로 따랐으니, 여기 자기 집에서는 자기 뜻에 따라 달라는 것이었다. 틀린 말도 아니니 실랑이를 하고 싶진 않았다.

이런 고즈넉한 분위기에서 먹거리를 앞에 두고 이런저런 대화를 하며 분위기를 즐기고 싶었던 것이었는데, 희망은 희망일 뿐 현실은 손님이란 이유로 외톨이가 되어 버렸다.

배낭에서 손전등을 켜서 기둥에 걸고 자리에 앉자 부인이 쟁반 가득 밥과 반찬을 담아 주었다.

독방에 홀로 갇히어 혼밥을 하려니 서러울 지경이지만, 더 기가 막힌 것은, 베뜨니 마을에서처럼 밥을 다 먹도록 두 부부가 입구에 서서 나를 지키고 있는 것이었다.

혼자 알아서 먹을 테니 각자 일을 보라고 했지만 아무 소용없었다.

혹시 불편한 것이 없는지, 손님이 식사를 끝낼 때까지 지켜보는 것이 자신들이 지켜야 할 예의인 듯 꿈쩍도 하지 않았다. 가까이에 앉아 있으면 말이라도 붙여 보겠는데, 문밖에 버티고 있으니 말 한마디 붙이기도 어려웠다. 이방인으로 느끼는 이 풍습은 감시요 고문이었다.

언제쯤 왕처럼 대접받는 것을 즐길 수 있을까?
H 단원의 말처럼 75% 네팔인이 되면 가능할까?

◎ 전통놀이

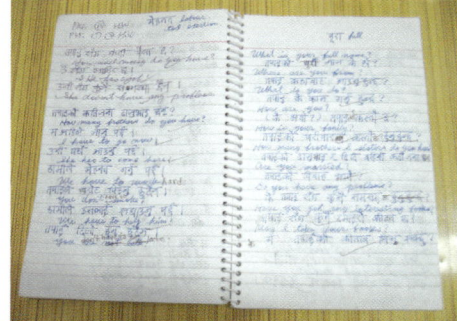
◎ 현지어 공부

◎ 현지어 선생님 집 주변에 핀 꽃 천일홍

안전점검, 집들이

　　　　　단원이 집을 구하고 나면 사무소 안전담당관이 현장에 나와서 확인을 한다고 했다. 혹시나 모를 사고 가능성을 미리 파악하여 사고 예방조치를 하기 위한 일일 것이다.

　사무소에서 안전점검을 온다고 하여 약속된 시간에 게이트웨이 히말라야(럼중 유일의 호텔)에 있는 식당으로 갔다.
　게이트웨이에서 만나기로 한 것은 식사를 먼저 하는 것이 일정상 좋고, 또 다른 이유라면 네팔은 아직 주소체계가 되어 있지 않아 번지수가 없기 때문이었다.
　번지수가 없으니, 관공서나 큰 건물은 몰라도 어느 개인 집을 찾아가기 위해 말로 설명하는 것은 거의 불가능에 가까운 일이다.

　두 달 만에 띠까와 사무소 직원을 만나니 반가웠다. 서로 인사를 하고 각자 주문을 했다. 띠까는 탄두리치킨을 시키고 나는 스테이크를 시켰다.

임지 와서 첫 외식이었다. 고급식당이라고 하더라도 달밧에는 식욕이 당기지 않았다. 이 호텔 식당도 그리 비싼 것은 아니지만, 굳이 돈을 쓰고 싶지 않았고 혼자 밥 먹으러 여기까지 오고 싶지도 않았다.

스테이크는 양도 많지 않았지만, 살짝 익혀 달라고 했는데 푹 익혀서 나왔다. 다시 만들어 달라고 해서 다시 가져왔지만, 그것 역시 너무 잘 익혔다.

스테이크를 선택한 내가 잘못이라 여기고 맛이 있으나 없으나 그냥 먹었다.

차 선생 사는 집도 아직 안전점검을 하지 않았는지, 그리로 먼저 갔다. 협력 의사로 파견 온 차 선생은 외과 전문의고 부인은 소아과 전문의로 같이 생활하고 있었다. 살림살이가 많아 그런지 두 층을 사용하고 있어서 넓고 좋았다.

다음은 우리 집 차례, 시에라 촉에 차를 세우고 골목을 들어가면서부터 띠까는 주변을 살폈다. 술집이라도 있는지, 어떤 가게들이 있는지, 가게 주인은 어떤지, 골목에 몰려다니는 젊은 애들은 없는지 살펴보는 것 같았다.

골목에서 들어와 논밭 사이로 난 길은 위험이 없는지, 집 주변 건물은 어떤 것이 있는지, 집은 지진에도 안전한 구조인지 살폈다.

외부 점검이 끝나자 건물 안으로 들어갔다. 입구 안전장치며 집으로 들어가는 문 안전장치, 방안의 창문이며 베란다로 나가는 문 등 세세히 확인하여 점검표에 기록했다.

  점검이 끝나자 준비해 뒀던 부침개를 꺼내 놓았다. 부침개는 여기에 흔한 감자와 호박 양파만 잘게 다져서 한입에 먹기 좋을 만큼 작게 부쳤다.
  띠까도 호텔에서 먹은 점심이 충분하지 않았는지 쟁반 수북하게 구워 놓았던 부침개를 다 먹고 갔다.

  안전점검 왔다 가고 몇 주 후, 사회복지 전공으로 새로운 단원이 왔고, '나디아'가 집을 옮겼다고 한국 봉사자들을 초대했다. 나디아는 부산 모 교회에서 파견된 간호사로 벌써 3년째 수술실에서 봉사 중이었다. 오늘 모임은 집들이 명목이지만 이런저런 얘기를 나누고자 자리를 마련한 것 같았다.

  뭘 좀 가지고 갈까 고민하다가 냉장고에 넣어 두었던 잭 플루트를 꺼냈다.
  잭 플루트는 여기서도 흔한 과일이 아니었다. 가게에서는 잘 팔지 않고 산골짜기에서 딴 것을 가지고 와서 길에서 파는 경우가 가끔 있었다. 여기 사람들은 과일로 먹기보다는 다 익기 전에 반찬으로 해 먹는다고 했다. 하지만 난 달콤하고 시원한 후식으로 먹으려고 며칠 전 사다가 익혀서 미리 과육만 발라 놓았었다.

나디아 집에는 책이 많았다. 밖에 잘 다니지를 않으니 주로 집에서 독서를 즐기는 모양이었다. 모처럼 제대로 끓인 된장국을 먹으며 병원이며 네팔에 대한 많은 이야기를 들었다.

며칠이 지나자 차 선생이 다 같이 저녁을 먹자고 집들이 초대를 했다.
대문 앞에서 도착해서 전화하자 굳게 닫혔던 대문을 열어 주었다. 집으로 올라가 화로를 들고 베란다로 나갔다. 뒤이어 사회복지 단원과 차 선생이 장작과 삼겹살을 들고나와서 불을 피웠다.

이런 삼겹살을 어디서 구했을까?
네팔에서는 보지 못했던, 한국에서 먹던 것과 똑같은 삼겹살이었다.
장작에 불이 금방 붙지 않아 처음엔 연기가 좀 나자, 대문 밖 언덕에 있던 애들이 야유하듯 뭐라고 계속 소리를 질렀다.
몇 판을 구워서 주방으로 들어가자 나디아와 차 선생 부인이 식탁을 차려 놓고 기다리고 있었다.

와우!
주방과 식탁, 식기류가 모두 고급스럽고, 상추, 배추, 김치와 깻잎 등 여러 반찬이 호텔 식당처럼 정갈하게 차려져 있었다. 한국에서 공수한 것이라는 말에 더욱 맛나 보였다.
조만간 우리 집으로 초대를 해야 할 것 같은데, 벌써 뭘 대접할지 고민이다. 닭죽을 또 쒀봐!

◎ 게이트웨이 히말라야 호텔

◎ 잭 플루트

열흘간의 압흑

　　　　　　OJT 왔을 때 럼중이 좋았던 점은 카트만두와 달리 정전이 되지 않고 항상 전기가 들어오며, 수돗물이 깨끗하고, 공기도 맑고, 거리도 깨끗하다는 것이었다.

　생활환경 면에서 카트만두에 비하면 여기는 천국이나 다름없이 느껴졌었다. 개 때문에 고생하기는 했지만, 길거리 개들도 다른 도시에 비해 적은 편이고 소는 아예 볼 수 없으며, 길가에 방치된 쓰레기도 없다. 한 달에 한 번 관공서나 병원 직원들이 도로를 쓸고 하수구를 청소하는 모습도 보였다.

　수돗물은 숲에서 내려오는 맑은 물을 정수장에서 정화하여 공급하니 주민들은 수돗물을 그냥 마셔도 괜찮았다. 그러나 카트만두는 그렇지 않았다.

　유숙소뿐만 아니라 다른 주택들로 물차를 불러 지하에 마련된 물탱

크에 채우고 그 물을 옥상 물탱크로 퍼 올렸다가 사용한다. 이렇게 수도꼭지에서 나오는 물은 허드렛물이고, 마시는 물은 보통 별도로 사서 먹어야 했다. 심지어 카트만두에서는 병에 담아 파는 물도 믿기 어려우니, 아무 물이나 사 먹지 말라고 했었다.

장마가 한창인 8월 중순 시에라 촉을 내려오는데 앞에서 '펑~'하는 소리가 났다. 병원에 와서 꾸말에게 물어보니 예상대로 시에라 촉 아래 변압기가 터졌다고 했다.
언제쯤 전기가 들어올 것 같으냐고 물었으나 모른다고 했다.

변압기가 터졌는데 언제 고칠지 모른다고?

원장에게 물어도 모른다고 했다. 답답하기는 하지만 아무도 모른다니 어쩔 수 없이 대책 없이 기다려야 했다. 처음에는 모른다는 의미가 오늘 오후에 될지, 내일 아침에 될지, 고쳐지는 정확한 시간을 모른다는 의미로 생각했었으나, 이틀이 지나면서 보니 일주일이 걸릴지 이주일이 걸릴지 전혀 모른다는 의미였다.
5일째 되던 날 지나면서 보니 고장 난 변압기는 없어졌고 전기대 옆에 새 변압기가 놓여 있었다.
새 변압기가 왔으니, 이제 곧 전기가 들어올 것이라 예상했지만 역시 예상은 빗나갔다.
변압기는 와 있는데 3일이 지나도 그대로였다. 왜 이렇게 오래 걸리느냐고 물었더니 변압기를 설치할 기술자가 없다고 했다.
시내 전체가 정전인데, 여기 쿠디나 직티 발전소에 기술자가 없으면, 다른 곳에서라도 얼른 데려와야 하지 않느냐고 물었다.

"당연하지! 데려오는 중이야!"

'당연히 데려오는', 당연한 것을 왜 묻느냐는 말투였다.

"그런데, 시간이 왜 이렇게 많이 걸리냐고?"
"먼 곳에서 데려와야 하니까 많이 걸리지!"
"어디서 데려오는데?"
"인도에서!"
"뭐라고? 인도에서?"

열흘 만에 전기가 복구되었지만, 마음이 유쾌하지는 않았다. 네팔 전체에 변압기 교체할 기술자가 1명도 없어서 인도에서 올 때까지 기다려야 한다는 사실에 한숨이 나왔다.
　인도에서 발전소 짓고 관리 책임도 맡고 있어서 네팔에서는 손을 쓸 수 없는 상황인 것 같았다. 자체 관리할 수 없다는 현실이 너무나 안타까웠다.

　그나마 병원은 대형 발전기가 있어서 일하는 데는 문제가 없었고, 집에서는 코이카에서 준 비상 물품 중에 태양열 충전 랜턴이 있어서 낮에 충전했다가 저녁에 불은 밝힐 수 있어서 다행이었다.

◎ 10일 만에 설치하는 변압기

선생님도 장사하는,
야차굼바

세상 물정 잘 아는 선배 단원으로부터 전화가 왔다.

"후현 지? 야차굼바 좀 구해 줄 수 있어요?"
"뭘 구해 달라고요?"

처음 듣는 단어라 못 알아들었다.

"그 왜 있잖아요, 동충하초! 머낭 지역에서 나는 거요."
"처음 들어 보는 얘기라서요! 머낭은 여기서도 멀어요!"
"그 근처니까 좀 알아봐 줘요! 살 수 있으면 사게요!"
"네, 알아보고 전화 드릴게요!"

전화를 끊고 나니 얼마 전에 히말라야 타임스에서 봤던 기사가 생각났다. 그땐 관심이 없어서 그냥 지나갔지만, 왠지 그 기사와 관련이 있을 것만 같았다. 쌓아 두었던 신문을 뒤져서 관련 부분을 펼쳤다.

'황금보다 비싼 야차굼바!'

잠자리류나 나방류의 애벌레가 땅속에서 진균에 감염되면 그 균이 애벌레의 뇌를 조정하여 대가리를 땅 표면 가까이에 대고 몸은 땅속에 수직으로 세운 뒤 서서히 굳어 미이라가 된다.

해발 4,000~5,000m 눈 덮인 고산지대에 눈이 서서히 녹기 시작하는 5월경이면 잔디 위에 쌓인 눈이 녹는 시기에 맞춰 미이라가 된 애벌레 대가리에서 균이 자라 잔디처럼 싹이 올라온다. 싹이 올라왔을 때 유충은 이미 석회화되어 겉모양은 애벌레 같으나 몸속은 하얗게 변하고 겉은 황금색으로 변해 전체가 단단해진다.

이걸 캐기 위해서 머낭 근처 주민들은 5~6월이 가장 바쁘고 예민해진다. 신문기사에서는 이 보물을 지키기 위해 다른 지역에서 오는 사람들과 마찰도 있고 폭력을 쓰기도 하며 가끔은 살인도 일어난다고 했다.

어떤 학교에서는 선생님도 산에 올라가 야차굼바를 캐기도 한다고 했다. 선생님이 그래도 될까 싶지만, 어차피 학생이 1명도 오지 않으니 학교에 있어도 아무런 의미가 없다고 했다. 어른뿐만 아니라 애들도 모두 굼바를 캐러 가기 때문이다.

이 학생들이 밤에는 가끔 선생님을 찾아온다고 했다. 왜냐하면, 낮에 캐서 몇 개 꼬불쳐 두었던 굼바를 팔기 위해서다. 온종일 열심히 캐서 부모님께 다 드리는 것이 당연하겠지만, 부모님들은 그 자리에서 용돈을 주시지는 않을 것이다. 그러나 선생님에게 가져가면 선생님은 바로 현금으로 계산해 주기 때문인 모양이었다. 몇십 마리 중에서 몇 마리 감춰 둔다고 부모님이 눈치를 채기도 어려울 것이다.

봄눈 녹을 때 열심히 굼바를 캐서 잘 말려 놓으면, 눈이 가장 많이 녹는 7~8월 사이에 보름간 중국과 국경이 열리고, 굼바 보따리 잘 꾸려서 험한 히말라야 넘어 중국으로 간다.
중국 부호들이 황금색을 띤 좋은 상품은 한 마리에 우리 돈 1만 원을 넘게 주고 산다고 했다. 그러니 학교고 뭐고 온 식구가 매달리지 않을 수 없는 모양이다.
신문을 다 읽고 모띠에게 야차굼바를 구할 수 있냐고 물었다.

"혼자 살면서?"

혼자 사는데 그게 왜 필요하냐는 듯한 야릇한 웃음을 띠었다.
중국 부자들이 야차굼바에 집착하는 이유는 최고의 천연 비아그라로 알려져 있기 때문이라고 했다. 우유 한 잔에 굼바 한 마리를 넣고 끓여 마시는 것이 최고라고 했다.

"오해하지 마! 내가 먹으려는 것이 아니야! 친구가 구해 달래!"

게르무에 사는 친구들에게 알아보면 구할 수 있지만, 좋은 것은 이미 중국으로 다 넘어갔고, 지금은 품질이 좋지 않은 것들만 남아 있다고 했다.

품질을 떠나서 구할 수 있으면 구해 달라고 했더니 자기 친구에게 전화를 했다.

"선금을 먼저 보내래!"
"그래, 보낼게! 은행 계좌 알려 달라고 해!"
"계좌 없어! 그냥 현금 보내면 돼!"
"뭐라고? 현금을 어떻게 보내? 게르무엔 은행 지점 없잖아?"
"거기 지점 없어도, 여기 은행 가서 보내 달라면 보내줘!"
"은행 지점이 없어도 현금을 보낼 수 있다고?"
"그래! 은행 가서 얘기해 봐!"

모찌 친구 민드라시의 전화번호를 받아 통화하고 나빌 은행으로 갔다.

담당자를 찾아서 얘기했더니 수수료 조금 주면 직원이 현금 들고 버스 타고 가서 전해 주고 온다고 했다.

인건비가 아무리 저렴한 곳이라지만, 직원이 현금을 직접 배달한다는 사실이 놀라울 따름이다.

서비스 정신 탓인지 아니면 현금을 한 푼이라도 벌기 위해 하는 일인지 모르겠지만, 어찌 되었건 고마운 일이었다. 신청 양식을 적어서 현금과 같이 접수하자 받을 사람에게 전화를 걸어 달라고 했다.

신청서에 받을 사람 인적사항이 있지만, 담당자가 전화를 걸지 않고 내 전화로 걸어서 바꿔 달라는 것이었다. 이 나라에서는 통신비가 만만치 않으니 종종 있는 일이다. 병원 직원도 때로는 나에게 전화했다가 받기 전에 끊는다. 그건 전화를 걸어 달라는 일종의 신호와도 같았다.

전화를 걸어서 바꿔 주자 10여 분 동안 통화하더니 오늘 오후에 사람을 보내서 전달하겠다고 했다. 고맙다는 인사를 하고 나왔는데, 문제는 나흘 후에 발생했다.

민드라시로부터 전화가 왔다가 끊어졌다.
다시 전화를 걸자 화가 많이 나 있었다.
왜 돈을 보내지 않느냐?
사람 놀리느냐?
본인이 사기꾼이 되게 생겼다며 격앙된 목소리로 불평을 늘어놓았다.

그 당시 은행 직원과 통화를 했음에도 내 말을 믿지 않는 것 같았다.
그와 실랑이를 할 일이 아니었다. 전화를 끊고 당장 은행으로 뛰어갔다. 정말이지 문을 쾅! 소리가 나도록 세게 닫고 돈을 맡겼던 중년 남자에게 다가갔다.

"돈 보냈습니까?"
"아직 못 보냈습니다!"

당일에 보낸다고 하더니만 오늘이 나흘째인데 아직도 안 보냈다니!

이것은 또 다른 '볼리 아우누스'인가?

그날, '오늘 오후 사람을 보내겠습니다'라고 했던 것이, 오후에 꼭 사람을 보내겠다는 약속이 아니라, '보낼 수 있으면 보내고 아니면 내일 보내고, 내일도 보낼 수 있으면 보내고 아니면 말고'라는 뜻으로 해석할 수밖에 없었다.

물론, 그럴 만한 충분한 이유가 있어서 못 보냈겠지만 당장은 화가 나니 책상이라도 부숴 버리고 싶었다. 하지만, 기물파손을 할 수는 없고 발로 책상다리를 '툭' 찼다.

그러자 내가 그런 행동하기를 기다리기라도 한 듯 순식간에 어디서 나타났는지 덩치가 큰 남자 4명이 내 팔이며 어깨를 움켜쥐더니 벽으로 몰아붙이고는 옴짝달싹 못 하게 압박을 가했다. 얼떨결에 당한 행동에 위협을 느끼며 놓으라고 소리쳤으나 그들은 놔줄 생각이 전혀 없어 보였다.

내가 먼저 진정해야 이들도 믿고 놓아 줄 것 같았다. 눈을 감고 입도 다물고 조용히 있다가 다시 말했다.

"미안해! 아무 짓 안 할게! 놔 줘!"

내가 느낀 네팔인들은 낙천적인 편이다. 웬만한 일에는 화를 내지 않았고, 남과 언성을 높여 말싸움하는 것도 거의 보지 못했다.

이런 사람들에게 문을 세게 닫았고, 화난 목소리로 얘기하고, 책상다리에 발길질했으니 나를 위협적인 존재로 본 것 같았다.

내가 계속 가만히 있자 안심이 되었는지 잡았던 손을 천천히 풀었다.

몸은 자유롭게 되었지만, 그들과 대화를 할 기분은 아니었다. 담당자가 내 뒤통수에 대고 내일 보내겠다는 말을 했지만, 대답 없이 그냥 은행을 나왔다.
말이야 내일 보내겠다고 하지만 내일 또 무슨 일이 벌어질지 모르는 일이고, 꼭 보내겠다는 다짐을 받은들 아무 소용이 없을 것만 같았다. 보내든 말든, 언제 보내든 알아서 하도록 놔둬야 할 것 같았다.

이들의 사고방식이 시간 중심이라기보다는 사건 중심이기에, 돈을 보낸다는 사실이 중요하지 언제 보내느냐는 크게 중요하지 않다고 여기기 때문이라 믿었다.

은행에서 나와 민드라시에게 전화를 했다. 왜 못 보냈는지 이유는 모르지만, 여하튼 은행에서 아직 못 보냈고 곧 보낸다고 하니 며칠만 더 기다려 달라고 부탁했다.

밤잠을 못 자게 하던 개들의 싸움, 그건 개니까 그렇다 치자. 카트만두에서의 매연과 쓰레기, 불쾌한 냄새, 남을 배려하지 않는 자기중심적 행동에 끼니를 걸러야 했고, 약속도 지키지 못했고, 영화 오프닝도 놓쳤다. 성의 없이 반복되는 '볼리 아우누스!', 저녁 초대받았을 때의 난감한 대접, 버스 탈 때마다 요구하는 바가지요금, 불편한 현실에 대한 기억들이 나를 벼랑 끝으로 몰고 가는 느낌이다.

이런 상황에서 내가 2년이란 세월 동안 잘 견뎌 낼 수 있을까?

이들의 사고방식에 실망을 거듭하자, 나에 대한 확신도 흔들리고, 현지인에 대한 환멸로 정신마저 황폐해지는 것 같았다.

◎ 야차굼바 캐러 가는 사람들

◎ 야차굼바를 구해 준 민드라시 부부

◎ 황금색 야차굼바

선생님도 장사하는, 야차굼바

장난꾸러기 쉴라

　　　　　병원 건물 주변에 잡초가 많이 자라 들판 같은 느낌이다. 얼마 전에는 건물 보수하고 조경 관리하는 직원이 풀을 깎다가 뱀을 두 마리 잡은 적이 있었다. 네팔에는 뱀이 많지 않다고 들었었는데 막상 병원 내에서 뱀을 보니 한국에서 보던 것과는 무늬와 색이 달라 신기하기도 하고 꺼림칙했었다.

　방역이라는 것을 하지 않으니, 검사실에 벌레도 들어오고 파리도 수시로 날아다녔다. 파리가 눈에 띌 때마다 신문을 말아서 밖으로 쫓아내지만 금방 다시 들어오곤 하였다.
　파리나 벌레가 나를 괴롭힐 때마다, 그동안 겪었던 불편한 감정들이 함박눈 내린 날 눈 덩어리 굴리듯 점점 커지기도 했다.

　검사실이 좁아 책상이 없다 보니 문을 등지고 창문틀 난간에 앉아서 검사 결과를 검토 중인데, 뒷목에 파리가 앉은 것만 같았다. 목을 왼쪽으로 홱 꺾어서 쫓았는데 잠시 후 같은 장소에 또 기어다녔다. 이번에는 손으로 그 자리를 후려쳤다. 손바닥을 펴보았으나 잡히지 않았다.

잡힐 리가 없지!
4,000쌍의 렌즈로 경계를 하고, 초속 2m로 날아다니는 파리가 보지도 않고 휘두른 팔에 잡힐 리가 있겠는가!
일을 마저 끝내려고 다시 장부를 보는데 그 자리가 또 간지러웠다.

"아! 이런!"

짜증을 내며 검사실 파리는 신문 말아서 다 때려잡고 싶어 벌떡 일어났다. 그런데 바로 뒤에 실습 나온 학생이 두 손을 뒤로 한 채 서 있었다.

"오~! 쉬~, 쉴라!"

난감한 일이었다. 주변을 둘러봤지만, 신문은 눈에 띄지 않았다.
파리 잡을 마음은 이미 사라져서 굳이 찾을 필요도 없었다. 다행히 이 아가씨는 당황한 기색은 없고 가만히 서서 나의 어정쩡한 모습을 보고 있다가 뒤에 감추었던 머리카락을 내 눈앞으로 내밀었다.

헉!

아니, 그게 파리가 아니었고 이 아가씨가 지금 자기 머리카락으로 내 목에다 장난을 쳤단 말인가?

화를 내야 할까?
따끔하게 혼내야 하나?
아님, 장난일 테니 환하게 웃어야 하나?

한편으로는, 짜증스러운 반응을 한 것이 무안하기도 하고, 혹시, 이 아가씨가 마음에 상처나 받지 않았을까 미안하기도 했다.
어떻게 해야 할지 몰라 망설이고 있는데 쉴라는 검사실 밖으로 사라졌다.

쉴라는 포카라에서 병원 보조 양성 과정(우리나라 간호조무사와 유사)을 다니는 중인데 지난주 월요일 이 병원으로 실습을 나왔다. 첫날, 복도에서 만나 인사하고 이름을 물어보았었다.
그 후 복도 지나다 만나면 눈인사하고, 장난을 걸어온 건 오늘이 두 번째다.
이틀 전에도 복도 난간에 앉아 꾸말과 얘기 중인데 뒤에서 옷소매를 잡아당기자 꾸말이 혼을 냈었다.

직원들은 나를 조심스럽게 대했다. 복도에서 만나도 피하는 듯한 느낌이 들 정도였고, 내가 말을 걸더라도 빨리 그 자리에서 빠져나가려는 듯한 느낌이 들었다.
그러나 실습생들은 직원과 달리 남의 눈치 상관없이 말을 걸고, 지나가다가 검사실에 들어와 내 핸드폰으로 셀카를 찍기도 했었다.

◎ 검사실 입구

◎ 뒤로 묶은 머리

(활동 물품) 고민 해결

　　　　사무소로부터 활동 물품 신청하라는 전자메일을 받았지만, 어떤 물건을 살지 결정을 못 하고 있었다. 검사실 기구나 시약을 사도 되지만 그러고 싶지는 않았다. 뭔가 더 의미 있는 일에 쓰고 싶어 계속 고민하고 있었다.

　병원에 헌혈실이 별도로 마련되어 있지 않아, 헌혈자가 오면 검사실 앞 복도에 환자 침대를 놓고 채혈을 해야 했다.
　헌혈을 하고자 하는 사람이 와서 주사기를 꽂고 혈액이 모이는 것을 지켜보며 활동 물품을 고민하고 있는데, 꽁지머리를 누군가 잡아당기는 듯한 느낌이 들었다.
　대학교 다닐 때는 머리를 좀 길러 보기도 했었지만, 직장 다닐 때는 항상 머리를 항상 짧게 깎았었다. 봉사자로 여기 있는 동안은 머리를 한번 길러 보고 싶어서 몇 달째 길러 고무줄로 묶은 상태였다.

혹시?

쉴라?

누가 장난을 거는 것이라면 그럴 사람은 쉴라밖에 없을 텐데.

돌아보니 역시 쉴라였다.

"나마스테!"

반가워서 인사부터 했다. 또 장난을 건 걸 보면 마음의 상처를 받지는 않았나 보다.

"지금은 어느 부서 실습해요?"
"응급실요!"

아직 네팔말이 서툴러서 다른 사람과 이야기할 때 다 알아듣지는 못하지만, 그래도 대화를 많이 해보려고 노력 중인지라 계속 얘기를 했다.

"혈액형이 뭐에요?"

채혈 중이니 쉴라의 혈액형이 궁금해서 물어보았다.

"혈액형요? 몰라요!"
"병원에 근무할 사람이 자기 혈액형도 몰라요?"
"검사비가 비싸요!"

"학교 다닐 때 학교에서 검사해 주지 않아요?"
"학교에서 왜 해주죠? 그런 거 해주는 학교 없는데!"
"아! 그렇구나!"

네팔도 한국과 같은 체계를 갖고 있을 것이란 착각에서 나온 말이었다. 초등학교 저학년 때 혈액형 검사를 다 했으니 네팔도 그럴 것이란 생각을 하고 있었던 것이었다.
그러나 네팔은 정부에서 해주는 제도는 없고 자기 돈으로 병원 가서 해야 하는데, 검사비가 비싸니 꼭 필요한 경우 아니면 혈액형 검사를 하지 않는 모양이었다.

"혈액형 검사해 줄까요?"
"네!"

검사실로 들어가서 시약을 꺼냈다. 쉴라의 왼손 중지를 잡고 끝을 란셋으로 찔렀다. 피가 한 방울 솟아오르자 옆에서 지켜보던 친구는 검사받기 싫다며 밖으로 나갔다.

슬라이드에 세 방울을 묻혀 책상에 내려놓고, 알코올 솜을 집어서 손가락에 대어 주면서 누르라고 한 뒤, 피 묻힌 슬라이드에 시약을 떨어뜨려 면봉으로 저으면서 물었다.

"쉴라! 그럼, 학생들 혈액형 검사해 줘도 될까?"
"어떻게 해요?"

"내가 시약 사서 학교 찾아가서 전교생 다 해주면 어때요?"
"그렇게 해주면 좋죠! 해줄 수 있어요?"
"글쎄! 그러고 싶은데, 좀 알아봐야지!"

모띠에게 시약값을 알아보니 활동 물품비로 10개 학교 정도는 검사할 수 있을 것 같았다.

"모띠? 근처 학교 찾아다니며 혈액형 검사해 줘도 될까?"
"좋지!"
"나 혼자는 못하고 검사실에서 도와줄 수 있어?"
"그럼! 당연하지!"

쉴라 덕분에 학생 혈액형 검사에 대한 아이디어를 얻었고, 모띠도 좋다고 했으니 가능할 것 같아서 차 선생을 만나러 갔다.

"차 선생님, 제가 학교를 찾아다니며 학생들 혈액형 검사를 해주려고 하는데 괜찮을까요?"
"좋지요. 사실 수술하고 싶어도 수혈할 혈액이 확보되지 않아서 못하는 경우가 종종 있습니다. 학생들 혈액형 검사해 주면, 당연히 헌혈에 대한 홍보가 되고 장기적으로 헌혈인구가 늘어날 겁니다. 적극적으로 추진해 보셔요!"

임상의사의 말을 들으니 확신이 들어 원장을 만나러 갔다.
내 얘기를 들은 원장도 필요한 일이라며 직원도 같이 가는 것은 허락했다. 또한, 혈액형 검사 시약과 슬라이드만 준비하면, 소독약과 면봉 등 나머지 필요한 것들은 병원에서 제공하겠다고 했다.

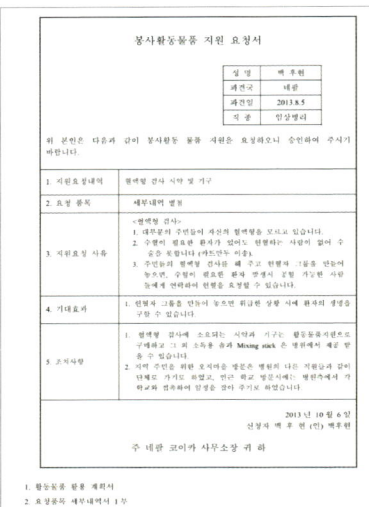

◎ 봉사활동 물품 지원 요청서   ◎ 봉사활동 물품 활용 내역서

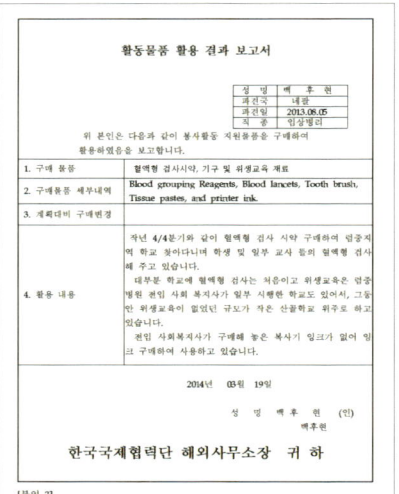

◎ 활동물품 활용 결과 보고서

길바닥 헌혈

　　　　헌혈 행사를 한다고 해서 어디서 하냐고 물었더니 '시에라 촉'이라는 대답이 돌아왔다.

　헌혈은 당연히 병원에서 하는 줄 알고, 병원 어느 장소에서 하는지를 물었는데, 병원이 아닌 시에라 촉에서 한다는 것이 의아했다.

　시에라 촉 어느 건물에서 하느냐고 물었더니, 그냥 시에라 촉이라고만 대답을 했다.

　혼자 자전거를 타고 시에라 촉 근처에 오자, 공터에 20여 명의 사람이 모여 있었다.

　설마 이 사람들이 헌혈하려고 여기에 모여 있는 것일까?

　설마! 아니겠지!
　설마?
　헉!

베시사허르가 안나푸르나 라운드 트레킹 시작점이다 보니 유동인구가 많다. 여기, 시에라 촉은 시내로 들어가는 입구이고 버스 정류장도 있어 먼지와 소음도 좀 있는 편이다.

길옆 한쪽에 화단이 있고, 화단 사이 약간의 공간에 플라스틱 의자 6~7개를 가져다 놓고 앉은 채로 3~4명이 헌혈 중이었다.

이렇게도 할 수 있구나!

이렇게라도 헌혈을 한다는 것을 좋게 받아들이고 싶지만, 마음은 좀 불안했다. 혈색소 검사 같은 것은 하지 않았다. 혈압을 재고 혈압이 정상이면 바로 주사기를 꼽았다.

70년대 우리나라에는 형편이 어려운 대학생이나 돈벌이하기 어려운 사람들이 피 팔아서(매혈) 빵 사 먹는다는 이야기가 나돌기도 했었다.

그 이야기를 믿고 고등학교 2학년 때 친구와 둘이 혈액원을 찾아간 적이 있었다. 타지에서 혼자 자취하던 시절이라 매혈해서 라면이라도 한 상자 살 요량이었다. 그러나, 혈액원 접수 선생님으로부터 호되게 꾸지람을 들었었다.

"매혈은 좋은 게 아니야! 어디, 학생이 그런 생각을 해!"

쑥스러운 마음에 한마디 대꾸도 못 하고 시키는 대로 팔을 걷었다. 손가락을 먼저 찌르더니 피 한 방울 짜서 용액이 든 비커에 떨어뜨리니 핏방울이 물속에서 멈칫하다 가라앉는 것을 보고 채혈을 했었다.

옛날 생각을 하던 중에 한쪽에서 소란이 일어났다.

"어~, 어~!"

헌혈을 막 끝내고 일어서던 깡마른 친구가 어둔한 소리를 내며 팔을 허공에 흔들면서 중심을 잃어 가고 있었다.

다행히 옆에 있던 분이 붙잡아 쓰러지지는 않았다. 의자에 앉혀 의자를 뒤로 눕히면서 뒤에서 한 사람이 잡고 앞에서는 발을 높이 쳐들어 주었다. 5분 정도 그러고 있으니 괜찮다며 일어났다.

병원 직원도 아니고 같이 헌혈하던 분들이 자연스럽게 위급상황에 잘 대처하는 것을 보니 그냥 모여든 사람들은 아닌 것 같았다. 서로 대화하는 것이 다들 친분이 있는 사람들이고, 헌혈 경험도 많은 사람들 같았다.

병원장에게 이 사람들 누구냐고 물었더니 오토바이 타는 사람들이 주축이 된 이 지역 동호회(Rotaract Club of Lamjung) 회원들로서 자주 단체 헌혈을 한다고 했다.

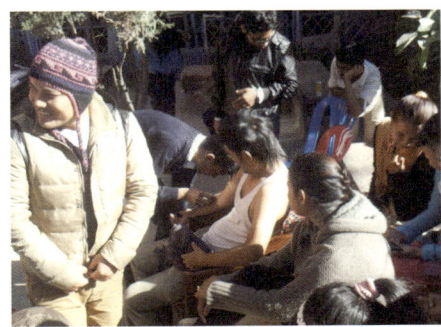
◎ 길거리 헌혈 중

◎ 헌혈쇼크 응급처치

어라, 콩나물이?

　　　　　닭집은 닭을 항상 냉장고에 넣어 두고 팔기 때문에 거부감이 없어 자주 이용하지만, 돼지고기 파는 집은 커다란 도마에 큰 덩어리를 올려놓고 팔기 때문에 위생상태가 좋지 않아 보여 그동안 이용하지 않았었다.
　이제, 11월 중순이라 날씨가 선선해졌으니 여름보다는 나을 것 같아서 돼지고기를 한번 먹어 보기로 했다.

　2kg 사다가 집에 도착해서 지저분해 보이는 부분을 잘라 내고 껍질과 기름도 떼어 내었다. 손질하고 보니, 남은 양보다 버린 것이 더 많지만, 꺼림칙한 것을 그냥 먹고 싶지는 않았다.
　장조림을 만들려고 고기를 삶으면서, 먼저 삶아 놓은 달걀과 감자를 까서 야채 샐러드도 만들었다.

주말마다 일주일 먹을 반찬 만드는 것이 일이다. 시작한 김에 반찬을 더 만들려고 열흘 전부터 애지중지 키워 온 콩나물 통을 들고 나왔다.

참기름 듬뿍 넣어 콩나물무침도 만들고, 시원하게 콩나물국도 끓이고 싶었다.

직접 키운 콩나물을 꺼내서 보니 생각했던 것과 모양이 달랐다.

시골에서 키울 때는 시루가 좁은 듯이 빽빽하게 대가리를 밀고 올라왔었고, 줄기도 제법 굵고 튼실했는데, 지금 키운 콩나물은 줄기도 가늘고 대가리를 밀고 올라오지도 않았다.

어라, 콩나물이 왜 이렇게 생겼지?

플라스틱 바구니에서 꺼내자 어이가 없었다.

콩은 그 자리에 있고 밑으로 뿌리는 퍼져 자랐고, 위로는 가느다란 줄기가 올라와 있었다.

뭘 잘못한 거지?
지구 자전 때문인가?
내 잘못을 인정하기 싫어서 다른 핑계를 대고 싶지만, 답이 나올 리가 없었다. 결국, 농업 전문가에게 물어보았다.

"그거? 햇볕 차단 안 시켜 그래!"

그렇구나. 빛을 완전히 차단하지 못했구나!

싱크대는 좁고 방에도 둘 곳이 마땅치 않아 세면장에 두고 신문으로 덮었었다. 세면장은 창문 하나 없는 곳이고 문만 닫으면 컴컴하기에 신문지로 덮어 키웠는데, 투명한 용기에 담았으니 형광등 불빛이 들어갔던 모양이다.

콩나물을 망쳤다는 생각에 쓰레기통에 버려 버렸다.

장조림을 그릇에 담으며 무슨 국을 끓일까 생각했다. 참치를 넣고 김치찌개를 끓여볼까?

코이카로부터 추석 격려품으로 받은 상자에는 김이며 통조림, 라면 등 각종 먹거리가 가득했는데 아직 거의 사용하지 않았었다.

참치 통조림을 하나 꺼내서 주방으로 가는데 쓰레기통에 버린 콩나물이 보였다. 마치, 버림받은 콩나물이 내 눈을 붙잡고 애원하는 것 같았다.

"이대로 버릴 거야?"

버리면 안 된다고 호통을 치는 것 같기도 하고, 애써 키운 걸 왜 버리냐고 내게 항의하는 것 같기도 했다.

저걸 꺼내 요리를 해야 하나?

못 먹을 것도 아니고, 열흘 넘게 공들여 키운 나물인데?

잠시 고민을 하다, 참치를 되돌려 놓고 콩나물을 식탁 위로 가져와 다듬었다. 반찬거리라 생각하니 잔뿌리도 버리기 아까웠다.

콩나물은 콩나물이네!
잔뿌리가 많아 좀 질긴 것 같기는 하지만 향기나 맛은 같았다.

◎ 잘못 키운 콩나물

◎ 초보 장조림

◎ 콩나물국, 콩나물무침

영국 봉사자, 루케

    3층에 사는 일본 사람들은 단 한 번도 얼굴을 마주치지 못했다. 특정 종교를 통해서 오신 분들이라는 말만 들었는데, 새벽 일찍 나가서 가끔은 점심때 들어오기도 하지만 안 들어오기도 하고, 들어오더라도 다시 나가면 아주 밤늦게 들어오는 것 같았다. 어쨌거나 나와 상관없는 일이고 엮이고 싶은 마음도 없어 관심을 두지 않았다.

  퇴근길에 주인을 만났는데 4층에 외국인이 들어온다는 말을 하였다. 어떻게 된 일이냐고 물었더니 외국인이 방을 구한다는 소식을 듣고 본인은 옥탑으로 올라가고 4층을 비워 영국인에게 세를 놓는다는 것이었다.

  VSO를 통해서 6개월 단기 봉사를 오는 루케는 부인과 네 살배기 아들도 같이 온다고 했다.

VSO(Voluntary Service Overseas)는 1958년 보르네오섬에 16명의 봉사자 파견으로 시작된 영국의 비영리 단체다. 현재는 90개국 이상에서 8만여 명의 봉사자를 운영하고 있으며 분야도 다양해졌다고 한다.

같은 봉사자라는 동질감에 영국에서 온 루케 가족을 집으로 초대했다.
저녁을 같이 먹으려니 준비할 것이 많았다. 멸치 볶고, 오이무침 만들고, 야채와 두부로 동그랑땡도 만들고 미역국도 끓였다.
혹시 입맛에 안 맞으면 어쩌나 걱정을 했었는데 참치 미역국도 좋아하고, 따뜻한 밥에 김 얹어서 잘 먹었다.

식사 후 맥주를 한 캔씩 들고 어떤 봉사를 하는지 물어보았다.
여권 신장에 관한 활동을 하고 싶어서 여기 교육청으로 왔는데, 기간도 짧고 어떤 행사를 기획하기는 어려울 것 같다고 했다.
나도 내가 하는 일을 설명해 주고 곧 학교를 찾아다니며 학생들 혈액형 검사를 해줄 것이라고 하니까 매우 흥미로워하였다.

한 달쯤 지나자 루케가 나를 자기 집으로 초대했다.
빈손으로 가기는 그렇고, 뭘 좀 준비해 갈까 고민하다가 된장찌개를 끓였다. 어떤 식단을 준비할지 모르지만, 뭐가 나오든 우리의 전통 음식 된장찌개와 궁합이 잘 맞길 바랐다.

된장 냄새를 싫어할 수도 있지 않을까?
혹시 모르니 된장은 조금만 넣고 호박, 감자, 당근 등 야채를 많이 넣었다. 국물도 조금만 넣다 보니 된장찌개라기보다 된장 야채볶음이 된 것 같았다.

4층으로 올라가니 부인은 부엌에서 요리하고 있고, 루케와 아들은 좁은 거실에서 놀고 있었다.

냄비를 식탁에 올려놓자 두 부자가 신기한 듯 바라보며 무엇인지 궁금해했다.

콩을 삶아서 발효시킨 뒤 간장에 담아 따스한 햇볕과 맑은 바람으로 숙성시킨, 우리의 전통 된장을 설명하고, 그 된장을 넣어서 볶은 야채라고 설명했다.

얘기하는 도중에 아들은 손으로 호박이며 감자를 집어 먹고 있었다. 설명이 끝나자 루케도 손으로 집어 맛을 보는 듯하더니 계속 먹었다.

뜨거우니 손으로 먹지 말고 숟가락을 이용하라고 했더니 부인까지 나오라고 해서 식탁이 차려지기 전에 다 먹어 버렸다.

시간이 좀 지나자 양상추 샐러드와 건포도며 견과류가 들어간 파이가 나왔다. 이분들에게는 일상적인 식단이겠지만, 내 입맛엔 한 끼 식사로서는 적당하지 않았다. 파이 맛이야 그런대로 괜찮은데 샐러드만 가지고 먹기에는 좀 뻑뻑했다.

식사 중에 히말라야 타임스를 내밀며 자기가 쓴 기사가 났다고 내게 보여 주었다. 네팔도 인도와 비슷하게 남성 우월주의가 남아 있어서 때때로 사회문제가 되고 있으니, 그것을 개선하고자 성 평등에 관해 글을 쓴 것이라고 했다.

◎ 영국 봉사자 루케 가족

안전교육, 현지평가회의

　　　　　　네팔 사무소에서는 매년 안전교육과 겸하여 현지평가회의를 했다.
　모든 단원은 물론 단원이 파견된 기관의 기관장도 초청하여, 성과발표, 안전교육 그리고 전문 행사팀이 와서 게임도 진행했다.

　행사에 참여하기 위해 하루 전에 올라와서 G 선배님 집으로 갔다. 선배가 집에서 저녁 식사하자고 초대한 것이었다.
　선배는 한국 음식을 해주고자 지인들에게 부탁하여 순대, 떡볶이를 준비했고 김치며 깍두기, 오이절임 등 식탁 가득 잔칫상을 차려 놓으셨다. 오랜만에 83기가 한집에 모여서 한국 식단으로 저녁 만찬을 즐겼다.
　식사 후 터멜로 갔다. 대부분 지방에서 올라온 단원이 터멜에 숙소를 잡고 있고 나 역시 그곳 방을 예약해 놓았었다.

터멜은 우리나라 이태원처럼 외국인이 많이 모이는 곳이다. 주로 쇼핑몰이 차지하고 있지만, 저렴한 호텔도 있고, 외국식당도 많아 한국식당도 서너 곳 운영되고 있었다.

저녁은 먹었지만, 단원 몇 명이 한국식당에 있다 하여 거기로 갔다. 거기에는 부뜨왈에서 온 선배도 계셨고, 87기 후배들도 같이 소주를 곁들인 식사를 하고 있어서 나도 끼여 담소를 나누었다.

행사일정표에는 8시 시작으로 되어 있었지만, 실제로는 8시 반이나 9시 되어야 시작할 줄 알았다. 세부 내용을 확인하지 못한 것이 화근이 될 줄은 몰랐다. 호텔은 터멜에서 걸어가면 30분 정도 소요되니 아침 8시에 출발했다.

시장통을 지나 호텔 로비에 들어섰는데 사람이 별로 보이지 않았다. 시계를 보니 8시 35분, 내가 너무 빨리 왔나 하는 생각을 하면서 행사장 앞으로 가보니 이미 회의는 8시에 시작되었었다.

아뿔싸!
잘못 생각했었구나!

회의장으로 막 들어가려는데 소장님과 마주쳤다.

"늦어서 죄송합니다!"
"네, 어서 들어가세요!"

안전요원 띠까가 지진 관련 설명을 하고, 번다(시위)에 대한 설명이 이어졌다. 헌법 제정문제 때문에 간헐적으로 번다가 있으니, 번다 기간에는 절대 이동을 하지 말고 집에 있으라는 당부였다.

오후 첫 시간에 연단에 올라 '럼중지역 단원 비상대피 계획'을 발표했다. 1개월 전, 지역별 비상대피 계획을 세우라는 연락을 받고, 천재지변이나 비상사태가 발생하는 경우를 가정하고, 만약 통신마저 모두 두절될 경우, 비상 배낭 메고 경찰서 앞에 모여 상황에 따라 어떻게 대처할 것인지 보고했었다. 그 내용을 전 단원과 공유하고자 발표를 했다.

마지막 일정으로 단체게임이 진행되었는데 별 흥미를 느낄 수가 없었다. 100여 명 되는 사람을 4개 팀으로 나누어 대표를 1명 뽑게 했다. 각 팀에는 장미를 네 송이씩 나누어 주고는 사회자가 꽃을 들라고 하면 원하는 개수만큼 꽃을 드는 게임이었다. 물론, 미리 몇 송이를 들 것인지 정하라는 팀 회의 시간을 잠시 주었다.

한번 꽃송이를 들 때마다, 손에 든 꽃송이 수만큼 점수를 받을 수 있는 게임이었다. 즉 한 송이 들면 1점, 네 송이 들면 4점을 받을 수 있다. 그러나, 조건이 한 가지 있었다. 네 팀 중 같은 수의 장미를 든 팀이 있으면 그 팀은 모두 0점이다. 그러니, 같은 수의 꽃송이를 든 팀이 없어야 손에 든 꽃송이만큼 점수를 획득할 수 있었다.
즉, 많은 점수를 얻기 위해 네 송이를 들었다가 다른 팀도 네 송이를 들면 점수를 못 얻는 것이다.
규칙은 간단해 보이지만, 상대방이 몇 송이를 들지 치열한 눈치 싸움을 해야 하는 게임이었다.

문제는 한 팀당 팀원이 너무 많았다. 팀장 주변에 있는 몇 명만 의사결정에 참여할 수 있고 보안유지를 위해 같은 팀원에게도 몇 개를 들 것인지 알려 주기도 어려웠다. 게다가 한 손에 쥐고 드니 몇 송이를 들었는지 잘 파악되지도 않았다.

같은 팀이지만 팀장 주변 사람 외 나머지 20여 명은 멀리서 멀뚱히 서 있어야 하니 게임에 참여하는 느낌을 받을 수 없었다.

◎ 꽃 같은 83기 네팔 단원

◎ 럼중지역 안전대피 계획 발표

◎ 선배 집에서 한식 만찬

◎ 현지평가회의 후

봉사자 네트워킹

해외 봉사자가 많은 나라 중의 하나가 네팔이다. 그래서 그런지 매년 각국에서 온 봉사자들이 모여 행사를 했다(Inter-Organizational Volunteer Networking Event).

행사는 국가별로 돌아가며 주관하는데, 2013년은 KOICA에서 주관했었고, 2014년은 JICA(일본국제협력단)에서 주관을 맡았다.

어느 날, 사무소 코디네이터가 네트워킹 행사에서 발표할 사람이 필요하다는 전화가 왔다. 내게 발표를 부탁하는 전화였지만, 영어도 자신 없고 발표도 자신 없다고 거절하였다.

며칠 지나자 재차 요청이 와서, 다시 한번 부탁하는 말에 거절하지 못했다.

막상 승낙은 했지만, 발표자료를 만들려니 신경이 쓰였다. 통계나 역사, 실적 관련 자료는 사무소에 요청하면 되지만, 그와 더불어 실제적인 이야기를 하고 싶었다.

그래서, 이미 다들 아는 이야기지만, 우리나라가 해외 원조를 받던 나라에서 원조를 주는 나라로 바뀐, 전 세계에서 유일한 나라란 것을 강조하는 자료를 만들고, 원조받았던 사실에 생동감을 더하기 위해 파견 전 다니던 직장, 일송학원이 JICA로부터 두 차례 원조를 받았다는 사실을 한강성심병원 사진과 함께 첨부했다.

발표는 언제 해도 긴장되고 떨린다. 다른 나라 봉사자들 앞이고 영어로 발표하는 것도 부담이었다.

앞서 3명의 발표가 있었고, 휴식 시간이 되었다.
다음이 내 차례이다 보니 휴식 시간이 더 곤혹스러웠다. 차라리 바로 발표 들어가면 좋았을 것을.
커피라도 한 잔 마시면 좀 나으려나?
그래, 커피라도 마시자. 한 잔 마시다 보면 시간도 잘 가고, 마음도 진정되기를 바랐다.
회의장 입구에는 바리스타 1명이 커피를 뽑아 주고 있었다.
커피를 한 잔 받아 앞쪽에서 뒤를 보니 커피를 받으려는 긴 줄이 보였다.

아차!
이런!
실수했구나!

강의실 뒤쪽에서 앞만 바라보고 있다가 주변 상황을 살피지 못하고 그냥 돌아서서 커피를 받아 왔는데, 내가 커피를 받은 다음에 줄을 선 것인지도 모르지만, 줄을 서 있는 상태에서 내가 먼저 받았을 수도 있는 상황이었다.

사회자의 소개를 받고 연단에 올라 사과부터 했다.
경황이 없어 커피 대기 줄을 보지 못하고 먼저 받았다. 커피 기다리던 분들을 더 많이 기다리게 해서 죄송하다고 사과를 하는 사이에 긴장이 풀렸다.

발표는 먼저 내가 경험했던 해외 원조 수원국의로서의 이야기를 했다. 일송학원이 70년대 초 한강성심병원 개원 당시 JICA로부터 의료기자재 원조를 받았고, 91년도에도 JICA의 원조로 '한국노인보건의료센터'를 준공했다는 사실을 설명했다.
수원국으로서 해외원조를 받은 총액은 121억 USD로, 초창기 1960년대에는 주로 전쟁으로 인한 긴급구호 성격이 강했으나, 그 후부터 1990년까지의 원조는 우리나라 경제성장의 주요한 요소가 되었다고 말했다.

공여국으로서의 역사도 다음과 같이 설명했다.

비록 USAID(United States Agency for International Development)의 도움을 받기는 했지만, 1963년부터 초청 연수를 시작하였고, 1967년부터는 전문가 파견도 시작되었었다.

1969년 기술협력 사업도 시작했으며, 1977년에는 기자재 공여 무상원조 사업도 했었다. 1987년 대외경제협력기금(EDCF)이 창설되어 수출입은행을 통해 유상원조를 시작했다.

1989년 유네스코를 통해 '해외청년봉사단' 프로그램이 시작되었으며, 1991년 한국국제협력단(KOICA)가 창설되어 봉사단 사업과 함께 무상원조가 본격화되었다.

그 후, 2006년 국무총리실 소속 국제개발협력위원회가 설립되어 우리나라 국제개발협력분야 최고의 정책기구로 국제개발협력에 관한 주요 정책을 심의, 조정하고 있다.

2009년에는 5개 부처에 흩어져 있던 해외봉사단 프로그램을 통합하여 WFK(World Friends Korea)가 출범하게 되었다.

계속 자료설명만 하면 지루할 것 같아서, 갓 태어난 고슴도치 사진을 띄우고 퀴즈를 냈다.

"What sound porcupines make when they kiss?"

정답이 나오기까지 오랜 시간이 걸리지 않았다.

"Ouch! Ouch!"

앞자리에 앉아 집중하고 있던 검은 옷의 스웨덴 봉사자가 바로 정답을 말해서 준비했던 초콜릿 한 상자를 선물로 주었다.

마지막으로 코이카의 여러 국제협력 사업들을 설명하면서 전담기구를 통해 체계적으로 시행하고 있다는 것을 강조하였다.

발표 끝나고 자유시간에 누군가 옆에 와서 말을 걸었다.
얼굴 모습은 영락없는 한국인인데, 스티브(Steve)라고 자신을 소개한 그는 미평화봉사단(Peace Corps) 소속으로 현재 바글룽에서 근무하고 있다고 했다. 한국인 2세로 미국에서 태어나 미국에서 자랐고, 어머니가 한국인이지만 한국어를 못한다고 했다.
내 소개를 다시 하자, 하고 싶은 프로젝트가 있는데 도와줄 수 있느냐고 물었다.

"어떤 프로젝트를 기획하고 있어요?"
"마라톤 대회를 해보려고 합니다!"
"마라톤 좋지요! 저도 네팔 오기 전에 한국에서 마라톤 대회에 여러 번 참여했었습니다!"
"그럼 잘 아시겠네요! 도와주세요!"
"같이할 사람은 또 있습니까?"
"아닙니다. 아직 혼자입니다!"
"사람이 좀 많이 필요할 텐데요!"
"그러니, 한국 봉사단원들이 도와주면 좋겠습니다!"
"기안서 보내 주시면 사무소에 보고하고, 같이 협조할 방안을 찾아

보겠습니다!"

"네, 기안서 되면 보내 드릴게요!"

마라톤 대회를 하게 되면 다양한 주제, 예를 들어 '감염병 예방'이라든가, 루케가 하고자 하는 '성 평등' 같은 주제를 내세우면 일반인들의 관심을 유도할 수 있을 것 같았다.

포카라에서 바글룽까지 코스를 만들고 관광객들도 참여하게 하면 건강홍보, 관광홍보, 봉사단 홍보까지 여러 가지 효과도 있을 것이라 예상되었다.

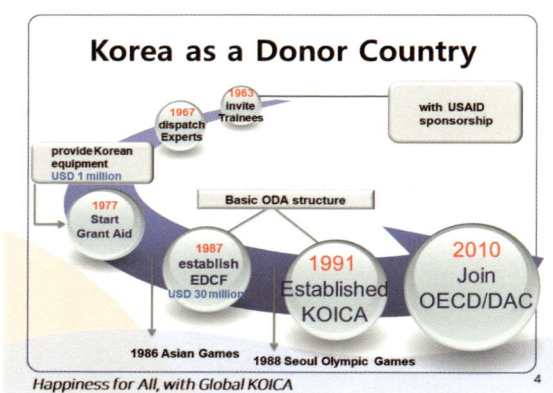

◎ 우리나라가 해외 원조를 준 공여국으로서의 역사를 설명하는 자료화면

◎ 코이카의 실적 설명 중

건강 관리 –
내가 뛰는 이유

　　　　　　10년 전부터 일주일에 두 번 정도 달리기를 하고 있다. 4일에 한 번 뛰기도 하고 2일에 한 번 뛰기도 하지만, 어쨌거나 일주일에 두 번은 꼭 뛴다.

　한국에 있을 때는 퇴근 후 주로 여의2교에서 한강을 따라 내려가다 안양천으로 꺾어서 목동교에서 되돌아오는 왕복 10km를 뛰기도 했고, 안양교까지 갔다 오는 20km를 뛰기도 했다.

　퇴근할 때 뛰지 못하면 집에 와서 밤 9시나 10시에 뛸 때도 있었다. 인헌동 집에서 나와 인헌 터널을 지나서 서울대학교 캠퍼스를 한 바퀴 돌았다. 여기는 오르막, 내리막 경사가 심해 7km 정도만 뛰어도 운동 효과는 좋은 것 같았다.

　직장생활이 누구에게나 힘들기는 마찬가지일 것이다. 여러 업무에 시달리다 집에 오면 피로가 몰려온다. 몸이 지쳤을 때는 소파에 편하게 쉬는 것도 건강 관리의 한 방편이지만, 소파에서 계속 쉬다 보면 몸은 점점 더 기운이 빠지고, 움직이고 싶은 마음도 점점 더 줄어드는 것 같았다. 그러다 보면, 물 한 모금 마시는 것조차 주변 사람을 귀찮게 만들기도 했다.

소파에 기대어 시간을 뭉개는 것보다, 자신을 꼬드겨서 한 바퀴 뛰고 나면 밤잠을 푹 잘 수 있고 몸이 더 개운해지는 느낌이었다.
어쩌다 12시가 넘어도 잠이 오지 않는 경우가 있었다. 스트레스 때문이든 뭐든 잠이 안 오는데 억지 잠을 청하려니 머리까지 아팠다. 그렇게 안 오는 잠과 씨름하느니 차라리 밖에 나가 한 바퀴 뛰고 오면 언제 잠이 드는지도 모르게 잠을 잘 잘 수 있었다.

네팔에서는 시간이 바뀌었다. 저녁에는 시내가 어둡고 조용하니 달리기를 하는 것이 부담스러웠다. 그러나, 새벽이 되면 창밖에 사람들 오가는 소리가 났다. 그래서 나도 아침형 인간이 되어 보고자 6시에 일어났다.
잠은 깼지만, 편안함을 추구하는 팔다리는 근육을 움직이지 말라며 잠을 더 자기를 원했다. 하지만 무거운 몸을 추슬러 집 앞에 내려가 스트레칭을 하고 나니 몸의 반응이 달라졌다.

팔 근육, 다리 근육 당겨 주고, 손목 발목 관절 풀어 주고, 무릎, 넓적다리관절, 어깨관절 돌려 준 다음, 목, 등, 허리 비틀기, 이어서 팔굽혀 펴기로 이두박근, 삼두박근을 깨우고, 다리를 넓게 벌려 몸을 대각선으로 돌려 다리를 굽혔다 폈다 하고 나면, 온 근육에 혈액이 돌고 산소가 공급되어 그런지 다리 근육이 먼저 뛰자는 욕구를 표출하였다.

뛰는 구간은 항상 베시사허르 시내 외곽을 한 바퀴 도는 것이었다.
오늘도 위쪽 골목으로 올라갔다. 길에는 벌써 꼬맹이들이 나와 놀고 있고, 가게도 문을 열었다. 조금 가다가 오른쪽으로 돌아서 시내 끝까지 쭉 올라갔다. 외곽이라 논밭 사이 흙길이어서 달리기에 좋은 구간이다. 뛰면서 장기알만 한 돌을 몇 개 주웠다. 곧 우회전하면 식당과 롯지가 많은 곳이라 개가 나타나는 경우가 있기 때문이었다.
개들도 많이 당해 봤는지 사납게 굴다가도 돌을 던지면 조용해지기도 했다. 다행히 오늘은 떠돌이 개들이 보이지 않았다.

식당가를 지나면 수풀이 우거진 언덕 사이로 나 있는 돌계단을 밟고 내려가야 하는데, 아침이슬이 내린 날이나 우기에는 돌이 미끄러워 조심해야 한다.
스트레칭을 한 덕분에 발과 발목의 근육이 방심하지 않았다. 바위가 미끄럽기는 하지만 미끄러지지 않도록 잘 대처하고 있었다. 속도를 늦추고 천천히 내려가서 논둑을 지나고, 물 마른 개울 바닥 자갈밭에 발자국을 남기며 우회전을 했다.
거기서부터는 길바닥이 여기저기 푹푹 패인 오르막길이었다. 주택가에서 내려온 구정물로 도로가 일부 쓸려 나가고, 군데군데 진창길이라 걷기에도 불편하지만 운동하러 나온 것이니 천천히 뛰었다. 오르막을 다 올라 포장된 도로가 나오자 더 힘을 냈다. 여기서부터는 주택가라 보는 눈이 많기 때문이다.

운동을 많이 하는 것은 아니다. 조금씩, 자주 그리고 꾸준히 뛸 뿐이다.

중학교 때부터 항문이 가끔 불편하고 아프기도 했지만 참고 살다가 군대 가기 전, 잦은 음주 탓에 증세가 심해지자 아버님이 눈치를 채셨다.

유난히 고향 마을에는 치질 환자가 많았다. 어른들 말로는 이 동네 사람들이 곶감을 많이 먹어서 치질 환자도 많다고 했다.

이유야 어떻든 아버님이 당장 고쳐야 한다며 장터 작은 의원으로 데리고 가서 시술을 받게 하셨다.

입대하여 방책선이 둘러쳐진 최전방으로 파견되었다. 월동준비가 한창인 11월 어느 날, 길이 미끄러워 보급차가 못 온다고 병사들이 40kg 쌀 포대를 등에 지고 산을 올라야 했다. 의무대 파견병이었던 나는 굳이 쌀 포대를 나르지 않아도 되었지만, 밥을 같이 먹는 형편이고 다 같이 고생하는 일에 빠질 수 없었다.

매서운 추위에 2~3일 노역을 했더니 치핵이 재발해 버렸다. 통증이 심해 중대장(외과 전문의)에게 보고하자 수술해야 한다며 이동병원에 입원시켜서 직접 수술해 주었다.

덕분에 별일 없이 제대하고 직장을 구했는데, 직장생활 4년 만에 또 통증이 왔다.

같이 근무하던 선배가 치질 수술은 청량리 모 병원이 가장 잘한다며, 본인도 거기서 했다고 추천을 해주었다. 그래서 그 병원에서 3차 수술을 했다.

1차 때는 고무결찰법이라 그런지 시술 후 통증은 별로 없었는데, 2

차, 3차 수술 후에는 수술 부위가 아무는 과정에서도 참기 힘들 만큼 아팠었다.

  맞는 말인지는 모르지만, 3차 수술받기 전, 먼저 수술을 받은 아주머니가 애 낳을 때보다 열 배는 더 아프다며 길길이 날뛰었었다.

  다른 부위 같으면 수술 후 가만히 놔둘 수가 있겠지만, 항문은 그냥 둘 수가 없었다. 몸을 일으키거나, 눕히거나, 누워서 옆으로 돌릴 때도 엉덩이에 힘이 들어갔다. 평소에 힘이 가는지 전혀 몰랐던 부분이라, 무심코 몸을 돌리려다 살을 찢는 듯한 날카로운 통증에 소스라치게 놀란 적이 한두 번이 아니었다.
  게다가 수술 끝나고 항문 좁아지지 말라고 박아 놓았던 거즈를 빼고 새것으로 다시 넣을 때면 정말 항문을 뜯어내는 듯한 통증에 몸서리를 쳐야 했었다.

  10여 년이 지난 30대 후반, 연일 계속되는 회식과 폭음에 통증이 다시 시작되었다. 마지막 수술 후의 통증에 대한 기억으로 수술만은 피하고 싶었다. 내과에서 연고와 약을 처방받아 열심히 먹고 발랐더니 그때그때 증세가 완화되기는 했지만, 몸에 무리가 가면 여지없이 통증은 다시 찾아왔다.
  시간이 날 때마다 물구나무서기도 하고, 소파에 거꾸로 엎드려 엉덩이를 높이 치켜들어 봤지만 별 효과를 보지 못했다.
  결국, 견디다 못해 외과를 찾았다.

"과장님, 수술 좀 해주세요!"

촉진도 하고 시진도 하고 몇 가지 검사를 한 전문의가 냉담하게 말했다.

"그냥 사세요!"
"네?"

그냥 살라는 말에 적잖이 놀랬다.
치핵이 심한 환자가 수술을 원하고 있는데 전문의가 그냥 살라니요!

"아니, 과장님, 엄살이 아니고 정말 많이 아파요!"
"네, 엄살 아닌 것은 알아요. 하지만 그냥 사는 것이 더 나아요!"
"…?"

"이미 수술 여러 번 하셨잖아요! 이미 항문 근처 직장이 좁아진 상태예요! 지금 상태에서 수술하려면 항문과 괄약근까지 다 도려내야 합니다. 그러면 지금보다 삶이 질이 훨씬 더 떨어집니다. 그러니 아파도 참고 그냥 사는 것이 좋습니다!"

섬뜩했다.
항문과 괄약근까지 절제하면, 대변도 마음대로 못 보고 기저귀 차고 누워 있어야 할 것만 같았다.
의사의 권고대로 수술은 포기하고, 관리를 잘하기 위해 애를 썼다.
저녁마다 세숫대야에 뜨거운 물 부어서 30분씩 앉아 좌욕하고, 전기방석을 3개 사서, 검사실 의자와 거실 소파, 그리고 나머지 하나는 가방에 넣고 다녔다.

   친구 만날 때도 가져가고 회식 때도 가지고 다녔다. 어떤 식당에서는 눈총을 쏘기도 했지만, 나로서는 다른 대안이 없었다.

   어느 여름방학, 애들 외갓집에서 4일 연속 밭일을 하다 보니 통증이 오기 시작했다. 그렇다고 집안에서 뒹굴고 싶지 않아 콩밭을 계속 맸다.

   해가 뒷산으로 넘어갈 즈음 콩밭은 다 매었는데 밭둑에 풀이 자라서 좀 깎고 싶었다. 그런데 낫을 가져오지 않았으니 집에 가서 낫을 가져오기 위해 100여 미터 되는 거리를 뛰었다. 집에 와서 낫을 찾아 들고 다시 밭으로 뛰어가는데 묵직하던 엉덩이가 가벼워지는 듯하고 통증도 덜한 것만 같았다.

   달리기가 치질 증세 완화에 도움이 되는 것일까?

   다음 날 아침, 좀 뛰어 보고 싶어서 큰길로 나갔다. 신나게 뛰어 보고 싶지만 100m 정도만 뛰면 숨이 차고 힘이 들었다. 이 힘든 뜀박질을 내가 왜 하고 있지? 그만 뛰라고 자기 최면을 걸고 싶지만, 그럴 수 없었다. 어제저녁 상황을 떠올리며 다시 뛰었다.

   200m 걷다가 100m 뛰기를 여러 번 반복하니, 통증은 별 차이가 없는 것 같지만 묵직하던 느낌은 가벼워진 것 같았다.

   그 후로도 시간 날 때마다 뛰었다. 200m 뛰고, 200m 걷기를 몇 번 반복하고는, 거리를 조금씩 늘렸다. 일주일 정도 지나니 통증이 점점 줄어들어 달리기 효과를 믿기 시작했다.

 한 달 정도 되니 2km는 한 번에 뛸 수 있게 되었고 치핵으로 인한 통증은 거의 사라졌다. 손가락으로 만져 보면 방울토마토만 하게 불거져 나왔던 것도 사라졌다. 두 달쯤 달리자 3~4km는 한 번에 달릴 수 있고 통증도 완전히 없어졌다.

 그 뒤부터 일주일에 2번은 계속 뛰고 있다.
 그렇다고 완치된 것은 아니다. 10일 정도 달리지 않으면 엉덩이가 불편해지고, 보름 정도 지나면 앵두만 하게 불거져 나오면서 통증이 시작된다.

 걷는 것은 별 도움이 되지 않았다. 오래 걸으면 피로가 쌓이는 느낌이었다. 오래 걸어야 할 경우, 중간중간 잠시 조금씩이라도 뛰거나, 다리를 쫙~ 뻗어 스트레칭을 하거나, 보폭을 크게 하여 힘차게 걸으면 증세가 나타나지는 않았다.

 해외장기 봉사에서 개인이 가장 신경을 많이 써야 할 것 중의 하나가 건강 관리라고 생각한다. 단원 중 식사를 제대로 챙기지 못해 살이 빠진 분들을 종종 봐왔고, 어지럼증으로 고생하시는 분들도 봤다.
 영양이 골고루 포함된 식단으로 하루 세끼 잘 챙겨 먹는 것이 우선이고, 둘째는 꾸준한 운동이다. 밖에 나가서 뛰거나 산책할 여건이 되지 않는다면 실내에서라도 정기적으로 자기 관리를 하기 바란다.

5장

School Camp

PhoolKo
Aankhama

카리나 고등학교

쉴라 덕분에 활동 물품을 활용할 방안을 찾았고 원장과 검사실에서도 동의해 주었으니 사무소에 '활동 물품 지원요청서'를 보냈다.

사무소에서 지체하지 않고 승인해 주어 바로 혈액형 검사 시약과 위생교육을 위해 치약 칫솔도 샀다. 첫 장소는 병원장 추천으로 간 시내 외곽에 있는 Kalina Higher Secondary School이었다.

사회복지 단원과 쉴라, 모띠 등 4명이 가기로 했다. 혈액형 검사 시약은 내 배낭에 넣고, 치약은 사회복지단원, 칫솔은 쉴라, 소독약과 장부 및 현수막은 모띠가 챙겼다.

학교에 도착하자 모띠와 학교 울타리에 현수막을 먼저 달았다. 현수막에는 'School Health Camp, 코이카, 럼중병원 협찬'이라고 적혀 있었다.

"둥~ 둥~ 둥~ 둥~…."

한 학생이 연단 옆에서 큰 북을 천천히 울리고 있었다. 모여드는 학생들이 반별로 줄을 서면서 북소리에 맞춰 오른쪽 발을 굴렀다. 몇 분 지나서 학생들이 어느 정도 모였을 때 북을 빠르게 쳤다.

"둥둥둥둥둥둥…."
그러자 학생들 두 발로 제자리걸음을 하다가 "두둥~ 두둥~ 두둥~ 두둥~ 두둥~…." 달라지는 북소리에 맞춰 양팔 벌리기, 앞으로나란히를 하면서 오와 열을 맞추었다.

학생들이 자리를 잡자 북을 멈추고, 교장 선생님이 코이카를 몇 번 들먹여 가며 말씀을 하셨다.
교장 선생님 말씀이 끝나고 칫솔과 치약을 각 반 담임에게 인도하려 하였으나 교장 선생님이 반대했다. 학생들에게 하나씩 직접 나눠 주라는 것이었다. 시간도 좀 걸리고 기다리는 학생들도 불편할 것이 아니냐고 여쭸지만, 이번 Health Camp를 계기로 지난주에 담임들이 위생교육과 혈액형에 관해 설명했다고 말씀하시면서, 학생들에게는 코이카 단원에게 직접 받는 것이 더 의미가 있다며 굳이 직접 한 명씩 나눠 주라고 했다.

그러는 사이 이미 어린 학생들이 옆에 와서 줄을 서고 있었다. 전교생에게 일일이 칫솔과 치약을 나누어 주는 동안 교장도 같이 옆에 계시다가 혈액형 검사할 장소까지 같이 갔다.

선생님 두 분의 도움을 받아, 건물 모퉁이 빈자리에 책상과 의자를 가져다 놓고 검사할 준비를 마치자 교장 선생님부터 먼저 해달라고 하셨다.

선생님들이 한 반씩 캠프장으로 데리고 와서 질서 있게 안내를 해주어 일이 순조롭게 진행되었다.

병원 직원들이 찌야 한 잔으로 점심을 대신하듯이, 여기서도 중간에 찌야 한 잔으로 점심을 대신하고, 오후 4시에 모든 학생과 선생님의 혈액형 검사를 마칠 수 있었다.

처음 시도한 혈액형 캠프라 마음 부담이 컸었는데 무난히 일과 시간 내에 마칠 수 있어서 다행이었다.

◎ 칫솔치약 나눠주기

◎ 아침조회 장면

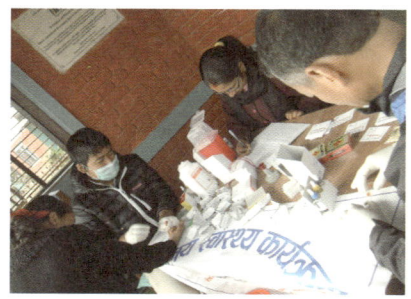
◎ 혈액형 검사

자나비카시-
꾸말의 모교

　　두 번째 캠프를 어디로 갈까 생각 중이었는데, 검사실에 같이 근무하는 꾸말(Kumar Thiwari)이 자신의 모교인, 치티(Chiti)에 있는 자나비카시(Janabikash School)를 추천했다.

　쉴라는 다른 일정이 있어 같이 못 가고, 대신 약국 직원 1명이 동행하고 검사실에서는 모띠 대신 꾸말이 가기로 했다.
　시에라 촉에서 버스를 타고 30여 분을 갔다. 버스에서 내려 출렁다리 건너고 40분쯤 걸어갔다.

　여기 교장 선생님은 특별한 주문이 없어서 업무를 나누었다. 사회복지 단원이 위생교육과 치약 칫솔을 나눠 주고 나는 혈액형 검사를 했다.
　지난번 학교에서는 선생님들이 한 반씩 줄을 세워서 통제해 주었는데, 여기는 수업을 안 하는지 자유분방하였다. 선생님들도 학생들과 섞여서 검사장 주변에 모여 안을 들여다보고, 창문마다 학생들이 빼곡하게 머리를 디밀고 있었다.

두어 시간 계속하다 잠시 쉬려고 밖에 나오니 학생들 사이에 있던 교장 선생님이 다가와 말을 걸었다.

"운동장을 하나 만들어 주시면 좋겠습니다!"
"네?"
"보면 알겠지만, 학생들이 운동할 장소가 없어요. 땅만 사주면 공사는 주민들이 할 수 있습니다!"

비탈진 언덕에 낡은 교실이 있고, 뒤쪽으로 더 형편없어 보이는 화장실이 비스듬히 있었다. 학생들이 뛰어놀 운동장이 절실한 것도 사실이지만, 사생활 보호 차원에서는 화장실을 먼저 개선해 주는 것이 좋을 것만 같았다.

"운동장보다 화장실을 마련하는 것이 더 급하지 않나요?"
"화장실보다는 운동장이 더 필요해요!"
"화장실이고, 운동장이고, 그건 쉬운 일이 아닙니다!"
"학생들을 봐서 좀 해주세요!"
"알아는 보겠지만 쉽지 않습니다!"

이건, 봉사단 사업으로는 할 수 있는 일이 아닌 것 같고 개인적으로 후원을 받는 것이 빠를 것 같은데, 지금은 그럴 만한 형편이 못 되니 뭐라고 약속을 할 수가 없었다.

 사회복지 단원과 일을 나눠서 그런지 일이 빨리 끝났다. 짐을 챙기면서 꾸말이 자기 집을 들르자고 했다. 괜한 부담을 주고 싶지 않아, 그냥 병원으로 돌아가는 것이 좋겠다고 했지만, 꾸말은 꼭 들렀다 가야 한다고 고집을 피웠다.
 너무 매정하게 거절하는 것도 예의가 아닐 것 같아 그러자고 했다.

 다른 마을과는 달리 옹기종기 모여 있는 집들 사이에 꽃을 많이 심어 놓았다. 마을도 정겨워 보이고 집들도 아담하고 아기자기한 느낌이었다.
 꾸말의 처갓집은 안방 앞쪽에 나무 마루가 나지막이 놓여 있고 옆에 부엌이 붙어 있는 것이 어릴 적 내가 살던 시골집 구조와 비슷했다.

 네팔 가정의 부엌을 보면, 한쪽 벽면에 방짜유기로 된 여러 부엌살림을 진열해 놓은 것을 볼 수 있었다. 그걸 갖춰 놓는 것이 '우리 집도 이 정도 살림은 된다'는 것을 나타내기 위한, 장식에 가까운 필수품이랄까. 아님, 일종의 자부심을 표현하는 것 같기도 했다.
 평소에는 잘 쓰지 않고 귀한 손님을 대접할 때만 주로 사용한다는데, 여기서도 놋 쟁반에 음식이 나왔다.

 첫눈에 봐도 놋 쟁반이 예사롭지 않았다. 다른 집에서 본 그릇과는 달리 모양을 내서 만들었고, 세월에 닳은 흔적마저 손님을 많이 치렀을 것 같은, 품위가 있는 가문이라는 생각이 들었다.

담긴 음식도 달랐다. 그동안 네팔에서 먹어 본 염소고기는 모두 질기고 어떤 조각을 집든 살보다 뼈가 많았었다. 그런데 여기 고기는 연하고 양념 맛이 강하지 않았다. 바닥에 깔린 것도 찌우라가 아니라 쌀 튀밥이었다. 어릴 때는 많이 먹었었지만, 네팔에서는 처음 먹어 보는 쌀 튀밥이었다.

게다가, 색소를 튀긴 듯이 아주 새파랗고 새빨간 쌀 튀김은, 쌀가루로 국수 뽑듯 가늘게 면을 뽑아서 기름에 넣어 튀긴, 바삭한 질감과 고소한 맛이 일품이었다.

◎ 검사장 입구에 모인 학생들

◎ 꾸말집 식사

◎ 위생교육

◎ 혈액형 검사

스리 강가 밀란과 개교기념행사

　　　　　다음 캠프를 어디로 가야 할지 모띠에게 묻자 게르무에 있는 자신의 모교인 스리 강가 밀란(Shree Ganga Milan Secondary School)으로 가면 어떻냐고 되물었다. 당연히 가고 싶었다.

　언제 가는 것이 좋겠냐고 하니까 곧 개교기념행사가 있으니 하루 전날 혈액형 검사하고 그다음 날 개교기념행사도 참석하면 좋겠다고 했다.

　날짜에 맞춰서 시약과 치약 칫솔을 챙겨 버스를 탔다.

　2층으로 된 학교건물 앞에는 2~3m 공간을 두고 철제 안전 울타리를 세워 놓았다. 거기에서 조회가 끝난 후 사회복지 단원이 양치 교육을 하고 양치 세트를 나눠 줬다.

　혈액형 검사를 하기 위해 운동장을 건너 보건지소로 갔다. 현관 앞에 책상을 설치하자 학생들이 줄을 섰다. 이번에는 모띠가 먼저 손가락을 찔러 슬라이드에 피를 세 방울 묻혀 주면 나는 시약을 떨어트려 검사를 했다. 그렇게 둘이 협업을 하니 생각보다 검사가 빨리 끝났다.

모띠가 주민들도 검사해도 되냐고 묻는데 벌써 앞마당에 여러 명이 와 있고 논둑길 따라 몇 명이 올라오고 있었다. 덩치 큰 아가씨 1명은 겁이 어찌나 많은지 몇 번이나 내밀었던 손을 뺐다. 여러 번 실랑이 끝에 소리를 질러가며 겨우 검사를 마쳤다.

모띠 삼촌 롯지에서 잠을 자고 운동장으로 갔다.

한쪽에 돌로 쌓아 만든 단 위에 천막을 쳐서 무대를 만들고, 만국기는 아니지만, 색 도화지를 줄에 붙여서 오색기를 만들어 운동장 둘레에 매었다.

운동장에는 의자를 갖다 놓고 연세 든 주민들이 모여 앉고, 젊은이들은 운동장 뒤쪽 맨바닥에 삼삼오오 앉아서 관람했다. 공연할 학생들은 교복이 아닌 전통의상을 입고 여기저기 흩어져서 자기 차례를 기다리는데, 동네가 시끌벅적하니까 지나가던 외국 등반자들도 몇 명은 들러서 구경하고 갔다.

모띠 친구 하나가 외국인과 무슨 말을 주고받다가 서로 안 통하는지 나를 불렀다.

가까이 다가갔더니 그 외국인에게 이 학교에 찬조금 좀 내라고 말을 해달라는 것이었다.

떠듬거리는 영어로 오늘이 개교기념일이라 학생들이 공연하고 있으니, 여유가 되면 기부금 좀 내달라고 말했다. 혹시 영어권 사람이 아닐 수도 있겠다 싶었는데, 그는 내 말을 듣고는 고개를 흔들면서 그냥 갔다.

공연은 계속되었다. 남녀학생 3명씩 짝을 이뤄 춤을 추기도 하고, 여학생만 12명이 단체 춤을 추기도 하고, 몇 가지 연극도 했다.

마치 유치원 학예회 하듯 중·고등학생이 이런 공연을 하는 것을 보면서 이들의 전통을 보존하기 위한 노력에 박수를 보내고 싶었다. 입시라는 틀에 갇혀 학업에만 매진하지는 않는 듯하였다.

축제든 장례든 어디서든 쉽게 춤을 추며 어울려 사는 이들의 모습이 학교 다닐 때부터 몸에 밴 자연스러운 행동이라 생각되었다.

마을 주민도 한자리에 모여 자녀들 커가는 모습을 보며 하루를 보낼 수 있다는 것 또한 즐거운 일일 것이다.

◎ 사회복지단원의 위생교육

◎ 혈액형 검사 장면

◎ 개교기념 공연

◎ 개교기념 행사

◎ 모띠와 친구들

5장 School Camp

니우리, 발 꺼런

축제 다음 날 게르무를 출발해서 코가 땅에 닿을 듯 가파른 산길을 1시간 반 동안 올랐다. 한숨 돌리려 고개를 들어 보니 저 만치 떨어진 언덕에 철제 울타리가 보이고, 거기에 교복을 입은 조무래기 아이들이 다닥다닥 붙어서 아래를 내려다보고 있었다.

쉬는 시간인가?
궁금해하며 가까이 오르니 뭐라고 조잘거리며 우리를 쳐다보고 있었다.

이 마을 이름이 니우리이다. 여기 발 꺼런(Bal Kalyan Primary School)을 졸업하면 게르무에 있는 스리 강가(Second school)로 진학한다.
언덕배기를 돌아 정문에 도착해서 보니 울타리 빼곡하게 붙어 있던 학생들이 1명도 보이지 않고, 교실에서 여러 명이 동시에 화음을 맞춰 책 읽는 소리가 들렸다. 읽는 것이 아니라 노래하는 것 같았다.

궁금한 마음에 교실에 들어가서 빈자리에 앉아 보았다.
두 평도 안 돼 보이는 좁은 교실에 한쪽 벽에 책상 2개를 놓고, 어떤 반은 4명, 또 어떤 반은 5명이 앉아 목청 높여 교과서를 낭독하며 운율에 맞춰 상체를 앞뒤로 흔들고 있었다*.
어느 반에도 선생님은 안 계셨고 학생들만 앉아서 교과서를 외우는 풍경이 이채로웠다.

여기 교장 선생님은 이런 기회가 처음이니 학생들이 잘 배울 수 있도록 실습을 해가며 교육해 달라고 했다. 덕분에 사회복지 단원이 바빠졌다. 열댓 명씩 묶어서 치약 칫솔 나눠 주고 매번 양치 시범을 보여 주며 같이 양치를 했다.
이젠 내가 바빠질 차례다. 멋모르고 손을 내밀었다가 따끔한 침 맛에 몇 명은 울기도 했지만, 학생 수가 많지 않아 오래 걸리지는 않았다.

여기도 과거 70년대 우리만큼이나 부모들의 향학열이 높은 것 같았다. 다섯 살만 넘으면 다 학교로 보낸다고 했다. 하지만 교재도 충분하지 않고, 선생님도 부족하다 보니 제대로 공부를 할 수 있는 환경은 아닌 것 같았다.
부모가 들에 나가고 없어 갈 곳 없는 동생을 데리고 다니는지, 아직은 학교에 올 때가 아닌 것 같은 어린 동생을 데리고 온 학생도 있었다.

---

* https://youtu.be/0aElugxa-xE

슬리퍼에 교복은 꼬질꼬질하지만, 양치한 기념으로 하얀 이를 드러내며 환하게 웃어 주는 모습이 나의 어린 시절을 떠올리게 했다.

평온초등학교, 지금은 폐교되었지만, 70년대 당시에는 1개 학년이 120명이 넘었다. 62명씩 2개 반으로 나누어 저학년 때는 2부제 수업을 하였었다. 그 당시에 학생들 대부분이 양치란 것에 관심을 두지 않았었다. 학생뿐만 아니라 어른들도 마찬가지였다. 학교에 보내기 위해 애는 쓰셨지만 다른 부분에는 신경 쓸 여지가 없으셨을 것이다.

어느 날 선생님께서 학교 앞 냇가로 반 학생들을 모두 데리고 나가셨다. 손에는 굵은 소금이 든 바가지를 들고 계셨고, 손가락을 냇물에 묻혀서 소금을 찍어 입에 넣고 손가락으로 소금 양치하는 모습을 보여 주셨다. 그리고는 모두 따라서 양치를 하라고 하셨다. 며칠을 반복하면서 내게도 양치하는 습관이 생겼고, 그 후 집에는 마루와 부엌 사이에 칫솔과 치약을 구비해 두었었다.

◎ 위생교육

◎ 양치 실습

◎ 양치 후

◎ 자율학습

마헨드라 데브

'마헨드라'는 1955년부터 1972년까지 네팔의 국왕으로 지냈고 지금도 전 국민의 존경을 받고 있다. 100여 년간의 쇄국 정치를 끝내고 정치, 경제, 산업 등 여러 분야를 개방한 그의 업적을 국민이 높이 평가하고 있기 때문이다.

이 학교 마헨드라 데브(Mahendra Dev Secondary School)는 그의 이름을 따랐는데, 미국인 로버트 우드와 캐롤린 우드의 'Books for Nepal Project'가 계기가 되었고, 카트만두의 라이온스클럽 후원으로 설립되었다고 한다.

서둘러 새벽에 출발하다 보니 너무 일찍 와버렸다. 담당교사가 30분쯤 기다려야 한다며 교장 선생님 사택에 딸린 부엌으로 안내했다.

12월이라 아침 공기가 싸늘한데, 아직 아궁이에 불씨가 남아 있었다. 주변에서 가랑잎 한 줌 모아서 넣고 '후~~~'하고 불었더니, 불은 붙지 않고 이미 사그라든 재가 날렸다.

한 번 더 세게 불었더니 불이 확 붙으면서 아궁이 안에서 맴돌던 재가 연통을 타고 올라갔다. 짧은 연통을 나온 재는 계속 위로 올라가지 못하고 함박눈이 내리듯 아래로 떨어졌다.

바닥으로 내려오던 재는, 긴 머리를 뒤로 묶은 채 옆에 앉아 있던 쉴라의 머리 위에 하얗게 내려앉았다.

웃음을 참으며 놀려 주고 싶었다.

"쉴라! 어젯밤에 꿈을 꾸었는데, 요정이 나타나서 쉴라 머리카락을 하얗게 만들어 놓더라!"

아주 진지한 듯 천천히 말을 했다.

"무슨 말을 하는 거예요?"
"어젯밤에 쉴라 머리가 하얗게 변해서 할머니가 되었다는 말이지!"

그런 말을 하는 사이 옆에 있던 친구가 쉴라의 머리를 힐끔 보더니 이내 눈치를 챘다.

"할머니!"

영문을 몰라 당황하고 있었는데, 옆에 있던 모띠가 웃음을 참지 못하고 말해 버렸다.

"재가 날려서 그래! 거울 봐봐!"

아침에는 싸늘하더니 햇살이 퍼지자 양지에는 제법 따뜻했다.

조회가 끝난 뒤 선생님들과 단체 사진을 찍고 잔디밭에 책상을 내놓았다. 교장 선생님이 교실은 어둡고 더 추우니 야외에서 검사하자고 하셨기 때문이다.

준비가 끝나자 교장 선생님부터 먼저 검사를 했다. 겨울이기는 하지만 강한 햇볕 때문에 볼이 따갑고 검사 슬라이드가 햇볕에 반사되어 혈구가 응집되는 것이 잘 안 보일 때가 있어 긴장해야 했다. 다른 학교에 비해 힘이 많이 들었지만, 학생들의 긴 줄을 보며 힘을 냈다.

쉬는 시간이 되자 쉴라가 교실에 가보자고 해서 뒤따라갔다. 한 교실에 들어가니 뒷벽에 과학자들의 빛바랜 사진이 몇 개 걸려 있었다. 그중 한 사진 앞에 가더니 오라는 손짓을 했다.

본인이 좋아하는 사람이 있어서 그러는 줄 알았다.

가까이 가서 보니 정수리 머리카락은 별로 없고 옆머리에만 긴 백발이 헝클어져 있는 나이 들어 보이는 어느 과학자의 사진이었다.

가까이 간 나와 사진을 번갈아 쳐다보며 말했다.

"뎁지(Dev Gurung-나의 네팔 이름)! 당신은 이 사람과 닮았어! 당신도 할아버지야!"

아침에 놀림 받았다고 그새 복수하고 싶었던 모양이다. 내가 시작한 장난이니 흔쾌히 장난으로 받았다. 장난이 아니라 해도 보통 스무 살이 되기 전에 결혼하는 이들에게 나이 50이면 할아버지다!

   검사를 무사히 마치고 선생님들이 모여 작별의 손을 흔드는 것을 보며 버스에 올랐다.
   버스 안에서도 서로 '할머니', '할아버지'라고 부르며 말장난을 하다가 쉴라가 자기 모교에서도 캠프를 하고 싶다고 했다.
   이 학교를 나오지 않았냐고 물었더니 아니라고 했다. 이 학교를 쉴라가 추천했기 때문에 당연히 쉴라가 졸업한 학교라고 생각했었다.

"쉴라가 나온 학교는 당연히 가야지, 갑시다!"
"그런데 너무 멀어요! 하루 만에 안 돼요!"
"멀면 어때요? 게르무도 갔다 왔는데!"
"게르무는 버스라도 가지만 저희 마을은 버스도 없어요!"
"그래도 갑시다!"
"하루나 이틀 밤 거기서 자야 돼요!"
"잠잘 만한 곳이 없나요?"
"알아보면 있긴 있을 거예요!"
"그러면 한번 알아봐요!"

◎ 교장 관사 앞

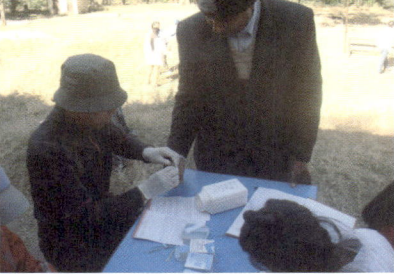
◎ 교장 선생님부터 검사

◎ 교직원 단체사진

◎ 아침조회

쉴라의 고향 –
스리 안나푸르나

다음 날 아침 검사실에 도착하자 안과 검사실 직원인 딥 구룽(Deep Gurung)이 찾아왔다.

"쉴라네 마을에 캠프 가신다면서요?"
"네, 가려고 하는데 잠잘 곳이 없나 봐요!"
"제 삼촌이 거기 사는데, 재워 드릴 수 있어요!"
"그럼! 잘됐네요! 갈 수 있겠어요!"
"그럼 저도 가고 싶어요! 같이 가도 되나요?"
"저야 좋지만 여기 안과 진료는 어떻게 하려고요?"
"그래서 말인데, 캠프를 토요일에 하면 안 될까요? 금요일 밤에 올라가서 토요일 캠프 하고 그날 저녁이나, 아니면 일요일 출근 전에 내려오면 됩니다!"
"저야 괜찮습니다만, 학생들이 괜찮을까요?"

이전까지 캠프는 매번 일요일에 했었다.

네팔은 일주일에 토요일 하루만 쉬고 일요일부터 한 주가 시작된다. 학교에서 일요일을 선호하고, 나만 휴일을 반납하면 병원 직원 중 1명만 같이 가면 되기 때문이다. 이번에는 휴일인 데다, 딥이 가기로 했으니 검사실 직원은 가지 않아도 괜찮을 것 같았다.

쉴라가 교장 선생님에게 말씀드려 토요일에 학생들을 모두 학교에 나오도록 한다는 약속을 받고 일정을 다시 확인했다.

금요일 오후 5시에 병원에서 출발하여 9~10시 현지에 도착하고, 다음 날 검사가 오후 5시 전에 끝나면 바로 내려오고, 더 늦어지면 일요일 새벽 5시에 출발해서, 9시까지 병원에 도착하는 일정이었다.

금요일 퇴근 시간에 모여 쉴라가 앞장서서 뒷산을 오르기 시작했다. 이번에도 같이 실습 나온 친구와 사회복지 단원, 그리고 안과 딥 구룽이 동참했다. 럼중 덜밭을 지나 계속 오르막길이지만 잠시도 쉬지 않고 계속 올라가자 같이 실습 나온 친구가 뒤처지며 투덜댔다.

힘드냐고 묻자 대답 대신 쉴라 쪽을 향해 눈을 흘기며 헉헉대기 바빴다. 내가 짚고 있던 등산지팡이를 주고, 가방을 달라고 해서 내 배낭 위에 얹었다. 그래도 힘든지 계속 헉헉거렸다. 경사가 심할 때는 지팡이 끝을 잡으라 하고 끌어 주며 겨우 산을 넘었다.

산등성이를 따라 30분을 더 내려가서야 마을에 도착했다. 날 맑은 낮에는 포카라가 보인다고 하는데 이미 어두워 아무것도 보이지 않았다.

쉴라와 친구는 더 내려가야 한다며 내려가고 사회복지 단원과 딥의 삼촌 집으로 갔다. 삼촌은 저녁거리 준비하느라 닭을 한 마리 잡아서 마지막 손질을 하고 계셨다.

본채에 붙여서, 1층에는 염소를 키우고 그 위에 방을 내어 누군가 기거한 흔적이 있지만, 지금은 아무도 사용하지 않는 방이 있었다. 짐을 풀어 놓고 밖으로 나오니 저녁은 좀 기다려야 한다며 집에서 담근 술을 걸러서 한 잔씩 주셨다.
겨울의 문턱이고 높은 산등성이 마을이다 보니 먹거리가 넉넉지 않은 듯 밥과 닭볶음만 나왔지만, 그것만으로도 한 끼 저녁밥은 충분했다.
술기운인지 먼 길을 걸어와서 그런지 염소 울음소리를 들을 새도 없이 잠이 들었다.

다음 날, 학교에 도착하자 키가 훤칠한 교장 선생님이 운동장에 나와 계셨다. 인사를 드리고, 교실에 안과 검진실과 혈액형 검사실을 따로 차렸다. 교장 선생님을 먼저 시작으로 학생들은 도착하는 대로 검사를 하고 돌려보냈다.
반별로 검사 시간을 미리 정했는지 밀리거나 기다리지 않았고, 4시 반쯤 모든 검사가 끝났다.

계획대로라면 5시 전에 끝났으니 베시사허르로 출발해야 한다. 하지만 쉴라가 하루 더 자고 내일 새벽에 가기를 원했다. 다들 하루 종일 검사하느라 지쳐서 그런지 아무도 반대하지 않았.
하루 더 쉬어 가는 것으로 결정이 나자, 쉴라가 오늘 저녁은 자기 집에서 먹자고 했다.

 돌 마당에 들어서니 어머니는 어디 가셨는지 안 계시고, 새끼 염소가 혼자 있다가 나를 반겼다. 앉아서 손을 내밀자 손바닥을 핥으며 품에 안기려는 듯 몸 가까이 기어들어 왔다. 옆으로 밀어내도 계속 따라다녀 품에 안으니 잠이 든 듯 가만히 있었다.

 어둠이 내릴 때쯤 쉴라 어머니가 돌아와서는 어디서 구했는지 감자와 당근을 넣고 카레를 만들어 주셨다.
 이런 시골에 사시는 분들은 자기 가족들 끼니 때우기도 쉽지 않은 듯해서 밥 한 끼 같이 먹는 것도 미안하고 부담스러웠다. 그래도 시골 생활이 몸에 밴 나는 마냥 즐겁기만 했다.

 새벽 4시에 일어나 머리에 랜턴을 쓰고 짐을 챙겼다. 갈 길도 멀고 이른 새벽이라 얼른 출발하고 싶은데 딥 구릉의 삼촌은 어디서 꽃을 구했는지 긴 마라를 만들어 와서 목에 걸어 주고는 이마에 띠까도 붙여 주셨다. 굳이 이럴 필요 없이 그냥 가도 되는데, 삼촌 혼자서 애쓰시는 모습이 안쓰럽기도 하지만, 예를 다 갖추고자 노력하는 모습이 너무 고마웠다.

 산을 넘기도 전에 띠까는 땀에 떨어져 나갈 것이고, 마라도 휘젓는 팔에 걸려 저절로 끊어지거나, 귀찮으니 벗어서 나뭇가지에 걸어 놓고 갈 수도 있는 노릇이었다.
 어디서든, 이마에 붙은 띠까가 귀찮으면 바로 떼어 버리고, 마라도 그냥 벗어 버렸지만, 이번만큼은 가능한 한 오래오래 간직하려 노력해야겠다.

때로는 이런 의식과 절차가 허례허식이라 생각도 했었다. 불편한 마음이지만 어쩔 수 없이 받아들여 왔었는데, 이제는 한국인의 눈이 아닌 이들의 눈으로 봐야겠다.

띠까든 마라든 무엇이든, 이분들의 마음이고 정성이고 전통이니, 그것을 이들의 눈으로 받아들이는 것이 이방인이 지킬 수 있는 최소한의 예의가 아닐까?

◎ 학교 전경

◎ 검사 전 교장 선생님과 환담

출장 캠프 –
스리 나브둘가

카트만두를 떠나 포카라로 가다 보면 트리슐리(Trishuli)강이 나온다. 장마에 불어난 흙탕물이 개울 바닥에 쌓인 가랑잎이며 이끼들을 휩쓸고 내려가듯이 트리슐리 강물도 성난 파도처럼 흙탕물 일으키며 굽이굽이 힘차게 내려간다. 저 강물의 힘을 느끼고자 강단 있는 젊은 이들이 여기서 래프팅을 즐기나 보다.

카트만두에서 승용차로 2시간 반 정도 가면 오른쪽에 다딩(Dhading)으로 올라가는 다리가 나온다. 다리를 건너 히말라야 방향(북쪽)으로 35km를 더 올라가면 다딩베시(다딩시)가 나온다.
여기는 베시사허르보다 더 가파른 언덕이다.

같은 기수 2명과 선배 단원 1명이 이 지역에서 봉사하고 있었다.
선배는 컴퓨터 단원이고 동기는 간호 단원과 유아교육단원이었다.

내가 휴일에 시골 학교 찾아다니며 혈액형 검사를 한다는 소식을 듣고 다딩에 있는 유아교육 단원이 협조요청을 해왔다.

학생들에게 혈액형 검사 캠프를 해줄 수 있냐는 것이었다.

가지 않을 이유도 없었다. 동기들과 같이 캠프를 하면 의미도 있고, 다양한 활동을 할 수 있을 것 같아 출장을 신청했다.

출장 캠프는 학생들의 키, 몸무게 등 기초체격 검사와 혈액형 검사도 해주는 것으로 계획을 세워 사무소에 보고했다.

아침 일찍 마이크로버스(15인승 승합차)를 탔다.

베시사허르에서 다딩까지는 130km 정도 되지만 버스로 가면 운 좋게 갈아타도 4시간 정도 걸린다.

출발할 때는 승객이 많지 않았는데, 포카라에서 오는 길과 만나는 둠레에 오니 승객이 많아졌다. 4명이 앉을 자리에 5명씩 앉고 서 있는 승객까지 포함하면 25명은 넘을 듯했다.

일반 버스를 타면 차멀미하는 사람 때문에 토사물이 차 바닥에 흘러다니기도 하고, 창문을 열어 놓아도 나는 고약한 냄새에 나도 같이 토가 나올 지경이지만, 마이크로버스를 타는 사람들은 그래도 차멀미를 덜 하는 편이다.

인도에서 오는 길과 합류하는 무글링을 지나자 앞 좌석에 앉은 어린애가 차 멀미를 했다. 다행히 옆에 앉은 애 어미가 위생봉투를 미리 준비하고 있다가 애가 토하는 것을 봉투에 받았다.

그 어미는 위생봉투를 대충 묶더니 차창 밖으로 휙 던졌다. 자주 보는 광경이니 그저 무심히 봤는데 이번에는 아슬아슬했다.

지나가는 오토바이 헬멧 뒤를 간발의 차이로 지나갔다. 하마터면 헬멧 앞부분에 맞을 뻔했다. 옆에서 보기에 아찔한 순간이었지만, 오토바이 운전자는 버스를 힐끗 쳐다보고는 그냥 속도를 내서 지나갔다.

나 역시 차멀미 때문에 머리는 좀 아프지만, 무사히 다딩 입구에서 내렸다. 좀 기다렸다가 다딩으로 가는 버스를 갈아타니 여기는 승객이 많지 않았다. 창문을 열고 시원한 바람 맞으며 녹색 들판과 나무들을 바라봤다. 단풍이 들거나 낙엽이 지지 않는, 늘 같은 색감이지만 그래도 볼 때마다 싱그러웠다.

카메라를 꺼내 들기는 했지만, 덜컹거리는 버스는 사진 찍을 기회를 주지 않았다. 어느새 버스는 오르막을 힘들게 오르고 있었다. 내릴 때가 되어 가나 보다.

버스에서 내리자 단원 3명 모두 마중을 나와 있었다.

4명이 같이 다딩 병원으로 갔다. 원장 방에 들러 인사를 하고 병원을 한 바퀴 돌아보니, 럼중병원보다 병원 규모는 작았다.

병원에서 나와 언덕을 올라 교육청으로 갔다. 교육청은 건물이 낡기는 했지만, 제법 터를 넓게 잡아서 여유가 있어 보였다. 관계자들과 회의하고 나오는데 직원이 이번 캠프에 같이 갈 수 없어 미안하다는 말을 했다. 하지만 별로 미안한 눈치는 아니었다.

교육청에서 나와 위로 올라가니 큰 정자나무 아래에 더위를 피하는 사람들이 보이고, 아이스크림과 간식을 파는 가게가 있었다. 우리도 아이스크림 하나씩 들고 더위를 식히며 주변 경치를 둘러봤다.

여기도 외식할 만한 식당이 없는 것은 베시사허르나 마찬가지다. 나야, 자취 생활을 좀 해봐서 대충 먹는 것에 익숙한 편이다. 자랄 때부터 그저 반찬 한두 가지와 밥 한 공기만 있으면 그것으로 한 끼 식사가 충분했다.

손님 대접받을 생각 별로 없는데, 그래도 손님 왔다고 동기들이 걱정을 많이 하는 눈치였다.

"걱정하지 마요! 아무렇게나 먹어도 괜찮아요!"
"그래도 그렇지, 아무렇게나 먹을 수는 없잖아요!"
"좀 귀찮아도 시장 봐다가 집에서 먹어요!"

시장에 들러 고기와 야채, 과일, 그리고 옥수수를 샀다.
길에 다니다 보면 벌건 숯불에 옥수수를 굽는 사람을 가끔 볼 수 있었다.
구우면서 검게 태우기도 하지만, 그래도 맛있어 보여 몇 번 사 먹어 봤다. 맛은 그런대로 괜찮지만, 바싹 마른 콩을 볶아 놓은 것처럼 아주 단단했다. 옥수수가 타서 그런 것 같지는 않았다.
너무 영글어서 딱딱한 것일 수도 있다는 생각에 옥수수밭에 찾아가서 덜 영근 옥수수를 사다가 집에서 삶아 봤었다. 덜 영근 옥수수도 딱딱하기는 마찬가지였다. 그래서, 아무도 삶아서 먹지도 않고, 생옥수수를 파는 가게도 없다고 생각했었다.

그런데 여기 가게에서는 생옥수수를 파는 것을 보면 그냥 삶아 먹어도 괜찮을 것 같아서 먹어 보고자 산 것이었다.
역시 옥수수는 삶아서 앞니로 뜯어서 한입 가득 넣고 씹어야 제맛이 난다. 다행히 여기 옥수수는 한국에서 여름마다 한 소쿠리씩 삶아 놓고 먹던 옥수수와 같았다.

옥수수는 간식으로 먹고 저녁은 보쌈으로 했다. 네팔에서 처음으로 먹어 보는 보쌈이었다. 여기는 그래도 고기를 깨끗하게 손질해서 팔고 있으니 마음 부담 없이 사서 요리를 할 수 있었다.

다음 날 아침에 스리 나브둘가 초등학교로 갔다. 어린 애들이 외국인을 처음 보는 듯 호기심 어린 눈으로 쳐다보며 주변에 모여들었다.
곧 잊어버리겠지만 학생들 이름도 물어보고, 학생이 들고 있던 책을 받아서 살펴보기도 했다.
골반 높이의 돌담장에 올라앉아 사진을 몇 장 찍으며 시간을 보내다 캠프를 시작했다.
컴퓨터 단원이 학생들 키와 몸무게를 먼저 재고, 간호 단원과 유아교육단원이 나를 도와 혈액형 검사를 했다. 저학년 어린 학생들은 선생님 한 분이 옆에 앉아서 도와주셔서 어렵지 않게 검사를 마칠 수 있었다.

검사받지 않으려고 떼를 쓰는 학생은 없었다. 물론 다른 학교에서도 애를 먹이는 학생은 없었다. 가끔 겁먹은 표정을 보여 주기도 하지만, 모두가 선생님 말씀을 잘 듣는 착한 아이들이었다.

◎ 검사 전 친해지기

◎ 원활한 검사를 위해 도와주시는 선생님들

◎ 돌담에 모여 앉은 학생들

◎ 길가에서 옥수수 구워 파는 아주머니

◎ 네팔에서 처음 맛본 찐 옥수수

6장

대학생 봉사단

PhoolKo
Aankhama

벽화 그리기

　　　　병원 직원들이 분주해지기 시작했다.
　사회복지 단원의 노력으로 한국대학사회봉사협의회(대사협)를 통해 대학생 봉사단 24명이 곧 도착하기 때문이다.
　대학생 봉사단은 병원 입구 담벼락과 병원 건물 벽에 벽화를 그리고, 학교를 찾아가서 여러 가지 활동을 하게끔 기획되어 있었다.

　병원 정문에 들어서면 직선으로 50여 미터 도로가 나 있고, 왼쪽은 병원 건물이 이어지며 오른쪽은 작은 수로와 함께 1.5m 높이의 블록 담장이 이어져 있다. 여기에는 위생교육 관련 벽화를 그릴 예정이고 병원 건물 각 벽에는 주제별 그림을 그릴 예정이었다.

　회의실에 모여 병원 관계자들과 미팅을 하고 밖으로 나갔다.
　담장은 이미 사전작업으로 청소를 깨끗이 해놓았고, 그 앞에는 몇 몇 학생들과 함께 봉사단장님이 페인트통을 젓고 계셨다.

  이번 단장님은 한국폴리텍대학 청주캠퍼스에서 오신 신 교수님이었다.

  하얀색 페인트로 바탕색을 칠하고 미리 준비해 온 도안을 보며 연필로 밑그림을 그렸다. 바탕을 칠할 때도 단장님이 롤러를 페인트통에 푹 담가서 시범을 보이며 칠해 나가셨다. 경륜이 많으신 단장님이 일을 효율적으로 잘 지휘하셨다.

  학생들이 여러 명씩 한 팀이 되어 나누어져 일을 분담하고 병원 직원들도 수시로 붓을 잡고 일을 도왔다.

  방사선과 앞 벽에는 사람의 뼈 형상과 함께 강의하는 의사 모습을 그렸고, 검사실 앞에는 빨간 작은 하트를 모아 피 한 방울을 형상화해서 헌혈을 독려하는 그림을 그렸다. 쉴라와 방사선과 직원이 빨간 하트를 그리다 나와 마주치자 자연스럽게 자세를 취해 주었다.

  수술실 앞에는 혈액형 글씨 A, B, O, AB, Rh+/-와 심장 모형을 그렸고, 소아병동 벽은 꽃과 구름, 나비, 인형 캐릭터와 함께 키재기도 그렸다. 병동과 행정실로 이어지는 벽에는 한국과 네팔 어린이가 각자의 국기를 든 채 손을 잡고 활짝 웃는 모습으로 인사하는 모습을 그리고 그 위에는 WFK(World Friends Korea) 로고를 그렸다.

  본관 건물 입구 외벽에는 약 복용을 독려하기 위한, 두 남녀 어린이가 캡슐을 들고 있는 그림, 그 옆에는 운동 열심히 하라는 의미의 체조하는 모습을 그렸다.

건물 밖 담벼락에는 설사와 감염병 예방을 위한 손 씻기, 양치 잘하기 등의 그림을 이해하기 쉽게 설명을 덧붙여서 그려 놓았다. 역시 여기에도 WFK 로고와 대사협 로고를 큼지막하게 그려 놓았다.

이번 벽화작업은 대학생들만의 작업은 아니었다. 3일 동안 직원들도 너나 할 것 없이 모두 동참하여 아주 멋진 작품이 만들어졌고, 다음날 바로 현지 신문에 보도되었다.

◎ 담장에 그린 위생교육

◎ 밑그림 그리기

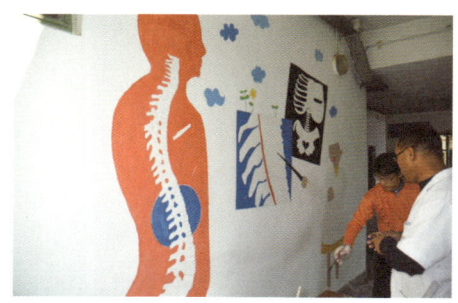
◎ 방사선 촬영실 앞

◎ 수술실 앞 벽화

◎ 수술실과 행정실 사이에 그린 양국 우호증진

◎ 약 복용을 잘하자는 벽화

◎ 어린이 병동

벽화 그리기

◎ 직원들도 동참

◎ 한국대학사회봉사협의회와 월드프렌즈코리아(WFK) 로고

◎ 혈액검사실 앞 하트로 만드는 혈액 방울

스리 비다야죠티

      이 학교는 정식명칭이 Secondary School로 되어 있는데, 다른 일부 학교들과 마찬가지로, Primary 과정도 같이 있는지 조회시간에 보니 아주 어린 학생들도 참여하고 있었다.

  건물 뒤편에는 공연장 관중석처럼, 긴 나무의자를 줄 맞춰 바닥에 고정해 놓았다. 단원들이 나무의자에 모여 서로의 임무를 확인하고 파이팅을 외친 뒤, 녹색 교복을 입은 어린 학생들 사이를 통과하여 플라스틱 의자가 마련된 연단으로 올라갔다.

  이번 행사를 위해 럼중병원장도 참여했다. 오늘 참여한 병원장은 지난번 렌터카로 카트만두 갈 때 같이 갔던 원장이 아니다. 카트만두 다녀온 몇 달 뒤 그분은 물러났고 여의사인 '비슈누'가 새 병원장으로 부임했다. 그녀의 남편도 의사로 이 병원에 근무하고 있으며, 비슈누는 매사에 적극적이고 사교적인 분으로 의사 역할보다는 행정가 역할이 더 잘 어울려 보였다.

　학생들의 간단한 정리 체조가 끝나자, 교장 선생님의 말씀이 이어졌고 병원장과 신 단장의 말씀도 이어졌다.
　연설이 다 끝나자 여러 명의 학생이 연단에 올라 대학생 단원과 관계자에게 마라를 걸어 주고 띠까도 붙여 주었다.

　조회 겸 환영 행사가 끝나고 단원들은 다시 나무의자에 모여 대본과 교보재, 자신이 맡은 임무를 확인하고 팀별 활동을 시작했다.

　교실 밖에서는 학생들을 모아 놓고 전지 크기의 판자에 빨간색으로 혈액형을 표시하여 각 혈액형에 대해 네팔어로 설명했다. 녹색 바지에 녹색 스웨터를 입은 학생들은 줄 맞춰 서서 진지하게 듣고 있었다. 야외수업인데도 학생들의 집중력은 흐트러지지 않았다.

　'천 리 길도 한 걸음부터!'라는 명언이 적힌 교실에서는 한글 명찰을 만들어 가슴에 달고 있었다. 아직 한글을 모르니 단원이 학생들의 이름을 한글로 써나가자 신기한 듯 모여들어 바라보고 있었다.

　다른 교실로 가려고 건물 밖으로 나오자 나무의자에 모여 있는 학생들이 보였다. 어린이 간식 시간인지 유치원생 같은 작은 어린이들이 모여 앉아 미숫가루처럼 생긴 것을 컵에 담아 숟가락으로 앙증맞게들 떠먹고 있었다.
　한 학생에게 가까이 다가가 나이를 물어보니 네 살이라며 물어보지 않은 자신의 이름도 얘기했다.

　다른 교실에 들어서자 '선생은 자신을 불태워 남을 밝혀 주는 존재다'라는 글귀가 먼저 눈에 띄었다. 교무실에 써놓으면 더 잘 어울릴 것 같은 문구이기는 하지만 이 학교는 교무실이 별도로 마련되어 있지 않기 때문일 수도 있다. 여기는 한복 색칠하기를 끝내고, 긁어내기 기법(grattage, scratching method)으로 두 나라의 국기며 각자 좋아하는 그림을 그리고 있었다. 그림을 지도하는 대학생들은 고운 한복을 입고 있어 학생들이 색칠할 때 많은 도움이 될 듯했다.

　교실을 또 옮기자, '독서를 하지 않고는 결코 현명해질 수 없다'라는 문구가 눈에 들어왔다. 이 교실에서는 준비한 교재를 이용해 위생교육을 하고 있었다. 악마분장, 천사분장을 하고 구강 모양의 모형을 들고 역할극을 통해 실감 나는 교육을 하고 있었다. 이론교육이 끝나자 밖으로 나와 세숫대야에 물을 떠놓고 손 씻기 실습과 준비한 치약 칫솔로 양치 실습을 이어 갔다.

　'귀요미 송'을 합창하는 교실에서는 선생님이 더 신이 난 듯하고, 벽에는 '상상력이 지식보다 더 중요하다!'라는 글귀가 있었다. 간단하고 귀여워 보이는 율동에 학생들도 즐겁게 따라 했다. 4명씩 교실 앞으로 나오게 하여 음악을 틀어 주자 수줍은 표정이기는 하지만 모두 노래와 율동을 잘해 냈다.

　체육팀은 운동장에서 수건돌리기를 하다가, 여학생들은 두 편으로 나누어 피구를 하고 남학생들은 축구를 했다.

피구와 축구가 끝나자 학생들을 두 줄로 세워 "참새", "짹짹"을 외치며 학교를 빠져나와 유채가 흐드러지게 핀 밭을 지나 공터로 갔다.

공터 옆 민가에서 자라는 야자나무에는 호박만 한 야자가 주렁주렁 달려 있고 그 옆 빈 논에는 두엄을 줄 맞춰 내다 놓았다.

큰 정자나무가 있는 공터에 도착하자, 태권도복을 입은 단원이 발차기 시범을 보였고 학생들에게 돌아가며 발차기 실습을 하도록 했다. 앞차기부터 돌려차기, 뒤 돌려차기 등 기본 발차기 동작을 하나하나 연습했다.

학생들은 처음 해보는 동작이라 엉거주춤한 자세지만 너무 재미있어하는 표정이었다.

학교로 다시 오다 보니 논두렁에 노는 아이들이 보였다. 학교에 가지 않느냐고 물으니, 다른 학교에 다니는데 오늘은 쉬는 날이라고 해서 사진을 한 장 찍어 주었다.

3일 동안 각 반을 돌며 같은 활동을 반복하면서 단원들과 학생들이 친해진 것 같았다. 수업이 다 끝났지만, 학생들이 단원들을 안 보내주려는 듯 계속 붙들고 사진 찍고 포옹하고, 떠나야 하는 아쉬움에 단원이 먼저 눈시울을 붉히며 울먹였다.

◎ 조회 장면

◎ 혈액형의 중요성 설명

◎ 수건돌리기

◎ 피구

스리 비다야죠티

◎ 한복 색칠하기

◎ 어린이 간식 시간

◎ 귀요미 율동

◎ 태권도 발차기 실습

◎ 양치 잘하기 연극

◎ 손 씻기 실습

스리 발 꺼련

　　이 학교는 시멘트와 벽돌로 지은 현대식 2층 건물이었다. 교실로 들어가는 현관 위와 교실 안 높은 벽에 교육 및 인성에 관한 명구들을 영어와 네팔어로 큼지막하게 적어 놓았다.

　대학생들은 미리 연습한 대로 4개 조로 나누어져서 각 반을 돌며 활동을 했다. 먼저 한국문화 반은 남, 여 대학생 모두 한복을 입었다. 한복을 입은 채로 학생들에게 한복 모양이 인쇄된 도화지를 나누어 주고 떠듬거리는 네팔말로 설명하고 학생들이 색칠하도록 했다.
　설명을 마친 뒤 학생들 사이에 같이 앉아서 대화하며 색칠하는 것을 도와주었다. 학생들에게는 한복의 아름다움을 직접 보고 같이 사진 찍으며 한복의 아름다움을 이해하는 계기가 되었을 것이다.

　운동장에는 운동을 맡은 단원들이 학생들과 어울려 공놀이를 했다.

선생님도 빠질세라 같이 둥그렇게 둘러서서 공을 높이 띄웠다. 탱탱볼 게임이 끝나자 새로운 게임이 시작되었다.

"무궁화 꽃이 피었습니다!"

먼저 단원이 술래가 되어 시범을 보여 주니 이해가 빨랐다. 공부가 아닌 게임이니 쉽게 이해했는지도 모르지만, 그다음부터는 학생들의 즐거워하는 모습이 역력했다.

오락 반은 대사협 단복을 입고 '귀요미 송'을 한국어와 네팔어로 가르쳤다. 율동과 함께 노래하는 현지 학생들의 모습이 너무 즐거워 보였다. 쉬는 시간이 되자 밖으로 트인 2층 복도에 학생들이 운동장을 바라보고 있었다.
방금 '귀요미' 수업을 끝내고 내려온 3명의 대학생 귀요미들이 즉석에서 율동을 보여 주자 2층 난간에 있던 학생들도 따라서 율동과 함께 노래를 불렀다.

위생교육반은 먼저 교실에서 간단한 연극을 했다. 악마 분장을 한 세균이 삼지창을 들고 치아를 공격하려다 양치라는 천사에 쫓겨 도망가는 연극이었다. 연극 후 양치 잘하는 방법과 손 씻기 방법을 설명하고 밖으로 나갔다.
세숫대야에 물을 떠놓고 다 같이 손을 씻고, 칫솔 치약을 나눠 준 후 다 같이 양치를 했다. 대학생들보다 키가 더 큰 현지 여학생들도 재미있다는 듯 환하게 웃으며 따라 했다.

여기도 3일간의 활동이 끝나자 학생들도 아쉬워하고 단원들도 마찬가지였다.

첫날 활동 시작하기 전 네팔 학생들이 단원들 이마에 띠까를 붙여 주었듯이, 마지막 날은 단원 대표가 쌀알만큼 작지만, 보석처럼 반짝이는 스티커를 현지 여학생 미간에 붙여 주자 그 학생도 단원 이마에 스티커를 붙여 주었다.

이별은 언제나 아쉬움을 남긴다. 단원들은 다음 일정이 있으니 연신 손을 흔들며 버스에 올랐다.

단원들은 수업한 내용을 정리하고 피드백 받고, 다음 활동을 준비하다 보면 밤잠도 못 잘 것이다.

나 역시 일주일 넘게 같이 다녀 그런지 버스 안에서 아주 지독한 나의 입 냄새에 정신이 번쩍 들었다. 간식을 먹고도 양치를 하는 습관이 있었는데, 캠프 따라다니며 양치 교육을 보면서도 점심 후 양치를 하지 못한 것이 화근이 된 것 같았다.

버스에 올라 옆에 앉은 단원과 대화를 주고받았는데 얼마나 불편했을까? 지금 내가 자각을 했을 뿐이지 며칠 전부터 입 냄새가 났을 수도 있는 일이다. 미리 확인하지 못한 것이 후회되었다.

비다야죠티의 어느 교실에서 본 문구가 기억났다.
'Big dreams set big goals and get big results!'

이번 대학생 봉사단의 활동이 네팔 학생들에게 큰 꿈을 갖는 계기가 되었다면 좋겠다. 두 학교 전교생은 아닐지언정, 몇 명만이라도, 큰 꿈을 갖고 큰 성과를 이룬다면 그것만으로도 이번 대학생 봉사단의 성과는 충분할 것이다.

◎ 귀요미 율동

◎ 긁어내기 기법 배우기

◎ 난간에서 같이 하는 귀요미

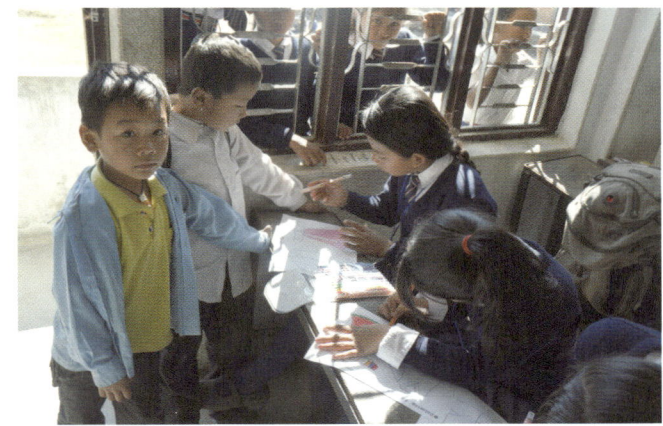

◎ 누나들 한복 색칠 구경 온 아이들

◎ 무궁화 꽃이 피었습니다

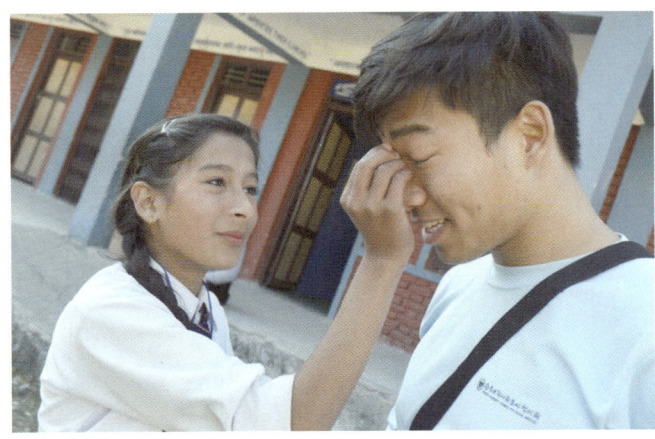

◎ 띠까 대신 별 스티커 붙여 주기

스리 발 꺼런

Ko-Ne 합동공연

네팔인들은 파장화를 좋아하는 모양이다.

네팔 오기 전, 일과 후 여의도 옆 한강 변을 달릴 때, 산책길로 축 축 늘어져 피어난 파장화가 아름다워 보였었다. 우리나라에서는 파장화를 별로 본 적이 없었는데, 네팔에는 2층이나 3층 난간에 파장화를 심어 바닥까지 늘어지도록 키우고 있는 가정집이 많았다.

럼중병원에는 'ㅁ' 형태로 된 병원 건물 중앙에 화단이 있다. 작은 화단이지만 몇 가지 화초가 있고, 큰 나무를 타고 꼭대기까지 파장화가 올라가서 아래로 늘어진 채 피어 있어서 마치 나무 전체가 한 송이 꽃인 것만 같았다.

홀로 황혼빛에 물들어 가는 파장화를 즐기고 있는데 출발하자는 연락이 왔다.

오늘은 대학생 봉사단 마지막 행사로 한국과 네팔 합동공연을 하는 날이다. 저녁 시간이라 공연장에는 병원 직원과 시청 직원, 학교 관계자 등 많은 관객이 와 있었다.

먼저 10여 명의 네팔 학생이 네와르 전통의상을 입고 손에 전통 주전자를 든 채 춤을 추기 시작했다. 조금 있으니 어린이들이 합류하여 재미를 더해 주었다.

다음에는 구룽 전통의상을 입은 8명의 무희가 치마를 펄럭이며 무대를 돌고, 우아한 팔 동작으로 관객의 시선을 붙잡았다. 실수하는 학생도 있었지만 당황하지 않고 웃으며 마무리했다.

다음은 대학생 단원들이 하얀 태권도복을 입고 태권무를 추었다. 전문 춤꾼도 아니고 연습할 시간도 충분치 않았을 터인데 공연은 훌륭하게 마무리했다.

다음 공연은 구룽 전통의상을 입은 네 쌍의 학생이 앞선 공연보다 리듬감 있게 춤을 추자 관객의 어깨도 들썩였다. 어린 학생들의 앳된 모습이라 그런지 실수마저 천진난만해 보였다.

다음은 우리 단원들의 부채춤이 이어졌다. 고운 한복 치마저고리를 입고 양손에 화려한 부채를 들고 쉴 틈 없이 춤사위를 이어 갔다. 환한 미소와 진지한 표정이 전문 공연을 보는 듯했다.

부채춤에 이어 네팔 학생들의 전통 공연이 한 번 더 이루어지고, 검은 바지에 청티를 입은 남자 단원과 빨간 티를 입은 여자 단원들이 K-pop으로 '강남스타일'을 부르며 춤을 췄고, 마지막은 부단장의 지휘로 전 단원이 나와서 합창을 했다.

정말이지 대학생 봉사단원들은 다재다능하였다. 매일 강행군을 하면서도 지친 모습을 볼 수 없었고, 항상 최선을 다하는 모습이었다.

◎ 병원 중앙화단의 파장화

◎ 문화교류, 다양한 공연과 마지막 합창(1)

◎ 문화교류, 다양한 공연과 마지막 합창(2)

◎ 문화교류, 다양한 공연과 마지막 합창(3)

◎ 문화교류, 다양한 공연과 마지막 합창(4)

◎ 문화교류, 다양한 공연과 마지막 합창(5)

◎ 문화교류, 다양한 공연과 마지막 합창(6)

Ko-Ne 합동공연

◎ 문화교류, 다양한 공연과 마지막 합창(7)

◎ 문화교류, 다양한 공연과 마지막 합창(8)

◎ 문화교류, 다양한 공연과 마지막 합창(9)

◎ 문화교류, 다양한 공연과 마지막 합창(10)

◎ 문화교류, 다양한 공연과 마지막 합창(11)

◎ 문화교류, 다양한 공연과 마지막 합창(12)

Four Arms 환송

베시사허르는 한겨울 가장 추울 때가 2°C 정도로 영하로 내려가지는 않는다. 그래도 춥게 느끼는 이유는 어딜 가도 난방을 하지 않기 때문일 것이다.

건물 단열도 안 되어 있고, 창문도 단일 창에 문틈 사이가 벌어져 있어 건물 안이나 밖의 차이가 별로 없다. 장판도 얇아서 콘크리트 바닥의 찬기가 그대로 올라온다.

검사실 현관도 퇴근할 때 외에는 계속 열어 놓고, 창문은 있으나 마나 찬바람이 들어와 외부보다 더 춥다. 낮에는 따스한 햇볕이 드는 양지바른 곳이 더 따뜻하다.

이번 대학생 봉사단 네팔팀의 이름은 Four Arms였다.

한쪽에서 일방적으로 주는 것이 아니라 서로 주고받는, 상호 협조하자는 뜻에서 너의 팔 2개, 나의 팔 2개 더해서 4개의 팔로 뭔가를 만들어 내기 위해 Four Arms라고 지었을 것이라는 생각이 들었다. 게다가 나라 이름 네팔도 우리말로 따진다면 너의 팔도 되고, 4개의 팔도 되니 Four Arms란 이름에 공감이 갔다.

오늘은, Four Arms의 네팔 베시사허르 10일간의 대 장정이 막을 내리고 떠나는 날이다. 특별히 환송식이랄 것도 없지만, 떠나기 전 얼굴 한 번 더 보고, 인사도 하려고 게이트웨이 히말라야로 갔다.
숙소 건물에는 회의실이 없으므로 단원들이 당연히 건물 앞에 모여 있을 것으로 생각했는데 정문으로 들어와서 숙소 앞까지 왔으나 아무도 보이지 않았다.
갑자기 어리둥절해졌다.

처음 베시사허르에 도착하여 병원에 내려올 때 보니 2명씩 짝맞춰서 앞뒤 간격을 유지하며 1명도 이탈하지 않고 이동하는 모습에서 논산 신병훈련소 입소하는 장면을 떠올릴 정도로 일사불란하게 움직였었다.
봉사활동 내내 단원들의 절제된 행동, 철저한 준비, 깔끔한 마무리에 감동하였었는데, 마지막 날이라고 다들 긴장이 풀어져서 숙소에서 아직 자는 것일까?
떠날 시간이 되었으니 다들 밖에 나와 있을 줄 알았는데 1명도 보이지 않는 것이 이상했다.
접수대는 정문 쪽에 있어서 멀고 가까이에 있는 식당으로 갔다. 식당에 물어보면 아침 식사를 했는지, 벌써 떠났는지 알 수 있을 것이다.

돌계단 2개를 올라 식당 문을 당겼다.
식당 문을 여는 순간, 갑작스러운 함성에 너무 놀랐다.

"와~! 와와와~."

아니, 왜들 이러지?

나를 놀래 주려고 일부러 식당 안에 숨어 있다가 다 같이 함성을 질렀다.
어리둥절하여 어쩔 줄 몰라 하는 나의 목에 목도리를 걸어 주었다. 흰색, 검은색, 파란색이 조합된 목도리는 파란색 티셔츠와 잘 어울렸다.

자전거로 출퇴근할 때도 찬바람에 눈물이 날 지경이지만, 목도리 한번 사볼 생각을 안 했었다. 시장통을 지날 때마다 가게에 진열된 목도리를 보아 왔건만 '다음에 사지'하는 생각에 차일피일 미루다 두 해 겨울이 지나고 있었다.

그동안 도와줘서 감사한 마음에 준비했다고 하는데 좀 민망스러웠다. 선물은 고생한 단원들이 받는 것이 마땅하지 내가 받을 것이 아니었다.
어쨌거나 고마운 선물을 받았으니 같이 사진을 찍고, 다른 단원들도 삼삼오오 모여 서로 고생했다고 위로하고 격려하며 사진을 찍는 사이 병원장이 왔다.

원장이 인사말을 하고는 단원 1명마다 일일이 카다(Khata, 귀한 손님 목에 걸어 주는 비단 스카프)를 걸어 주고, 어제 공연에 협조해 준 학교장에게 감사장을 전달하고 행사를 마무리했다.

대학생들의 해외 봉사활동은 자신을 한 단계 성장시키는 계기가 될 것이라고 확신한다. 교육받는 과정, 봉사하는 과정이 힘들겠지만, 힘든 만큼, 본인의 열정을 불태운 만큼, 자신감을 얻고, 앞으로의 인생 밑거름이 되고, 눈에 보이지 않는 자산이 될 것이다.

◎ 목도리 선물받은 기념 사진

◎ 병원장의 Four Arms 환송, 카다 걸어 주기

7장

"꿈꾸는 네팔"
– 엄홍길휴먼스쿨 (Dream Camp)

PhoolKo
Aankhama

자낙푸르와
스리 칼리 전죠티

　　　　　지형으로 보면 네팔은 동서로 길게 생겼고, 북쪽은 지대가 높은 히말라야가 이어지고 남쪽은 '떠라이'라고 표현하는 낮은 평야로 날씨가 여름에는 40℃를 웃돈다.
　카트만두에서 동남쪽으로 240km 떨어진 곳에 자낙푸르(Janakpur)라는 덥지만 아주 멋진 곳이 있다.

　자낙푸르는 평균 고도 74m, 인구는 19만 명 정도가 사는 지역이다.
　시내 중심에 있는 자나키사원(Janaki Mandir)은 북쪽의 우중충한 사원들에 비해 너무나 깔끔하고 화려했다. 말이 사원이지 사원이라기보다 섬세하고 웅장하게 지어진 궁전 같았다.
　정면에서 보면 중앙과 좌우는 3층, 그 사이는 2층으로 되어 있고, 양쪽 3층 위에는 팔각기둥과 그 위의 첨탑 돔형 구조가 안정감에 조형미를 더했다.

흰색 바탕에 미세한 부분 부분을 다양한 원색으로 채색하여 보면 볼수록 아름다웠고, 넓은 사원 안에도 같은 형태의 건물이 계속 이어졌다.

관광객이 별로 없어 평온한 사원을 걷고 있노라니, 처음 듣는 악기 소리가 들려왔다. 호기심이 발동하여 방안을 들여다보니 평상복을 입은 4명의 스님이 북과 카탈(Khartal), 만지라(Manjira), 하모니움(Indian Harmonium)을 연주하며 노래를 하고 계셨다.
불청객의 등장에 처음에는 놀라는 듯했지만, 이내 편안한 표정으로 연주를 계속했다.

건물 뒤로 나가자 넓은 정원에 천막으로 법당을 차려 놓고 많은 신도가 모여 법회를 하고 있었으며, 그 뒤에는 다른 곳에서 많이 봐왔던 사원형태의 건물도 있었다.

자낙푸르에서 30여 킬로미터 떨어진 곳에 인구 4,000명 정도의 작은 도시 산티푸르(Shantipur)가 있고 그 외곽에 스리 칼리 전죠티 초등학교가 있다.
이 학교는 엄홍길휴먼재단이 굿웨이위드어스의 도움을 받아 2014년 3월 8일에 건립한 학교이다.
기증현판에는 1988년 에베레스트(Everest)를 시작으로 2007년 로체샤르(Lhotse Shar)까지 히말라야 16좌 등반 기록이 엄 대장의 사진과 함께 빼곡하게 적혀 있었다.

2층 건물이지만 아직 1층만 완공이 되었고 2층은 기둥만 세우고 지붕만 얹어 놓은 상태이다. 2층은 벽이 없으니 사용할 수 없어 일부 학생들은 임시교실에서 수업한다고 했다.
　임시교실은 나무기둥을 뜨문뜨문 세우고 지붕을 편평한 기와 같은 것으로 올렸으며 벽은 대나무 발처럼 엮어 놓았다. 의자 하나 없이 비만 겨우 피할 수 있을 정도였다.

　본 건물 입구에는 철판으로 만든 종이 하나 달려 있었다. 2cm는 될 듯한 두꺼운 철판을 밀짚모자 크기로 잘라서 중간에 작은 구멍 하나 뚫고 한 귀퉁이에도 구멍 하나 뚫어서 천장에서 내려온 철근을 굽혀 걸어 놓았다. 실제 종 모양으로 생기지 않은들 어떠하랴! 소리만 잘 나면 되지!

　마을 주민 열댓 명이 운동장 한쪽에 모여 있고 학생들도 하나둘씩 모이기 시작했다. 여섯 줄로 맞춰 선 학생들은 흰색 교복이 주류이고 일부는 파란 상의에 검은 하의를 입고 있었다.
　단원들이 꿈, Dream이라고 적힌 노란 티셔츠를 나눠 주자 학생들이 교복 위에 커다란 티셔츠를 껴입었다.
　올해 개교한 학교이고 학생들이 모두 어려서 어려운 수업보다는 같이 놀아 주는 데 비중을 두어야 할 것 같았다. 노랑 병아리로 변신한 애들처럼 단원들도 모두 노랑 병아리가 되었고, 얼굴에는 고양이 모양 등 여러 분장을 했다.

　첫 번째 게임은 '사탕 따 먹기'였다. 운동장 끝에는 각기 다른 사탕이 여러 개 달린 줄을 양쪽에서 단원이 잡고 있고, 출발점에서는 학생들과 같이 단원들로 섞여서 달려갔다. 빨리 뛰는 사람이 본인이 먹고 싶은 사탕을 먹을 기회를 가지는 셈이다.

전교생이 한 바퀴 돌자 이번에는 사탕이 아닌 과자를 달았다. 크기가 다양한 쿠키와 비스킷을 달자 더 재미있어졌다. 1등으로 도착한 덩치 큰 학생이 큰 것을 먹으려 했다. 하지만 손이 뒤로 묶여 있어서 입으로 먹으려다 보니 입에 잘 들어가지 않았다. 게다가 줄을 들고 있는 단원이 가만히 있지 않고 입에 닿으려 하면 흔들어서 도무지 먹을 수가 없었다.

다음 게임은 밀가루 속 건빵 찾아 먹기다.
야! 이건 뭐 안 먹고 말지 싶으면서도 게임은 게임이다 보니 포기할 수 없는 모양이다. 코로 밀가루를 들이켜고 콧바람에 밀가루가 사방으로 날리지만, 다들 입으로 찾아 먹으려 애를 썼다.

학생들과 계속 게임만 할 수는 없었다. 둘째 날부터는 꿈 캠프를 위해 준비한 프로그램이 있으니 혈액형 검사, 키 · 몸무게 재기, 꿈 명찰 활동, 꿈 촉진 활동 등 계획했던 활동을 모두 진행했다.

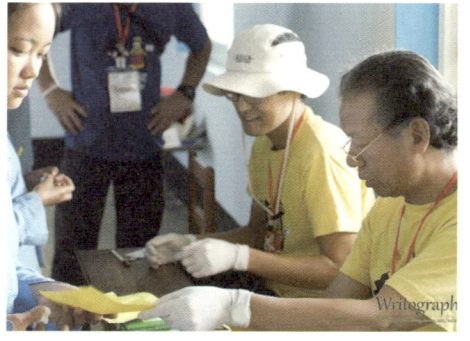
◎ 건강하게 꿈꾸기, 혈액형 검사

◎ 과자 따 먹기

◎ 관객이 없어도 연주에 심취하신 분들

◎ 어린이 앞 재롱

◎ 모두 노랑 병아리로 변신

◎ 엄홍길재단 기증현판

◎ 자나키 사원

◎ 조회

◎ 학교 종

스리 껄레리

산티푸르 캠프가 유치원생들과 놀아 주는 느낌이었다면 이번 껄레리 캠프는 애초 기획한 대로 전교생에게 꿈을 일궈 주기 위한 활동에 초점을 맞추었다.

23명의 단원이 아침 7시 터멜에 모여 김밥 두 줄과 초코바 하나씩 들고 버스에 올랐다. 햄릿 레스토랑까지 거리는 55km 정도지만, 전세 버스로도 2시간 40분이 걸렸다. 옆에 앉은 81기 비쇼바사 캠퍼스 한국어 단원과 김밥을 먹어 가며 소풍 가듯 들뜬 마음으로 얘기하다 보니 버스 안에서의 시간은 빨리 지나갔다.

힘든 것은 거기서부터는 걸어가야 한다는 것이었다.
뒤따라온 2대의 짚은 활동 물품을 가득 실은 채 목적지, 껄레리를 향해 먼저 출발하고 단원들은 각자 자기 배낭을 메고 걷기 시작했다.

짚 외에 다른 차는 갈 수도 없고, 짚은 산을 돌아가기 때문에 걷는 것보다 시간이 더 많이 걸린다고 했다. 거리는 13km 정도지만 걸어가는 데 4시간은 족히 걸릴 것이라고 했다.

엄홍길휴먼재단의 박인규 지부장도 캠프를 함께하기 위해 앞장서서 걷는 중이고 나는 제일 뒤에서 따라갔다.

가파른 산길을 오르는데 힘들게 앞서가는 모녀를 만났다. 딸내미는 분홍색 플라스틱 봉지에 여러 생활용품을 가득 담았고, 모친은 머리에 걸쳐 등에 진 소쿠리에 콜라, 식빵, 밀가루 등을 한가득 짊어지고 있었다. 집이 어디냐고 물으니 껄레리라고 했다. 새벽에 일어나서 큰길에 내려가 가족 부식을 사서 올라가는 중이라고 했다.

껄레리에는 가게가 없느냐고 묻자 있다고 했다. 가게가 있기는 하지만 물건이 별로 없고 값이 싸지 않기 때문에 힘이 들어도 큰길에 내려가서 사 오는 중이라고 했다.

1시간쯤 더 오르자 까마득한 발아래 트리슐리강과 햄릿 레스토랑이 희미하게 보였다.

앞서가던 한국어 단원이 힘이든지 땀을 뻘뻘 흘리며 뒤로 처지려 했다.

"가방 주세요!"

기사도 정신을 발휘하여 배낭을 달라고 했더니 스스럼없이 벗어 주면서 외투까지 내 등에 올린 배낭에 붙들어 맸다. 둘 다 무게가 별로 나가지 않아 다행이었다.

현장에 도착하자 오후 3시가 다 되었다. 학교 주변을 둘러보고 식사 장소도 확인했다. 단원 전부 들어갈 식당이 없어 작은 식당 두 곳을 정해 두 조로 나누어 식당을 번갈아 가며 이용하기로 했다. 아침과 저녁만 식당에서 먹고 점심은 컵라면으로 해결할 예정이었다.

내일 한국요리 체험이 있어 당장 걱정되는 부분이 요리 팀이었다. 240명분 잡채와 부침개를 만들려면 오늘 재료를 다 미리 준비해 두어야 할 것 같았다.

기다리고 기다리던 짚이 4시가 좀 지나서 도착하자 모두 분주해졌다. 감자 깎고, 양파 까고, 호박 썰다 보니 10시가 넘었다.

몸은 땀에 절었지만 500m 아래에 있는 우물까지 씻으러 가기도 힘들고, 미리 안내받은 것처럼 3일간의 샤워는 포기하기로 했다.

남, 여 교실 하나씩 차지하고 바닥에 돗자리 깔고 각자 누울 자리를 잡았다. 세수는 못 하지만 얼굴에 묻은 땀과 먼지는 닦아 내려고 물휴지 몇 장으로 손 닿는 곳만 대충 닦고 잠을 청했다.

아침이 밝자 운동장에 모여 체조를 했다.

이 와중에 무슨 아침체조를 하느냐고 불만들이 많았지만, 다 불러 모았다. 어제 산길을 많이 걷느라 다리에 알도 배겼을 것이고, 오늘 학생들과 종일 부대끼려면 체조하면서 근육이라도 좀 풀어 놓는 것이 활동하기도 좋고 안전상 도움이 될 것 같아서였다.

1~2명 빠진 것 같지만 그냥 진행했다. 이게 무슨 운동이냐며 볼멘소리도 나왔지만 10여 분 동안 계속했다. 어깨누르기 순서에서는 '아악~!'하는 비명이 들리기도 했다. 구보도 좀 했으면 좋겠지만, 산꼭대기이다 보니 달리기할 만한 장소가 없어 각자 5분 동안 몸을 푸는 것으로 마무리했다.

　첫날이라 운동장에서 전교생과 전 단원이 모여 조회와 함께 개회식을 했다. 개회식에는 코이카 네팔 사무소 조행란 소장님도 참석하셨고, 엄홍길휴먼재단 박인규 네팔 지부장님도 참석하셨다. 지부장님은 3일 동안 계속 단원들과 함께 머물면서 행사가 잘 진행되도록 도와주셨다.

　11시부터 오후 1시까지 두 시간은 요리팀을 제외한 전 단원이 각 반에 배치되어 '꿈 명찰' 활동을 진행하였다.

　카스트제도가 없어졌다고는 하지만 아직 생활 속에 남아 있고 마음속 깊이 뿌리박혀 있기도 하다. 그래서 미래에 자신이 하고 싶은 일을 이루기 위해 노력하기보다는 그저 정해진 틀에서 살려는 경향이 있고, 교과서도 구하기 힘든 판에 교양서적이든 고전이든 잡지든, 도서를 접하기도 어렵고 다른 매체를 통해서도 정보를 얻을 수 없다 보니 직업의 다양성에 대해서는 알지도 못하고 생각해 본 적도 없는 학생이 대부분이다.

　그래서 꿈 명찰 활동은 단원들이 먼저 다양한 직업을 소개했다. 그리고, 자신이 갖고 싶은 직업 또는 자신이 좋아하는 일을 명찰에 적어서 목에 걸고 1명씩 앞으로 나와서 자신의 꿈에 대해 발표하도록 했다.

수줍어하는 학생이 대부분이지만, 당당하게 발표하는 학생도 있고, 노래를 좋아하는 학생에게는 노래를 부르게 했고, 춤을 좋아하는 학생에게는 춤도 추도록 했다.

친구들 앞에서 자신을 꿈을 밝힌 만큼 그 꿈을 향해 끊임없는 노력을 해주면 좋겠다.

오후에는 각 단원의 전문성을 활용한 '꿈 촉진' 활동이 진행됐다.

건강검진, 면 생리대 교육, 물로켓 만들기, 동요 배우기, 동화 듣고 팝업북 만들기 등 5개 팀으로 나누어 단원들의 전공에 맞게 배정하였다.

나는 다른 협력 의사, 간호 단원과 함께 '건강하게 꿈꾸기'팀으로 혈액형 검사와 키, 몸무게, 색맹 검사를 하였다.

누가 뭐래도, 야외에서 종일 지짐을 부친 요리팀이 고생을 제일 많이 한 것 같다. 네팔 학생들에게 한국 음식 먹이겠다고 잠시 쉴 틈도 없이 바글바글 모인 학생들 사이에서 부침개를 뒤집었으니 말이다.

저녁 식사하러 식당으로 가는데 한 단원이 다리를 절룩거리며 내려왔다. 왜 그러냐고 물었더니 발목을 삐끗했단다.

저런! 체조에 참석하지 않은 단원일까? 물어보고 싶기는 했었지만, 굳이 확인하지는 않았다. 아침체조를 했다면 다칠 확률이 줄기야 하겠지만, 그렇다고 다치지 않는다는 보장이 있는 것도 아니고, 체조를 안 했다고 다치는 것도 아닐 것이니 말이다.

조 소장님이 개회식에서도 강조했듯이 이번 활동이 학생들만을 위한 활동이 아니라 현지교사들 역량 강화의 기회가 되었기를 바랐다. 그동안 학생들이 꿈을 가질 수 있도록 어떤 교육을 했는지는 모르지만, 좀 더 적극적인 동기부여가 되고, 다양한 진로에 대한 안내와 정보제공을 해준다면 학생들에게 많은 도움이 될 것이다.

과학실험을 전혀 못 해봤고, 할 생각조차 안 해봤었다지만, 이젠 현지에서 쉽게 구할 수 있는 재료를 이용해 학생들과 같이 몇 가지 실험을 시도해 보면 좋을 것 같았다.

저녁에는 특별 프로그램이 준비되어 있었다.

메가박스에서 사회공헌 활동을 하기 위해 영화를 보지 못한, 볼 수도 없는 개발도상국 오지 사람들에게 임시영화관을 설치하고 영화를 상영해 주는 '시네마천국' 프로젝트를 기획하는 과정에서 코이카와 협조를 구하게 되었고, 그 첫 번째 협업으로 이번 '꿈꾸는 네팔' 활동과 연계가 되었다.

오후 수업이 끝나고 마을 앞 공터에 보니 스크린을 세우고 스피커를 설치하는 작업이 한창이었다. 같이 영화를 보고 싶기는 하지만, 모여드는 주민들을 뒤로한 채 회의장으로 갔다.

이번 '꿈 캠프'는 나와 같이 근무하는 사회복지단원이 기획하였고 단원 중 참석이 가능한 단원들이 모여서 같이 머리를 맞대고 행사를 치렀다.

사무소에서 재정 지원을 하여, 총 3회로 기획되었었다. 다만 3번째는 부처님 탄생지인 룸비니에서 진행되었지만 나는 참석하지 못해 못내 아쉬웠다.

봉사단원 1명이 할 수 있는 일에는 한계가 있게 마련이다. 큰 성과를 내기 위해 봉사단원 단체로 캠프를 연 것이 매우 효과적이었다고 본다.

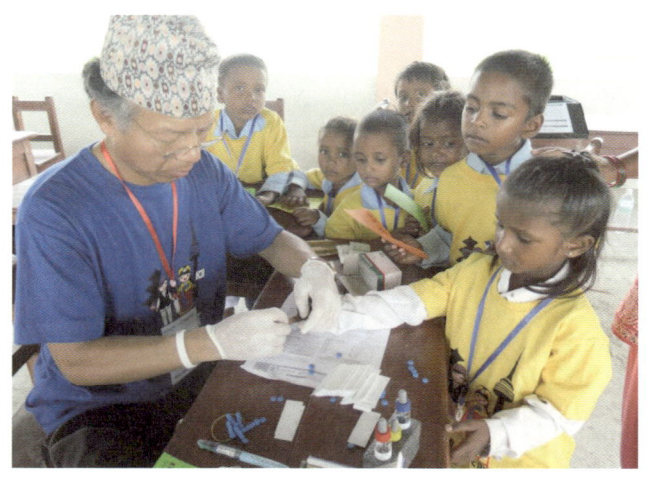

◎ 건강하게 꿈꾸기, 혈액형 검사

◎ 꿈 발표, 내 꿈은 조종사

◎ 비행기에 꿈 실어 날려 보내기

◎ '시네마천국'에 모이는 아이들

◎ 시장 보따리 나르는 모녀

◎ 조행란 소장님과 학생들

◎ 조회 참석한 엄홍길재단 박인규 지부장(코바 7대 이사장 역임)

◎ 학교 옆 구멍가게

◎ 한국 음식 체험

활동명	활동내용
건강하게 꿈꾸기 (건강검진)	키, 몸무게, 색맹, 혈액형 검사 등의 기초 건강검진을 통해 아동들의 건강상태를 확인한다.
건강하게 꿈꾸기 (면생리대 교육)	사춘기 전후의 여학생들을 대상으로 몸의 변화 등에 대해 이해하는 교육을 실시한 후 직접 생리대를 만들어 본다.
꿈촉진활동- 물로켓 만들기	물로켓의 원리를 알고 만들어 날려 봄으로써 과학활동을 직접 체험해 본다.
꿈촉진활동- 동요배우기	한국동요를 배우며 간단한 한국어를 배워본다.
꿈촉진활동- 동화듣기, 팝업북 만들기	"너는 최고란다" 동화를 듣고 "나의 꿈"에 대한 팝업북을 만들어본다.

◎ 꿈 캠프 활동 계획표

8장

지역 문화, 축제

PhoolKo
Aankhama

게르무 가는 길

게르무(Ghermu)는 검사실에서 같이 일하는 모띠의 고향으로 베시사허르에서 22km 떨어진 곳이다. 안나푸르나 라운드 트레킹 할 때 지나가는 곳으로 등반자들이 하루 쉬어 가기도 한다.

마을 뒤는 깎아지른 듯한 산으로 둘러싸였고, 앞에는 제법 큰 폭포가 장관을 이룬 멋진 곳이다.

중고등학교와 보건지소가 있고, 20여 민가 주변에 논밭도 펼쳐져 있다.

거리가 22km 정도라고는 하지만, 버스를 타면 3시간 반, 걸어서는 6시간 정도 걸린다고 했다.

더사인 다음으로 큰 띠할(Tihar) 축제를 맞아 5일간 이어지는 휴일이 되자, 모띠가 자기 집에 가자고 했다. 교육 중에 갔었던 베뜨니 마을처럼, 오지마을을 보고 싶었기에 망설일 이유도 없었고, 사실은 언제 나를 초대하려나 기대도 하고 있었다.

모띠는 본인이 당직이라 당직 끝나고 버스 타고 가자고 했으나 나는 걸어가고 싶었다. 남들은 트레킹 하려고 일부러 걸어서 가는데 굳이 버스를 타고 가고 싶지 않았다.
당직 끝날 때까지 기다리는 것보다 아침 일찍 출발하여 주변 경치를 보면서 걷고 싶었다. 모띠는 너무 힘든 일이라고 말렸지만 나는 고집을 꺾지 않았다.

생각해 보니, 자전거를 타고 가면 시간을 단축할 수 있을 거 같아 그래도 되냐고 물었더니, 오르막이 가팔라서 힘들 거라고 했지만 난 자전거를 택했다. 어차피 힘든 거 오르막이 심하면 내려올 때라도 쉬울 것으로 생각했다.

시간을 넉넉하게 잡고 오전 9시에 출발했다. 대나무로 얼기설기 엮어 설치한 다리를 지나, 길에서 만나는 아이들에게 사탕을 하나씩 줘가며 여유를 부렸지만, 조금 더 가니 길이 만만치 않았다. 지붕에도 한가득 승객을 태운 버스가 지나가고, 자전거를 타기보다 끌고 가는 시간이 많아졌다.

불불래에 이르러 다리를 건너자 마을 앞에 동네 주민들이 모두 모인 듯 도로를 가득 메우고 있었다.
자전거를 타고 오는 나를 보자, 2명이 새끼줄을 펼쳐서 도로를 가로질러 금줄을 쳤다. 다른 주민들은 금줄 뒤에 있는데 아주머니 2명

게르무 가는 길 —— 315

이 줄 앞에서 덩실덩실 춤을 추었다.

같이 놀자는 것인가?
아님, 가지 말라는 뜻인가?
아무 말이 없으니 궁금했다.
자전거에서 내려 구경을 하고 있으니 춤추던 아주머니 1명이 춤을 추면서 나에게로 왔다. 같이 춤을 출까도 생각해 봤지만, 무거운 배낭에 자전거를 잡고 있으니 그냥 지나가고 싶었다.
내가 금줄 밑으로 지나가려 하자 내 앞길을 막으면서 춤을 추었다.

갈 길이 바쁜데 어떻게 하지?
난감해하며 춤추는 아주머니의 손을 보니 돈을 세는 듯한 동작을 하고 있었다.

아하! 통행세를 내라는 모양이구나!
얼른 배낭에 넣어둔 지갑을 꺼내서 1,000루피를 건네주니 금줄을 치워 주었다.

계속 오르막이라 힘들게 자전거를 끌고 올라가는데 저만치 앞쪽에 집이 몇 채 보였다. 다행히 주민들이 눈에 띄지 않아 마음을 놓았는데, 꼬맹이 둘이 나타나더니 역시 새끼줄로 길을 막았다.

그러면 그렇지!
이번에는 100루피를 주고 지나갔다. 그런데 1km도 가지 않아 애들이 또 나타났다.

 이러다 돈 다 떨어지겠네!
 아무리 축제 기간이라 할지라도 마을을 지날 때마다 돈을 줘서는 안 될 것 같았다. 허리에 찬 가방에 아직 사탕이 남아 있어서 그다음부터는 애들이 나오면 사탕을 1개씩 주며 지나갔다.

 포장이 안 된 도로는 급경사에 흙이 쓸러 내려가서 큰 돌이 많이 드러났고 물웅덩이도 많았다. 자전거는 끌고 가는 것도 힘들었다.
 차라리 걸어올걸!

 가파른 비탈길에 기운이 다 빠져갈 때 평지가 나타났다. 반가운 마음에 자전거에 올라타려는데 오토바이 소리가 났다. 길을 좀 물어보고 싶어서 가까이 오기를 기다렸다.

"나마스떼!"
"나마스떼!"
"게르무 꺼따호?(게르무가 어디예요?)"
"게르무 자누 훈처?(게르무 가는 거요?)"
"호!(그래요)"

 얘기를 더 나눠 보니 그는 모띠의 친구였다. 정말 다행이었다. 초행길에 친구의 친구를 만나다니!
 게르무 들어가는 입구에서 기다리겠다며 먼저 출발하는 것을 보고 나도 자전거를 탔다.

    얼마 달리지 못하고 또 오르막이 나왔다. 자전거를 끌며 계곡 반대쪽을 보니 길이 있는 것처럼 보였다. 불불래를 지나면서 계속 길이 계곡을 중심으로 왼쪽에 있었는데, 지도에서 봤던 트레킹 길은 계곡 오른쪽이었다.
    그렇다면 내가 지금 가고 있는 길이 트레킹 지도에 자세하게 표시되지 않은 찻길인 것 같았다. 지금까지 올라오면서 식당이나 롯지를 하나도 보지 못했고, 트레커도 1명도 보지 못했다.

    머리가 혼란스럽기 시작했다.
    지도에서 확인했던 게르무는 계곡 오른쪽 트레킹 길로 오다가 모르샹디 강을 건너기 직전에 있었는데, 지금 이렇게 계곡 왼쪽 찻길로 계속 간다면 게르무 다리를 어떻게 확인해야 할지 막막했다.

    곰곰이 생각해 보니 문제의 시작은 불불래에서 길을 잘못 들어선 것이었다. 불불래 입구에서 오른쪽으로 꺾어 트레킹 길로 들어섰어야 하는 건데, 그 길에 주민들이 가득 차 있고, 금줄을 쳤던 주민들이 큰 길로 길을 틔워 주는 바람에 찻길로 계속 온 것이었다.

    시간은 이미 5시가 다 되었고 좌우 산이 높은 계곡이다 보니 어둠이 빨리 찾아왔다. 게르무가 얼마나 남았는지 파악도 안 되는데 핸드폰에는 통화 가능 신호도 잡히지 않았다. 주변에 민가도 없고 불빛도 보이지 않았지만 계속 앞으로 갔다.

6시쯤 되자 어둠은 이미 내려앉았고 다행스럽게도 불빛들이 보였다. 우선 식당처럼 보이는 곳에 자전거를 세우고 주인에게 물었다.

"게르무가 어딥니까?"
"바로 저기요!"
강 건너 높은 언덕배기를 가리켰다.
일단 안도감에 한숨 돌리고 어떻게 가느냐고 물었다. 그는 대답 대신 왜 가느냐고 내게 되물었다. 모띠를 만나러 간다고 했더니, 그는 다짜고짜 모띠가 죽었다고 했다.

"뭐 라 구 요 ?"
나도 모르게 신경이 곤두서고 목소리가 커졌다!

"럼중병원에 근무하는 모띠 정 구룽 말이오. 오전에 만나고 오는 길인데 무슨 말씀을 하시는 거요?"
"모띠 머료!(모띠는 죽었소!)"

오전에 만났다고 해도 그는 같은 말만 되풀이했다. 말도 안 되는 소리에 그 사람 말을 믿지 말아야 할 것 같았다.

"게르무 자누 바토 꺼하처?(게르무 가는 길은 어디에 있는 거요?)"
"예하 숫떼고 자누스!(여기서 자고 가시오!)"

게르무로 가는 길을 알려 달라고 했으나, 그는 길은 알려 주지 않고 자기 집에 자고 가라는 말을 했다.

의심은 더 커졌다.
저기 강 건넛마을이 게르무라는 말도 믿을 수 없었다. 그저 자기 집에 하룻밤 손님 받으려는 수작인 것만 같았다.
이미 날은 어두워졌고, 다음 마을까지 얼마가 남았는지도 모르겠고, 지금까지 온 길을 돌아가려 해도 엄두가 나지 않았다. 오는 길에 롯지를 보지 못했기에 더욱 돌아갈 수는 없는 노릇이었다.

길을 알려 달라며 절박한 마음으로 옥신각신하고 있는데, 어두운 골목에서 2명의 남자가 어슬렁거리는 모습이 보였다.

"헉!"
심장이 쪼그라들어 멈춘 게 분명했다.
헝클어진 머리, 둥글납작한 얼굴에 검은 점퍼!

어둠 속 다가오는 앞 남자의 희미한 모습에 숨도 못 쉬고 두어 발짝 뒤로 물러났다.
뒤쪽 남자는 키가 앞사람보다 조금 큰 것만 알 수 있을 뿐 앞 남자에 가려 얼굴도 보이지 않았다.
그들에게 시선을 고정한 채 배낭 옆에 끼워 둔 등산지팡이를 잡으려 했지만 잘 잡히지 않았다.

어릴 적 장난감 칼을 만들었던 기억이 났다. 어두운 밤 혼자 뒷간(집

밖에 멀리 떨어져 있는 화장실) 가는 것이 너무 무서웠었다. 그래서 해바라기 대 속을 파내어 칼집을 만들고, 굵은 싸리나무로 칼을 만들었었다. 그 칼을 차고 나가면, 어두운 밤도 무서움이 덜했었다.

 지금 이 순간도, 등산지팡이라도 손에 쥐고 있으면 조금이나마 안심이 될 것 같은데, 안타깝게도 손에 잡히지 않았다. 배낭을 내려서 지팡이를 꺼내야 할 것 같았다.
 배낭을 내려 지팡이를 빼내느라 앞을 보지 못했다. 순간 누군가 고함을 질렀다.

"데~ㅂ~!"

 '뎁'이라고 한 것 같긴 한데 정확히 듣지는 못했다. 허리를 굽힌 어정쩡한 자세로 고개를 들어 앞을 보려는데 내 이름을 부르는 소리가 들렸다.

"뎁 구릉!"

 자세히 보니 뒤쪽에 있던 키 큰 남자의 얼굴을 알 수 있었다.

"떠빠이?(당신은?)"

 맞다. 그는 오는 길에 잠깐 말을 나눈 모띠의 친구였다.
 안도감에 눈물이 왈칵 쏟아지려 했다.

나와 만난 후 모띠와 통화해서 내 이름을 알게 되었고, 내게도 기다리겠노라고 말을 했지만, 모띠가 같이 가라고 또 부탁한 모양이었다.

1명은 자전거를 끌고, 다른 1명은 내 가방을 메고 집들 사이 골목을 돌아 게르무 다리를 건넜다. 다리를 건너서는 길이 험해 자전거를 어깨에 메고 올라가야 했다.

언덕을 다 오르자 왼쪽에 여행객용 롯지가 있고, 조금 더 지나서는 현지인용 찻집(짐꾼이나 안내원이 차와 한잔 술 마시는 곳)이 있었다. 앞서가던 친구들이 주인에게 인사를 하자 들어오라고 했다. 자리에 앉아 모띠 친구라고 하자 그 주인도 모띠 친척이라며 찌야를 한 잔 내주었다.
찌야를 마시는 사이 모띠가 도착했다.

모띠 부모님은 구멍가게를 운영하고 계셨다. 생라면과 과자, 그리고 야채 몇 가지가 있었다. 물론, 찌야와 끓인 라면, 럭시도 판다.
모띠 친구 둘도 옆 식탁에 앉아 얘기 중인데 저녁이 나왔다. 모띠 어머니가 그 친구들에게 밥 먹을 거냐고 물었으나 둘 다 먹지 않겠다고 했다.
그들에게 다시 한번 권하지 않고 모띠와 내 앞에만 밥과 반찬을 가져다 놓으셨다.

이들에게 끼니는 집에서만 해결하고자 하는 문화가 있는 것일까?
친구들이 자주 들락거리니 올 때마다 챙겨 줄 수 없어서 그럴까?
아니면 가게이다 보니 아들 친구도 돈을 내고 먹어야 하기 때문일까?

친구들을 옆에 두고 둘이서만 식사를 한다는 것이 나에겐 좀 불편한 일이지만 이들은 전혀 괘념치 않는 것 같았다.
반주(고이빠-우리나라 막걸리와 같음, 구룽 족에만 있는 술) 몇 잔과 함께 저녁을 다 먹자 친구들도 각자 자기 집으로 돌아갔다.

모띠 삼촌은 농사도 짓고, 현지인을 위한 롯지(Dipak Guest House, 짐꾼이나 안내원들이 주로 사용하는 숙소)를 운영하고 있어서 잠은 삼촌 롯지에서 잤다.
아침에 일어나서 모띠 숙모가 구워준 식빵을 두 조각 먹고 내려다보니 반바지 차림의 외국인 남, 여 등반객들이 따스한 햇살을 받으며 지나가고, 모띠 친구 같은 젊은이들이 모여 있었다.
우리네 명절처럼 여기도 식구들이 다 모이는 띠할이라 타지에 나갔던 친구들이 다 고향에 온 모양이었다.

옷을 챙겨 입고 나가서 친구들과 마을을 한 바퀴 돌았다.
마을 뒤쪽 논밭을 지나면 왼쪽에는 보건지소가 있고 중간에는 운동장, 그리고 오른쪽에는 학교가 있었다. 운동장에는 젊은이들이 축구를 하고 내 자전거에는 여러 명이 붙어서 서로 타보려고 실랑이를 하는 것 같았다.
산골짜기라 길이 험하다 보니 이 근처에는 자전거를 가진 사람이 없어 타보지도 못했다고 했다. 그러니 호기심 꽤나 있는 젊은이들이 얼마나 타보고 싶을지 짐작이 갔다.
모띠가 다른 삼촌이 또 한 명 있는데 그 집에 가보자고 했다. 다른 할 일이 있는 것도 아니고, 그러마 하고 따라나서니 친구들도 모두 따라왔다.

　옛날 우리 시골에서는 부엌이나 광은 어머니들의 전유 공간일 정도로 남정네들이 들어가기 꺼리는 곳이었다. 특히 외부 손님은 사랑방이나 툇마루에서 맞이하지 부엌은 절대 들어가지 않는 곳이었는데, 여기는 가는 집마다 부엌에서 손님을 맞이하고 그것도 주로 남자들이 손님을 접대했다. 접대라고 해야 별거 없다. 그저 럭시 한 잔 나누는 정도지만, 맨바닥에 주저앉는 아늑한 분위기가 술맛보다 좋았다.

　군복 바지를 입은 이 삼촌도 나를 부엌에서 맞았다. 둘이 쪼그리고 앉아 럭시 한 잔 마시고 나오자 기다리던 친구 중 1명이 언덕 위에 있는 자기 집에 가자고 했다.
　모띠가 그러자며 앞장섰다. 가파른 언덕을 오르다 보니 이내 숨이 차서 뒤돌아 앉아 쉬었다. 계곡 반대쪽 폭포에서는 세찬 물줄기가 물보라를 일으키며 낙하하는 모습이 장관이었다.
　병풍처럼 마을을 감싸고 있는 뒷산에 올라서 내려다보니, 주변 농토와 함께 게르무 집들이 한눈에 들어왔다. 마을 주변 일부 논은 이미 벼를 베었고 나머지 논들은 아직 황금 들판이었다. 그 앞에는 모르샹디 강이 흐르고 있으니 흔히 말하는 임산배수가 잘 어우러진 풍수 좋은 마을이다.

　한 친구 집에 이르니 역시 부엌으로 안내했다. 부뚜막을 황토로 매끈하게 발라 놓았고 바닥에는 깔개를 깔아 놓았다.
　이 집도 럭시 딱 한 잔만 나오고 안주는 나오지 않았다.

다음 친구 집은 럭시 한잔과 체리로 담은 듯한 어짜르(절인 반찬)가 나왔다.

"액덤 어밀로 버요!(엄청 시어!)"

체리 비슷한 과일이겠거니 하고 입에 넣고 깨물었는데, 쓴맛에 가까운 신맛이었다. 매실보다 조금 작은 산에서 야생으로 자란 열매로 만든 것인데 이 과일의 이름 자체가 어밀로(신맛)라고 했다. 단맛이 좀 나기도 하지만 그것을 절여 놓은 것이니 얼마나 시었겠는가?
친구들은 빤히 쳐다보고 있다가 내 입이 걱정되는지 연신 괜찮냐고 물었다.

저녁때가 되어 마을로 내려오니 젊은 처자들은 염료를 구해다가 자기 집 앞에 예쁜 문양을 만들고 있었다. 명절이라 집 앞을 멋있게 꾸미려는 모양이었다.
저녁을 먹고 모띠를 따라 밖으로 나가자 남녀노소 할 것 없이 모두 한곳에 모였다.
처음에는 각자 기타치고, 북치고, 노래할 사람 노래하며, 때로는 삼삼오오 춤을 추더니 시간이 지날수록 모두 한데 어우러져 다 같이 춤을 추었다.
이방인이지만 외톨이가 되고 싶지는 않았다. 친구에게 카메라를 맡기고 같이 어우러져 춤을 추었다. 시간 가는 줄 모르고 춤을 추고 있는데 쟁반 하나가 이 사람 저 사람을 옮겨 다녔다. 뭔지 궁금하던 차에 들고 춤을 추던 할머니가 나에게 내밀었다.

내려다보니 쟁반 바닥에는 찌우라가 깔려 있고 그 위에 지폐가 몇 장 놓여 있었다. 찌우라는 찐 쌀을 납작하게 눌러서 말려 놓은 것이다. 어찌 보면 누룽지와 비슷한데, 누룽지처럼 눋지 않았고, 덩어리로 된 것이 아니라 낱개로 눌러 말려서 가게에서 쌀처럼 파는 것이다.

나도 1,000루피 올려서 다른 주민에게 넘겨 주었다.

내가 젊어진 걸까?

낯선 땅에 와서 스물한두 살 청년들과 마을 구석구석을 휘젓고 다니고, 처음 보는 주민들과 어울려 춤을 추다니!

이들과 하나가 되었다는 생각에 기분은 좋았다.

◎ 게르무 가는 버스(지붕에까지 올라탄 승객들)

◎ 스무 살 모띠 친구들과 한패가 되어

◎ 전 주민이 늦게까지 축제

◎ 주민들과 함께

◎ 축제 전 대문 앞 꽃장식

게르무 가는 길

어떤 장례식

　　새벽녘에 잠시 바깥이 부산스러웠으나 일어나지 못하고 늦잠을 잤다. 부엌에 가니 모띠 숙모는 안 보이고 삼촌이 아침을 먹겠냐고 물었다.
　토스트를 먹으며 생각해 보니 길거리가 한산하고 조용한 느낌이었다. 이 시간이면 길에 애들도 뛰어놀고, 모띠도 한 번쯤 왔을 만한데, 오지 않았었고, 숙모는 어디 가고 삼촌만 있는 것도 이상했다.
　물어볼까 말까 망설이고 있는데 삼촌이 먼저 말을 꺼냈다.

"만체 머료!(사람이 죽었습니다!)"

　무슨 말을 해야 할지 몰랐다.
　토스트 두 조각을 더 먹고 초상집에 나도 가도 되냐고 물으니 가도 된다면서 길을 알려 주었다.

초상집은 조용했다. 방에는 일가친척들이 모여 있지만 비통한 모습으로 앉아서 한숨만 쉬고 계셨다.
방으로 들어가려 하자 모띠가 나를 보고는 밖으로 나왔다.

"어떻게 된 거야?"
"새벽에 연락받고 왔는데…."
"돌아가셨다면서?"
"가족들에게 아직 그 말을 안 했어!"
"말을 안 하다니?"
"다들 목숨이 끊어진 건 알지만…. 그냥 바로 얘기하면 가족들이 서운해할 수 있어서…."

가족들은 혹시라도, 깨어나기를 바라고 있는데 바로 죽었다는 말을 할 수 없다는 것이었다.

"그럼, 어떻게 하려고?"
"2시간쯤 더 있다가 얘기해야지!"

모띠는 나이가 많지는 않아도, 병원에서 일하고 있으니 주민들의 신망이 큰 것 같았다. 모띠가 죽었다는 말을 해야 가족이나 주민들도 받아들이는 모양인데, 가족들을 생각해서 바로 사망 선고를 하지 않고 마음속으로 받아들일 충분한 시간을 줄 의도인 것 같았다.
내가 거기 있으면 불편할 것 같아서 밖으로 나왔다.

점심시간이 지나자, 곡소리도 들리고, 빈 논에 천막을 치는 모습이 장례준비가 시작된 모양이었다.
　초상집에 오자 곡소리와 함께 불경 소리도 들렸다. 방안을 보니 법복을 입은 스님 두 분이 북과 종을 치며 불경을 외우고 계셨고 가족들은 옆에서 울고 계셨다.
　옆방은 주민들이 연신 드나들고 중간에 앉은 남자가 지폐를 들고 무슨 주문을 외듯이 중얼거렸다. 눈치로 보니 조의금을 받는 것 같아서 나도 1,000루피를 내밀었다. 옆에 있던 사람이 받더니 누구냐고 물었다. 모띠의 친구라고 말하자 종이에 뭐라고 적어서 앞 탁자에 올려 놓았다.

　"코리아바터 아에꼬 모띠꼬 사띠 엑허자르!"
　"코리아바터 아에꼬 모띠꼬 사띠 엑허자르!"
　(한국에서 온 모띠의 친구가 1,000루피!)

　1,000루피 한 장을 허공에 높이 들고 흔들면서 외치는 것이 꼭 하늘에 알리려는 듯한 모습이었다. 다른 말은 잘 안 들렸는데, 여러 번 외치는 이 말만은 잘 들렸다. 보아하니 나뿐만 아니라 조의금 낸 사람들의 이름을 일일이 크게 외쳐 주고 있었다.

　어둠이 내리자 논바닥 천막 옆에 모닥불을 피웠다. 시간이 지날수록 점점 많은 사람이 모이더니 모닥불을 돌며 조용한 춤을 추었다. 어젯밤처럼 시끌벅적한 춤이 아니었다. 몇 바퀴 돌다 지치면 천막 아래 쉬기도 하면서 춤사위는 계속 이어졌다. 나도 같이 몇 바퀴를 돌았지만, 이들처럼 밤을 지새울 이유도 힘도 없어 자정을 넘기고는 숙소로 돌아왔다.

다음 날 아침이 되자 상여가 꾸려졌다.

맨 앞에는 대나무 장대에 흰 깃발을 매달고 가고, 그 뒷사람은 보따리에서 벼와 찌우라, 동전을 길 중간중간에 계속 놓으면서 갔다. 그 뒤를 노란색 황색 천으로 장식한 상여를 8명의 장정이 어깨에 메고 가고, 가족, 친지와 동네 주민들이 그 뒤를 이었다.

아직 벼를 베지 않은 황금색 들판 사이 좁은 논둑길을 지나 비탈이 심한 산으로 갔다. 공간이 좁으니 몇몇 사람만 땅을 파고 나머지는 주변에 뿔뿔이 흩어져서 가만히 지켜보고만 있었다.

산에 흙보다 돌이 많아 그런지, 우리처럼 흙으로 동그랗게 봉분을 만들지 않고 돌을 사각으로 쌓아 어른 허리 높이에서 마무리했다.

모띠가 내려가자는 눈짓을 해서 따라 내려가는데, 논바닥에 가마솥 2개가 걸려 있고 그 옆에 모띠의 부친이 계셨다.

모띠와 내가 내려오는 걸 보시더니 커다란 나뭇잎에 볶은 염소고기를 몇 점 놓고 그 위에 밧을 한 주걱 올려서 나에게 주었다. 밧은 먹고 싶지 않아 받은 것을 모띠에게 주고 난 고기만 달라고 했다.

우~, 이 짠 걸 어떻게 먹지?

야채는 하나도 없이 고기만 볶았는데, 야채 대신 소금만 넣었는지 너무 짜서 입안이 절여질 것만 같았다. 이렇게 짠 줄 알았으면 밧도 받아 오는 건데, 그냥 온 것이 후회되었다.

다음 날 아침을 먹고 짐을 다 챙겨서 내려오자 모띠 부친이 안전한 여행을 기원하며 내 목에 붉은 목도리를 걸어 주셨다. 과분한 배웅에 얼굴이 붉어졌지만, 다음에 또 뵙겠노라고 인사를 했다.

친구들이 자전거를 어깨에 메고 강 건너까지 따라왔다.
도착하던 날 모띠가 죽었다고 하던 가게 앞에서 친구들과 작별인사를 하고 자전거를 건네받았다.

이를 어쩐다?
자전거를 보니 자전거가 멀쩡하지 않았다. 앞 브레이크는 핸들에 달린 손잡이가 파손되었고, 뒤 브레이크는 본체와 바퀴를 잡아 주는 부분이 파손되어 있었다.
이래서 이 친구들이 어제부터 자전거 달라고 했는데 가져오지 않았나 보다.

당장 이 산골에서 고칠 수도 없고, 버리고 간들 누가 고쳐서 탈 사람도 없을 것 같고, 고생을 얼마나 하더라도 일단 끌고 가야 할 것 같았다.
내려갈 때는 신나게 내려갈 줄 알고, 고생스럽게 끌고 올라왔더니만, 다 망했다. 올 때보다 더 고생하게 생겼다.

◎ 마을 뒷산에서 바라본 게르무 들판과 폭포

◎ 밤 늦게까지 불피우고 강강수월래 같은 춤을 추었다

어떤 장례식

◎ 장례행렬

◎ 돌로 봉분 쌓기

◎ 게르무 환송, 모띠와 그의 아버지

럼중 덜발과 채티
(Lamjung Durbar, Chaite)

     16세기에 지어진 럼중 덜발은 네팔 샤 왕조의 최초 궁전으로 알려졌으며 2007년 국유화되었다. 건물이 수십 동에 이르는 카트만두 덜발이나 박타푸르 덜발에 비하면 산 중턱에 한 동으로 된 럼중 덜발은 초라하기 짝이 없다. 그래도 럼중 지역 왕궁으로 인정받은 역사 깊은 곳이고 지역 주민들도 신성하게 여긴다.

     작은 더사인으로 불리는 채티(Chaite Dashain, 또는 Small Dashain)는 네팔식 달력으로 한 해의 마지막 축제일이다. 한 해를 잘 보낸 것에 감사하고 다가올 새해 복을 비는 것인지 산 동물을 제물로 바친다.

     모띠가 이틀 연휴인데 뭘 할 것인지 물었다. 글쎄 뭘 할까 되묻자 럼중 덜발에 가보라고 했다.

"덜발은 왕궁 말하는 거 아냐?"
"맞아!"
"럼중에 덜발이 있다고?"
"그래! 있어!"
"그래? 근데 왜 여태 몰랐지?"
"저기 올라가면 중간쯤에 있어! 내일 가봐!"

모띠가 내가 사는 집 뒤쪽을 가리키며 말했다.

"어떻게 찾아가지?"
"내일 아침에 사람들 많이 갈 거야! 그냥 따라가면 돼!"

아침에 일어나서 작은 플라스틱병에 키운 마늘 싹을 잘라서 넣고 김치찌개를 끓였다. 밥을 먹고 창문으로 내려다보니 다리를 건너는 사람들이 보였다.
서둘러 배낭을 챙겨 밖으로 나가자, 다리를 건너려고 가족들끼리 줄을 서서 기다리고 있었다.
다리를 건너자마자 카메라를 꺼내 들고 사진을 찍으면서 걸음을 빠르게 옮겼다. 많은 사람을 보기 위해서는 발품을 파는 것이 최고다.

산 입구에서부터 장사꾼이 늘어놓은 사탕과 과자, 아이스크림이 꼬맹이들을 유혹하고, 어떤 아주머니는 오이와 수박도 잘라 놓았고 망고주스 팩도 책상 위에 올려놓고 팔고 있었다.
어린아이들은 시뻘건 아이스크림을 녹기 전에 먹으려고 쉴새 없이 빨아 대고, 잎은 다 말라 죽었는지 가지만 앙상한 나무 주변에는 80여 명의 사람이 각자 편한 자세로 잠시 쉬는 중이었다.

하얀 털이 북슬북슬한 염소 등에 붉은 염료로 뿌자를 했고 검은 염소도 역시 마찬가지다. 산 닭 다리를 묶어서 가슴에 안은 아주머니도 이마에 뿌자를 했고 뒤따르는 세 딸내미는 쌀까지 버무려서 이마에 붙이고 있었다.
또 다른 아주머니는 포대에 구멍을 내서 닭 머리만 내놓고 들고 가다가 힘이 들어서 그런지 길바닥에 앉아서 거친 숨을 내쉬고 있다.
사람이나 짐승이나 축복을 비는 뿌자는 모두 빨간색이었다.

돈이 좀 있는 집안은 악사를 고용한 것일까?
쿵작대는 풍악 소리를 따라잡으니, 젊은 청년 둘이 염소를 한 마리씩 앞세웠고 뒤에는 전통 악대가 연신 나팔을 불며 따라갔다.

드디어 낡고 높은, 예사롭지 않은 건물이 보였다. 가파른 언덕 위에 있어서 바로 올라갈 수는 없고 옆으로 돌아서 올라가야 했다.
입구 잔디밭에서부터 야바위꾼들과 각종 노점상이 난장을 이룬 가운데 수천 명은 될 듯한 군중이 운집해 있었다.

널빤지 위에 맥주병 12개를 세워 놓고 고리를 던져서 거는 게임도 있고, 회전판 돌리기 게임도 있었다.
이런 축제에는 먹거리가 빠질 수 없다. 마개도 없는 빈 음료수병에 오렌지 분말 주스를 담아 팔고, 빠니뿌리며 튀김 등 각종 간식도 즐비했다.

궁궐은 3층 직사각형 단독건물이지만 층 사이의 높이는 낮아 보였다. 그 앞마당은 사각형으로 낮은 바닥을 반듯반듯한 돌로 깔아 놓았고 그 주변을 역시 돌로 다섯 계단 또는 여섯 계단을 만들어 놓았다.

계단에는 이미 관중들로 꽉 차 있어서 비집고 들어갈 틈조차 없었다. 계단 아래 바닥에는 여러 제물로 바쳐질 동물들이 주인과 함께 순서를 기다리고 있다.

건물 쪽 중앙에는 돌비석 하나 박혀 있고 그 주변에 멋진 문양을 흰색 가루로 만들어 놓았다. 바로 그 옆에서는 이미 의식이 한창 진행 중이었다.

어떤 이는 자신이 데리고 온 짐승이 제물로 바쳐질 자리에 흰 가루로 원을 그렸고, 또 다른 사람은 그 원 안에 별을 그려 놓고 순서를 기다렸다.

앞쪽 의식이 끝나자 스님인 듯한 분이 다음 제물을 찾아가 축수를 하고 나면 뒤따르던 3~4명 장정이 비명소리 하나 울리지 않게 조용히 제물의 명을 거두어 갔다.

행사가 끝나자 군중들은 서서히 빠져나가고 있지만, 노점상들은 손님 하나라도 더 잡아 보려고 애를 쓰고 있었다.

시간이 많이 소요될 줄 몰라 먹을 것을 준비해 오지 않았고, 끼니때가 지났으니 배도 고팠다. 튀김도 맛나 보이고 빠니뿌리가 나를 유혹하고 있지만, 그냥 참고 내려왔다.

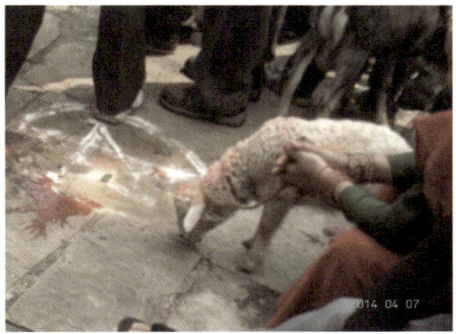
◎ 순서를 기다리는 염소

◎ 고리 걸기 게임

◎ 구름 같은 인파

◎ 다양한 먹거리(1)

◎ 다양한 먹거리(2)

◎ 다양한 먹거리(3)

럼중 덜발과 채티(Lamjung Durbar, Chaite)

◎ 럼중 덜발

◎ 발 디딜 틈 없는 관중석

◎ 제물을 바치기 전 의식

◎ 뉘 집인지 악대를 동원하고

가이자트라(Gaijatra) 축제

신문을 빠지지 않고 보려고 노력 중인데, 제날짜의 신문은 보기 어려웠다. 신문을 파는 집이 시에라 촉 아래 한 곳밖에 없는데 카트만두에서 와야 하니 언제 도착할지 알 수가 없었다. 좀 일찍 가면 도착을 안 했고, 좀 늦으면 다 팔리고 없는 경우가 많았다.

가게 한쪽에 날짜 지난 것들을 한 보따리 쌓아 놓아서 자주 거기서 신문 아닌 3~4일 지난 '구문'을 골라 사기도 했다. 재미있는 것은 신문이나 구문이나 값이 같았다. 휴가를 며칠 다녀 왔을 때는 그나마 구문이라도 볼 수 있는 게 다행이었다.

신문 가게 사장은 단호한 성격이었다.
1개월 치 돈을 미리 주겠다고 해도 거절하고, 며칠 지나도 꼭 살 테니 1부씩 보관해 달라고 부탁을 해도 그럴 마음이 전혀 없다고 했다.
정말이지 신문과 '더히(요거트)'는 매일 배달을 시키고 싶었다. 어느 가게를 가나 그렇게 바쁜 것 같지 않은데, 주변에 노는 애들도 많지만, 이들에게 배달에 대한 개념이 없는 것이 아쉬웠다.

'더히' 얘기가 나왔으니 말인데, '더히'하면 보통 '박타푸르 더히'가 최고인 것으로 알고 있다. 수도에 가까이 있다 보니 그만큼 애용하는 사람이 많기 때문일 것이다. 세숫대야처럼 생긴 큰 그릇에서 발효시켜 그대로 판매를 한다. 단단하고 기름진 맛까지는 좋으나, 그릇이 너무 크고 육안상 입맛이 당지기 않았다. 뭔지 모를 냄새가 나는 것 같기도 했다.

그러나 럼중 더히는 삼각뿔 모양의 플라스틱 봉지에 담아서 파는데, 하얗고 위생적으로 보여 안심도 되고, 실제 먹어 보면 새콤달콤 깔끔하고, 뒷맛도 개운하면서 감칠맛이 났다.

가게 주인 이야기로는, 자기가 파는 더히는 양젖이 아닌 집에서 풀 먹여 키운 염소젖으로 만들었기 때문에 더 맛이 있다고 했다.

한여름 무더위에도 냉장고에 넣어 둔 더히 한 사발이면 온몸이 시원해졌다.

어라? 무슨 축제라도 하나?

일요일이라 아침을 먹고 신문을 사려고 시에라 촉에 나갔더니 먼딜 근처에 사람이 모여 있는 것이 보였다.

오늘 축제가 있는지는 몰랐지만, 만약 축제가 있다면 놓칠 수야 없지. 서둘러 신문을 식탁에 올려놓고 카메라를 챙겨서 시내 중심가로 갔다.

병원으로 갈라지는 삼거리에 이르자, 가게 앞 긴 의자에 앉아 있는

3명의 어린이가 먼저 눈에 띄었다. 각기 다른 화려한 의상을 입고, 둘은 긴 목걸이를 했고 1명은 여러 줄로 장식된 짧은 목걸이를 했다. 치렁치렁한 파마머리는 가발을 쓴 것 같은데 밝은 스카프로 묶어 놓았다. 미간에 붉은 띠까를 동그랗게 발랐고 눈을 크게 보이려고 하는지 진한 눈썹화장이 시선을 붙잡았다. 귀에는 커다란 패션 귀걸이를 하고 입술도 빨갛게 바른 것이 마치, 네팔의 살아 있는 신으로 추앙받는 꾸마리 같았다.

　도로 가득 운집한 군중 사이에 흰 도포를 입은 사람이 눈에 띄었다. 키가 어찌나 큰지, 다른 네팔인들은 어깨에 이를 정도였고 얼굴 전체도 하얀 천으로 감싸서 눈, 코, 입, 수염을 그리고, 눈동자 부분만 구멍을 내놓았다. 도포는 흰 포대를 찢어서 만들었고, 보따리를 싸서 배에 동여맸다. 게다가 왼손에는 사람 키의 세 배쯤 되는 생나무를 베어다 지팡이처럼 짚고 있어서 마치 무협지에 나올 법한 도인의 모습이었다.

　그 뒤로 키가 자그마한 두 남정네가 역시 흰 포대를 구멍 내서 짧은 원피스처럼 입고 허리에는 들풀로 싸맸다. 녹색과 빨간색 고깔모자를 하나씩 눌러쓰고 큼지막한 검은 마스크를 하고 있어서 눈만 겨우 보였다. 어깨 위 멍에에 줄을 달아 페인트통 2개를 매달고 종종걸음을 치니 소리가 요란한데 그 뒤에 따르는 사람이 깡통에 연결된 줄을 들었다 놓았다 하니까 더 큰 소리가 났다. 그 뒤로 조무래기 몇 명이 가면을 쓴 채 신나게 쫓아갔다.

또 다른 사람은 푸른 두건으로 얼굴 전체를 가렸고, 흰색 저고리에 여러 가지 화려한 천으로 치마처럼 장식했고 허리에는 커다란 나뭇잎을 꼽은 채 부서진 양산을 받쳐 들고 있었다.

그뿐만이 아니었다. 어떤 사람은 말의 앞부분 형상을 만들어 자신의 배에 걸었고, 엉덩이에는 말 엉덩이 모양을 달아서 마치 말을 타고 가는 듯한 분위기를 연출하고 있었다.

이제 축제가 시작될 모양이다. 전통음악 연주 소리가 들리고 황색, 붉은색의 화려한 전통의상을 입은 아주머니들이 황색, 녹색 깃발을 하나씩 든 채 군중들 사이를 지나 어느 건물로 들어갔다. 그중에 1명은 코브라 형상의 대형 우산만 한 조형물을 머리에 이고 있었다.

그 뒤로, 흰 바지에 흰 상의 그 위에 검은 재킷을 입고, 반원형으로 구부러진 사람 키만 한 전통 나팔을 앞세운 악단이 풍악을 울리며 들어와서 한쪽에 섰다.

그 뒤로 수십 명의 춤꾼이 일렬로 행진하며 춤을 췄다. 춤은 마치 모내기를 하듯 양손에 파란 풀을 한 줌씩 들고 좌측으로 허리 굽혀 모 심는 시늉을 하고, 우측으로 허리 굽혀 모 심는 시늉을 반복하며 장단에 맞췄다. 자세히 보니 춤꾼 중에는 처음에 봤던 어린 여아 3명도 껴 있었다.

보슬비가 내리는 우중충한 날씨지만, 몇 명만 우산을 들고 있고 다른 분들은 비를 맞아가면서도 아주 흥겨워하고 있는 것을 보면 축제를 즐길 줄 아는 민족임이 분명했다.

어린 시절 우리 마을에도 '희추'라는 것이 있었다. 매년 봄이면 농사일 시작하기 전에 200근짜리 돼지 잡고 막걸리 여러 말 받아서 천택산 중턱 용초라는 작은 폭포 옆에 모여 고사머리 차려 놓고 풍년제도 지내고 아침부터 저녁까지 주민들이 농악대 구성하여 풍악을 울렸었다.

매장 문화며, 술 담는 문화(막걸리)뿐만 아니라 심지어 얼굴 모습까지 이 마을에 사는 구룽족은 한민족과 비슷한 면이 많았다.

◎ 살아 있는 신으로 추앙받는 '꾸마리'를 닮은 아이들

◎ 축제 장면(1)

◎ 축제 장면(2)

가이자트라(Gaijatra) 축제

◎ 축제 장면(3)

◎ 축제 장면(4)

◎ 축제 장면(5)

◎ 축제 장면(6)

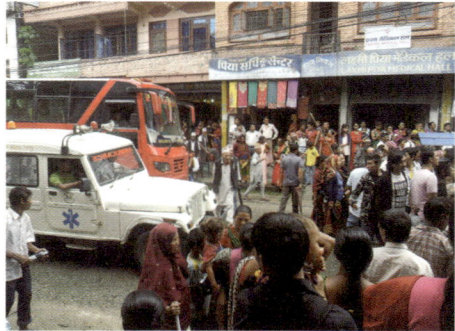
◎ 축제 장면(7)

라케 나취

　　　　　　퇴근길에 큰길에 나가보니 먼딜 근처에 낯선 차림의 사람이 몇 명 있었다. 장구처럼 큰 북을 멘 사람도 있고 하얀 티셔츠를 입은 것이 학생들인 것 같은데 한 줄로 서서 먼딜을 돌고 있었다.

　오늘 저녁에 무슨 일이 벌어지나보다 생각하고 자전거를 돌려 집을 향해 페달을 세게 밟았다. 감자와 호박 등 야채를 좀 사서 반찬을 만들려고 했었는데 포기했다. 마른미역을 한 줌 뜯어서 바가지에 담가 놓고 서둘러 먼딜 쪽으로 갔다.

　이미 날은 어두워지고 사람들도 많이 모여 있지만 북 치는 소리는 아직 들리지는 않았다.
　아직 시작하지 않은 것 같아 다행이었다. 조금 더 기다리니, 학생처럼 보이는 젊은이들이 어깨에 멘 북을 치며 공연을 시작했다. 몇몇 가게에 불이 켜져 있기는 하지만 인파에 가려 공연하는 장소까지는 닿지 않았다.

베뜨니 마을에 갔을 때 어린이들이 칠흑 같은 어둠 속에서 '레섬삐리리'를 연주했듯이 이들도 둥그렇게 모여 서서 어깨를 들썩이며 춤과 함께 북 장단을 맞췄다.

교육원에서 난타할 때는 같은 종류의 북과 북채를 사용했기에 소리가 단순한 편이었는데, 여기의 북은 크기도 다양하고 북채도 가지각색이라 소리도 다양하게 났다. 또한, 우리 난타는 주로 북을 세워 두고 서서 공연을 하지만, 여기는 장구처럼 어깨에 메고 두리둥실 춤을 춰가며 공연을 했다.

'불타는 악마'라는 뜻인 라케는 네와리 족의 전통춤으로 축제를 의미하기도 한다. 네와리 족이 많이 사는 카트만두에서는 다양한 악마 분장으로 공연이 화려하다지만, 여기 럼중에서는 네와리 족이 많지 않아 그런지 소박하게 북을 치며 춤을 추었다.

◎ 베시사허르 중심가 먼딜에 공연 전 축원하는 모습   ◎ 어둠 속 공연

신나는 놀이동산 - 럼중 머허섭

    출근길, 집을 나서는데 앞집 현관 앞 뜨락에 커다란 화병 2개에 빨간 꽃을 꽂아 놓았다. 처음 보는 꽃장식이라 뭔 일이 있는지 궁금했다. 하지만 주인을 불러 물어볼 수도 없고 그냥 자전거를 타고 가는데, 모르샹디 강 근처 넓은 공터로 가는 길에 다양한 색종이를 삼각형으로 잘라 줄로 이어서 터널처럼 걸어 놓은 것이 보였다.
  검사실에 도착하여 모띠에게 물어보니 럼중 머허섭이 내일부터 시작된다며, 내일 퇴근길에 가자고 했다.
  그냥 축제거니 하면서도 저렇게 크게 깃발을 달아 놓은 것을 보면 뭔가 좀 다를 것이라고 예상했다.

  다음 날 퇴근 때가 되자 모띠 친구들도 와서 같이 인사를 하고 머허섭을 보러 갔다. 행사장 가는 길에 옆에는 유채꽃이 노랗게 폈고, 길에는 귤, 땅콩, 풍선을 파는 노점상들이 있었다.

입구에서부터는 천막으로 부스를 수십 개 만들어 온갖 물건을 전시해 놓았다. 마치 박물관이라도 차린 것처럼 쟁기, 써레, 멍에, 전통 직조기와 뭔지 알 수도 없는 오만 생활용품들이 다 있었다.

전시 부스를 지나자 의류와 직물, 각종 액세서리를 파는 부스가 좌우로 수십 개가 이어졌다.

양쪽 부스 사이로 난 통로를 다 지나자 중앙에 빈 광장을 중심으로 주변에는 먹거리를 파는 임시 가게들이 차려져 있었다.

닭 다리와 날개를 쫙 펴서 발갛게 튀김을 만들었고 그 위에 무와 당근을 꽃잎처럼 모양을 내어 꽂아 놓고 손님을 기다리고 있었다. 그 옆에는 주먹만 한 야채 튀김을 커다란 오븐 한가득 전시하듯 늘어놓았고, 깍둑 썰어 튀긴 감자를 꼬치에 끼워 세워 놓았다.

또 한쪽에는 쌀 도넛 로띠를 펄펄 끓는 기름에 튀기면서 소쿠리에 호일을 깔고 보기 좋게 세워 놓았다. 그 외에도 양갱, 롤빵, 약밥처럼 생긴 제품도 있었다.

모띠에게 뭐 좀 먹자고 했더니 아직 먹을 때가 아니라며 먹거리 광장 너머로 가자고 했다. 부스에 가려 아무것도 보이지 않았었는데, 한쪽 부스 사이를 통해 밖으로 나가자 놀라운 광경이 펼쳐져 있었다.

어떻게 이럴 수가 있지?

정말 신기한 노릇이고 참 재미있는 네팔이고 대단한 네팔사람들이라는 생각이 들었다.

아니, 며칠 사이에 롯데월드를 여기로 옮겼나?

물론 규모야 턱도 없긴 하지만, 내 눈앞에는 청룡열차도 있고, 여러 회전 자동차며 사람을 태우고 빙빙 도는 커다란 바퀴 모양의 탈것도 있었다.

이 난리 북새통에도 개 한 마리는 논바닥에 널브러져 있고 애들은 신이 났다.

공연도 준비가 되었는지 사람 키보다 높게 무대를 설치해 놓았고 사람들도 모이기 시작했고, 열댓 명의 악단이 각자 악기를 들고 들어오는 것을 보며 우리는 저녁 먹으러 먹거리촌으로 갔다.

모띠 숙모가 시내에서 식당을 하는데 머허섭 기간에는 여기서 장사를 한다고 하여 그 집을 찾아갔다. 누들을 한 접시씩 먹었으나 양이 차지 않아, 닭튀김을 4개 사서 하나씩 뜯으며 밖으로 향했다.

다른 사람들은 집에서 저녁을 먹고 지금 오는 중인지 빽빽하게 밀고 들어오는 사람들 때문에 한 걸음 앞으로 옮기기도 힘들었다.

힘들게 행사장을 빠져나오자, 밖에 대기하는 사람들이 50여 미터 넘게 줄을 서 있었다.

어릴 적 내 고향 화령에도 이동서커스, 이동영화관이 몇 번 왔었다. 겨울이면, 장터 외곽 빈 들판에 집채보다 몇 배나 큰 천막을 쳐놓고 저녁에는 공연하고 낮에는 마을마다 찾아다니며 사물놀이를 해가며 확성기로 홍보를 하곤 했었다.

나는 너무 어려서 한 번도 못 가봤지만, 몇 살 많은 형들은 그들이 올 때마다 기를 쓰고 가려 했었다.

이 럼중 머허섭도 정기적으로 오는 것은 아니라고 했다. 바쁜 농번기가 끝나고 일이 별로 없는 겨울에만 어쩌다 온다고 했다.
어쨌거나 이 지역에서는 이 머허섭이 어린이들에게는 가장 신나는 놀이동산이고 어른들에게도 잊지 못할 축제가 될 것 같았다.

◎ 다양한 놀이기구(1)

◎ 다양한 놀이기구(2)

◎ 다양한 놀이기구(3)

◎ 다양한 놀이기구(4)

◎ 먹음직스런 닭튀김

◎ 밀려들어 오는 인파

◎ 부스에 진열된 물건들(1)

◎ 부스에 진열된 물건들(2)

◎ 부스에 진열된 물건들(3)

◎ 부스에 진열된 물건들(4)

◎ 부스에 진열된 물건들(5)

◎ 부스에 진열된 물건들(6)

◎ 부스에 진열된 물건들(7)

◎ 부스에 진열된 물건들(8)

◎ 야채 튀김

◎ 약밥, 양갱 비슷한 먹거리

◎ 전통빵 로띠

◎ 기타 먹거리

9장

풀코아카마

Phool Ko
Aankhama

위수지역 이탈

　　봉사활동 1년이 지나자 현지를 떠날 수 있는 3주간의 해외여행 자격이 주어졌다. 이런 기회에 본국으로 들어가는 단원이 많지만 나는 터키 여행을 하고 싶었다. 가족과 함께 영국으로 가서 루케 집을 방문하고 8~9일 머물다가 나머지 12일 정도는 터키 곳곳을 다닐 작정이었다.

　집사람과 큰아들 것까지 영국으로 가는 항공권을 예매해 놓고 가족이 네팔로 들어오기를 기다렸다.

　그동안에는 한국 음식에 대한 동경을 한 적이 없었다. 그런데, 가족이 온다고 해서 그런지 자반 고등어 생각이 났다. 프라이팬에 식용유 두르고 하얀 뱃살 노릇노릇하게 구워 놓은 고등어가 먹고 싶어 가족 단톡방에 주문을 넣었다.

'필요한 물건: 디지털카메라와 자반 고등어 세 마리'

자반 고등어는 나만 먹고 싶은 게 아니었는지, 단원들에게 소문이 나자 다른 단원들도 내게 주문을 했다.

자반 고등어 두 마리 추가, 두 마리 또 추가, 세 마리 추가.

그런데, 도착 예정일 며칠을 남겨 두고 문제가 생겼다.
네팔 반정부주의자(마오이스트)들이 1월 17일과 19일을 전국적인 '번다(데모, 시위)'로 선언한 것이었다.
가족들은 19일 밤 11시 도착 예정인데, 만두(가족들이 부르는 카트만두)에 발이 묶이게 생겼다.

코이카 네팔 사무소는 번다 일정이 잡히면 하루 전부터 다음 날까지 단원 이동을 금지하고 있었다. 그러니 16일부터 20일까지는 내가 만두에 갈 수 없는 형편이 되어 버렸다. 게다가 19일 번다가 끝난다는 것을 장담할 수 없다고 했다. 헌법 제정문제로 갈등이 심각하여 19일 상황 봐서 자신들의 조건이 관철되지 않으면 며칠간 연장될 수도 있다는 것이었다.

번다가 선언되면 당일은 택시며 대중교통도 운행하지 않고 관공서며 가게들도 모두 문을 닫아 버린다. 과거 번다 기간에 운행하던 버스에 폭탄 던지고, 문을 열었던 가게에도 폭탄을 던졌던 일이 있었기 때문이라고 했다.

가족들은 어렵게 휴가 날을 맞춘 것이라 오지 말라고 하기도 어려웠다.

우선 카트만두에 근무하는 동기에게 공항 픽업해서 자기 집에서 재우고 번다 해제되면 렌터카 빌려서 럼중으로 보내 달라고 부탁을 했다. 다행히 동기가 사는 주인집에는 차가 있어서 공항에 다녀오는 것은 그 차를 이용하면 가능하기 때문이었다.

날짜가 다가올수록 마음은 점점 초조해지고, 고등어를 나눠 주겠다고 했던 약속은 모두 취소하였다. 이런 번다 상황에서 밖에 나다닐 수가 없으니 전해 줄 방법이 없었기 때문이다.

병원에서 마주치는 직원들이 모두 걱정을 해주고 위도로 해주었다. 그게 뭐 큰 위안이 되지는 않지만 그래도 고마웠다.

19일 아침, 병원에 출근하자 병원장이 대뜸 당장 카트만두로 올라가는 것이 어떠냐고 물었다.

왜 그러는지 이유를 묻자 번다가 내일로 미루어졌다고 했다. 오늘은 번다가 아니니 대중교통도 이용할 수 있고, 이동해도 된다는 말이었다. 내일 이후 상황이 어떻게 될지 모르니 오늘 가서 가족들과 같이 내려오는 것이 안전하다고 했다.

그 말에는 나도 동감을 하지만 문제는 사무소에서 허락해 주느냐가 문제였다.

"그냥 갈 수는 없습니다. 사무소에 허락을 받아야 합니다. 오늘은 번다가 아니라 할지라도 봉사단원은 번다 하루 전날부터 이동이 금지되어 있습니다."

원장에게 상황 설명을 하고는 사무소로 전화를 했지만 연결되지 않았다.

원장과 직원들은 빨리 다녀오라고 재촉을 했고, 점심때가 되자 혼자 결정을 내려야만 했다. 더 늦어지면 11시까지 트리부반 공항에 도착할 수 없기 때문이다.

가족의 안전을 위해 일단 출발하고 그에 대한 책임을 지자. 위수지역 무단이탈로 징계를 받더라도 가족을 우선으로 생각하고 싶었다.

원장을 통해 렌터카를 불러 출발했다. 그저께도 번다였고 내일도 번다여서 그런지 길에는 이동하는 차량이 많았다.

공식 번다가 아니라고 안심할 수는 없었다. 지난여름 현지평가에 참여하러 카트만두로 올라갈 때 협력 의사 차 선생의 차를 타고 갔었다. 그날은 번다가 아니었는데도 떼꾸 근처 다리를 지나 넓은 도로를 마오이스트들이 점거하고 있었다. 다행히 차에 대사관 번호판이 붙어 있어서 그런지 그들이 시비를 걸지는 않았지만 마음을 졸이며 겨우 지나갔었다.

6시쯤 되어서 사무소 담당 직원과 통화가 되었다.

상황 설명을 하자, 이유야 어찌 되었건 근무지 무단이탈은 징계 대상이라고 말하며 만약 사고가 날 경우, 책임 소재 설명도 했다. 예상했던 일이니 죄송하다는 말만 되풀이하였다.

카트만두가 가까워지자 기사는 '비데시(외국인 탑승)'라는 글씨가 큼지막하게 쓰인 팻말을 밖에서 잘 보이도록 운전대 앞에 세웠다.
껄럼끼를 지나 링로드로 들어서자 좀 더 긴장되었다.
혹시 시위대가 있을까 봐 코이카 모자와 티셔츠가 잘 보이도록 했다.

번다라 다 일찍 집에 들어갔기 때문인지 아니면, 이들이 종달새족에 가깝기 때문인지는 몰라도, 걱정했던 것과는 달리 거리에는 지나다니는 사람을 거의 볼 수 없었고 링로드에 차도 거의 없었다.

11시쯤 공항에 도착하여 20분 정도 기다리자 가족이 나왔다.
밤늦은 시간이라 상관없겠지만, 그래도 혹시 어떨지 몰라 기사에게 12시 전에 카트만두를 빠져나갈 수 있겠냐고 물었다. 그러자 기사는 빙긋이 웃으며 서두르지 않아도 된다고 나를 안심시켰다.

차가 막히지 않으니 새벽녘에 안전하게 럼중에 도착했다.
출근하자마자 진술서를 작성하여 사무소로 보냈다. 진술서에는 근무지 이탈한 사실을 인정하는 것과 함께 직원과 통화를 시도했던 기록을 캡처해서 보냈다.

사무소에서는 진술서를 바탕으로 징계위원회를 열었다. 다행히 징계는 하지 않고 '경고'를 주는 것으로 결론이 났다고 했다.
정상 참작하시어 선처해 주신 소장님과 사무소 직원들께 감사드린다.

코바 희망장학사업

　　혼자 살다 보니, 항상 신경 쓰이고 또 신경 써야 하는 부분이 먹거리였다. 여기에는 외식할 만한 식당이 없기도 하지만, 있다고 하여도 외식은 많이 하지 않았을 것이다. 집밥을 좋아하고, 시장 보러 다니고, 싼 재료 사서 직접 만들어 먹는 것을 즐기니 말이다.

　시간을 많이 빼앗기는 것이 아깝기는 하지만, 그래도 그만한 가치는 있다고 생각했고, 그리 바쁘지도 않은 여유로운 생활에 시간 보내기 좋은 면도 있었다.

　그래서, 두세 달에 한 번 정도는 하루 일정으로 포카라를 다녀와야 했다. 아침에 가서 베시사허르에는 없는 것들(배추, 두부, 냉동 해물, 참기름 등)을 사서 오면 하루가 다 갔다.

　여기는 무가 흔하고 싸고 맛이 괜찮았다. 깍두기도 자주 담지만, 이번에는 무장아찌를 만들어 보고 싶어 단골 가게에서 10 l 쯤 되어 보이는 플라스틱 통을 2개 구해 왔다.

　길쭉한 무를 적당히 잘라서 통에 차곡차곡 담고 간장 한 병을 끓였다가 식혀서 부었다. 간장이 1/3도 차지 않아 수돗물을 필터로 두 번 걸러서 무가 다 잠기도록 가득 부었다. 혹시 싱거울 것 같기도 해서 소금을 세 숟가락 넣어서 싱크대 아래 두었다.

　열흘이 지나서 무를 꺼내 잘라 보니 안쪽까지 간장이 배었고 맛도 괜찮았다. 몇 개를 꺼내서 잘라 무쳤다. 양이 많아 큰 통에 담아 놓고 먹을 만큼만 작은 통에 옮겨서 유채 기름을 넣고 버무리니 처음 해본 것이지만 고소하고 개운한 것이 밑반찬으로 괜찮았다.

　시장엔 사시사철 값싸고 싱싱한 오이가 있었다. 오이 한 무더기를 사다 씻어서 한입 크기 정도로 깍둑 썰어서 소금을 한 줌 뿌려 30분을 재웠다.

　소금 간이 밴 오이를 생수로 세 번 헹구고 고춧가루를 조금만 넣어서 버무렸다. 모양이 희멀겋게 보이기는 하지만 매운 음식을 좋아하지 않으니 상관없다. 양파를 얇게 썰어서 넣기도 하지만 오늘은 넣지 않았다. 평소 먹던 오이무침하고는 다르지만, 아삭거리고 시원하고, 참기름을 몇 방울 넣으니 고소하고 설탕을 넣지 않았는데도 단맛이 났다.

　반찬을 다 만들고 컴퓨터를 켜니 희망장학사업 신청하라는 안내가 와 있었다. 희망장학사업은 학업 성적이 우수하고 집안 사정이 어려운 현지 학생에게 코바 이름으로 100달러의 장학금을 주는 사업이다. 우리에게는 100달러가 큰 금액이 아닐 수도 있지만, 현지에서는 적은 금액이 아니다. 나와 같이 근무하는 4년 차 정규직원 1개월 월급이 120달러 정도이고, 통상적으로 보통 어른 하루 일당이 400~600루피(5,000원~7,000원) 정도였다.

원장과 상의하여 나와 같이 일하는 꾸말의 아들에게 장학금을 주기로 했다. 먼저 꾸말의 아들이 다니는 학교에 연락하여 학교장의 추천서를 받고 성적 증명서와 학생 사진을 받았다.

성적 증명서가 없는 학교에서는 생활기록부 같은 것을 복사하여 제출해도 된다. 만약 증명서가 현지어로 된 경우에는 영어나 한국어로 번역해서 제출하면 된다.

학교장의 추천서를 첨부하여 내가 다시 코바에 보낼 추천서를 작성해서 이메일로 보냈다. 한 달쯤 지나가, 장학증서는 외교행낭을 통해 사무소에 와 있다고 연락이 왔고, 장학금은 내 한국 통장에 입금되어 있었다.

아침 조회시간에 전교생 앞에서 수여식을 하고 싶었으나 학교장이 반대했다. 1명의 학생에게만 혜택이 돌아가는 것을 전체를 모아 놓고 하면 다른 학생들이 부러워하기도 하고 시기와 질투, 상대적 실망감을 느낄 수도 있으니 다른 사람들 모르게 하자는 뜻이었다.

학교장의 소심한 성격 때문인지, 아니면 이분들의 소외된 다수를 위한 배려문화 때문인지는 알 수 없으나 그의 뜻을 따르기로 했다.

현금으로 100달러를 찾고, 한국해외봉사단원연합회 이름으로 된 장학증서를 받아서 가족만 참석하여 전달했다.

이들은 장학증서도 가보처럼 중요하게 여기며 집안에 걸어 놓고 다른 사람들에게 자랑으로 보여 준다. 개인이 100달러를 줄 수도 있지만, 단체 이름으로 증서와 함께 주는 것이 의미가 더 크다.

장학금을 받은 쁘리띠가 커서 자신이 원하는 조종사가 되기를 바라 마지않는다.

한국해외봉사단원연합회(이하 코바)에서 전자메일이 자주 왔다. 국내 교육받을 당시 회원가입을 했기 때문에 활동회원의 혜택으로 각종 소식과 함께 사업에도 참여할 기회를 주는 것이었다.

분기마다 「나눔과 섬김」이라는 소식지가 사무소를 통해 배달되어서 사무소에 볼일 있으면 들러서 찾아오곤 했다. 소식지에는 다른 단원들의 활동이며 귀국 후의 활동에 대해서도 여러 정보가 있었다.

6월에는 '다문화 사진 공모전' 안내가 왔었다.

마침, 집 앞 좁은 마당에서 배드민턴 채가 없는지 3명은 탁구채를 들고 1명은 쓰레받기를 들고 배드민턴 공을 치며 노는 아이들 사진을 보내 공모에 참여하였으나 탈락하였다.

8월에는 기관의 시설 개보수를 할 수 있는 '나눔 사업' 안내가 있어서 원장과 상의했다. 원장은 수술실 장비가 필요하다고 했지만 나눔사업으로 하기에는 여러 여건이 맞지 않아서 다음에 하자고 미루었다.

어떻게 보면 코바에서 하는 일들은 단원에게 반찬 같은 존재일 수 있다. 기본적 봉사활동과 현장사업 등 코이카에서 제공하는 주메뉴가 밥과 국이라면, 코바에서 제공하는 장학사업, 나눔사업, 소식지 제공, 원고 모집, 사진 공모 등은 단조로울 수 있는 봉사활동을 다양하고 의미 있게 하도록 도와주는 김치와 깍두기, 짱아찌 같은 반찬이라고 할 수 있을 것이다.

본인의 봉사활동을 얼마나 적극적으로 수행하느냐에 따라 본인이 얻을 수 있는 성과는 달라질 것이다. 열정적으로 동참하는 만큼 성과도 커지고 본인도 성장하지 않겠는가?

◎ 코바 희망 나눔사업 안내서   ◎ 코바 희망 장학금 전달

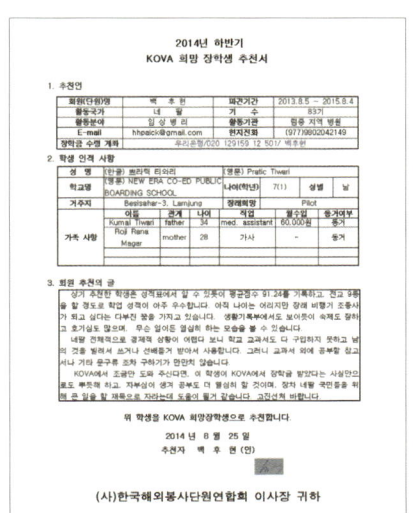

◎ 코바 희망장학사업 신청서

현장사업 –
검사실 자동화

어느 날, 출근하자 모띠가 병원을 그만둔다고 했다.
왜 그만두느냐고 묻자 좀솜으로 가야 한다고 했다.
한 달 전에 국가 보건직 공무원 시험에 응시했는데, 합격 통보와 함께 좀솜 보건지소로 발령이 났다고 했다. 개인적으로는 잘된 일이고, 축하할 일이지만, 검사실이 걱정이었다.

병원장을 찾아가서 언제쯤 직원을 채용할지, 앞으로의 계획이 어떻게 되는지 물어보았다. 혹시나, 직원채용을 하지 않고 내게 더 많은 업무를 요구하지 않을까 우려되었기 때문이다.
일부 기관에서는 봉사자들이 자기네 직원처럼 일하기를 바라기도 했다. 문제는 봉사자가 직원처럼 일하면 자국민의 일자리가 줄어드는 것과 마찬가지다. 이미 원조 무용론을 주장하는 학자도 있는데, 원조의 효과 면에서, 현지인의 일자리를 대체하는 봉사는 있을 수 없는 일이다.

원장의 대답이 내 예상을 크게 빗나가지 않았다. 당분간 채용이 어려우니 일을 좀 더 해달라는 취지로 말을 하고 있었다.

'볼리 아우누스'를 수없이 들어온 나로서는 원장의 의지야 믿지만, 이 나라의 사회적 분위기나 현실로 볼 때 언제 직원이 채용될지 알 수 없는 일이었다. 채용하고 싶어도 이 지역에 적당한 인재가 없거나, 멀리 타지에서 여기까지 올 사람이 없을 수도 있기 때문이었다. 내가 도와줄 다른 방도를 찾는 것이 나을 듯싶었다.

잠시 도와줄 수는 있지만 그건 정말 잠시라는 조건을 붙였고, 대신 다른 방법을 찾아보겠다고 했다.

우선 가능한 방법은 자동화가 가능한 검사는 자동화시키는 것이었다. 현재 모든 검사를 수작업으로 하고 있으니 혈액학 검사만이라도 자동기계를 도입한다면 일손이 많이 줄어들 것이다. 자금이 어느 정도 소요될지 모르지만, 여력이 있다면 생화학 검사도 장비를 도입하면 더 좋을 것이다.

그러나, 문제는 장비 가격도 알아봐야 하지만 더 중요한 것은 운영비용, 즉 시약값이 비싸지 않아야 한다. 시약값을 충당하기 어려워 장비를 사줘도 운영하지 못하는 경우가 많다고 들었기 때문이다.

원장실에 상의하러 갔다.

만약, 병원에서 검사실 자동화 장비 도입을 원한다면, 사무소에 자금지원 신청을 하겠다고 말하고, 장비 도입 후 시약이며 소모품을 자체적으로 구매하여 운용하겠느냐고 물었다.

원장은 기다렸다는 듯이 긍정적인 대답을 해주었고, 확답을 받았으니 사무소에 현장사업을 준비한다고 알리고 시장조사에 들어갔다.

1차 조사는 현장에서 어떤 기계들이 사용되는지를 파악했다.

시설이 잘되어 있는 노르빅병원(Norvic International Hospital, Kathmandu)과, 중소형 병원인 모델병원(Model Hospital, Kathmandu)에 검사실장 면담 및 검사실 견학 요청서를 보냈다. 두 병원 다 보안이 철저하여 그냥 들어갈 수 없는 곳이었다. 병원의 허락을 받고 담당자의 안내를 받아야 들어갈 수 있었다.

두 병원 다 기꺼이 허락해 주어서 검사실장과 함께 시설 및 장비를 둘러보고 면담을 했다. 친절하게도 장비별 장단점과 운영비용 등 궁금했던 사항들을 잘 설명해 주었고, 설명을 듣고 나자 어떤 장비를 사는 것이 장기적으로 합리적일지 판단이 섰다.

2차 조사는 장비판매회사를 방문하는 일이었다. 먼저, 검사실 직원들과 구매할 장비에 관한 회의를 하고, 6개의 장비회사에 전화하여 방문 날짜를 정했다.

출장 허락을 받아 장비회사들이 모여 있는 타파탈리(Thapathali)로 갔다.

회사마다 취급하는 장비에 조금씩 차이가 있고, 가격도 조금씩 차이가 있었다. 그중에는 국산 장비도 몇 가지 있었지만, 국산 장비는 대리점이 없어 정기점검이나 고장 났을 경우 수리하기에 불편한 점이 있었다.

견적서를 가지고 병원장과 검사실 직원도 같이 모여 검토를 했다. 6개 회사 중 3개 회사를 선정하여 비교 견적을 첨부하여 현장사업 신청서를 사무소로 보냈다.

 사무소에서는 서류 검토는 했지만, 사업 승인 여부를 정확하게 판단하기 위해 자세한 설명을 듣고 싶다고 했다. 현장사업을 신청한 단원이 나만이 아니었다. 사업 신청한 여러 명이 한 날짜를 잡아서 사무소로 갔다.

 나는 먼저 사업의 필요성을 강조했다.
 병원에서 이루어지는 모든 검사가 수작업이기 때문에 정확도와 정밀도가 유지되지 않으며, 결과 보고 시간이 늦어져 환자들이 많이 불편하다는 점, 그리고 장비를 도입할 경우 인력 감소 효과가 있다는 것에 주안점을 두었다.

 두 번째는 장비 선택 기준이었다.
 애국심이 발동하여 한국산 장비를 사고 싶은 마음도 있었으나 철저하게 현장 운영 중심으로 안정적 시약공급과 원활한 장비 수리, 그리고 저렴한 운영비용을 따져서 가장 효율적인 방안을 제시했다.

 일주일 만에 사업 승인이 떨어지고, 코이카 네팔 사무소, 럼중병원, SeroLab 간에 3차 계약을 체결했다.
 코이카에서 35,000달러를 투자하는 만큼 공급자가 장비 및 시약과 소모품을 안정적으로 공급하고 럼중병원은 자체 운영을 계속 유지하겠다는 확약을 받기 위함이었다.
 한 달이 걸려 장비 4대(Semi-auto Chemistry, Hematology, Electrolyte, Coagulation analyzer)와 컴퓨터 2대, 프린터 1대, UPS 1대를 설치하고, 3

개월 치 시약을 확보하였다.

　장비 도입 전에는 환자가 혈액 검사를 하게 되면 통상 2~4시간을 기다리거나 다음날 다시 와서 재진을 받아야 했다. 장비 도입 후에는 평균대기 시간이 50분 정도로 짧아졌다.
　병원방문환자가 베시사허르 시내에 사는 사람들보다는 먼 오지마을에서 한나절이나 하루를 걸어서 오는 사람들이 많았다. 이들이 오후에 검사할 경우 그날 바로 재진을 보지 못하고 여관에서 하루 머물렀다 다음 날 재진을 보는 경우가 많았다. 이제 자동화 장비 도입으로 당일 재진을 보는 환자가 많아질 것이다.
　그리고 전해질 검사와 혈액응고검사는 그동안 검사를 못 했었는데 이번 사업으로 가능해졌다.

　옷장에 고이 모셔 두었던 단복을 꺼냈다. 네팔 입국하던 날 한 번 입고는 옷장에 고이 모셔 두었는데, 오늘 같은 날은 꼭 입어야 할 것 같았다.
　단복을 입은 김에 모띠 부모에게서 선물 받은 또삐(네팔 남성용 전통 모자)를 쓰고 행사장으로 갔다.

　행사장에는 '럼중병원 검사실 자동화 사업 완료'를 나타내는 현수막이 걸려 있었다. 또한, 현장사업 완료를 축하하기 위해 코이카 네팔 사무소 직원이 내려왔고, 지역 기관장들과 유지들 그리고 병원 직원들도 모였다.

병원장이 개회사를 통해 월 2,500여 명의 내원객이 많은 혜택을 보게 되었다며 코이카에 고맙다는 말을 했고 시장과 보건소장도 축사를 했다.

내게도 말할 기회가 주어졌다. 말주변은 없지만, 럼중으로 파견 온 것이 내겐 크나큰 행운이었고, 이번 사업을 통해 지역 주민 모두가 혜택을 볼 수 있으니 기쁘고, 여기서 봉사하는 것이 큰 보람이라고 말했다.

행사가 끝나고 검사실 자동화 사업 기념으로 카자(간식)를 돌렸다. 카자는 그동안 먹고 싶은 마음도 있었으나 먹어 보지 못했었던, 네팔식 '야채 튀김' 같은 것이었다. 속은 삶은 감자 등 야채를 넣었고, 겉은 밀가루 반죽으로 감싸서 튀긴 것이다. 어찌 보면 '야채 왕만두 튀김'이라고 하는 것이 맞을 것 같기도 했다.

그동안 찜찜해서 못 먹었었지만, 오늘은 맘 편하게 먹어 봐야겠다.

◎ 현장사업으로 도입한 장비(1)

◎ 현장사업으로 도입한 장비(2)

◎ 현장사업으로 도입한 장비(3)

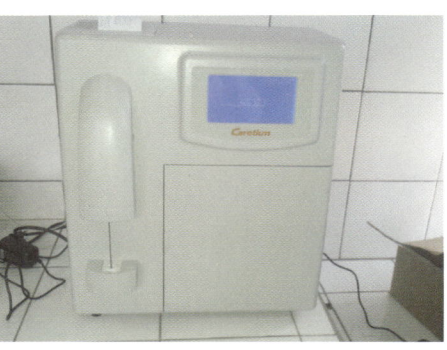
◎ 현장사업으로 도입한 장비(4)

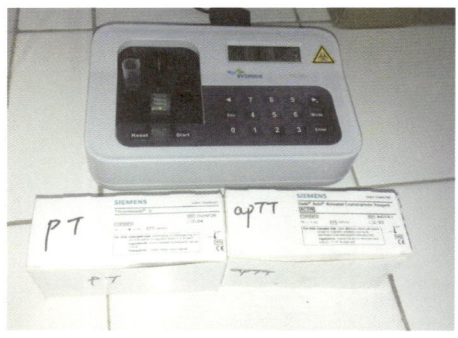
◎ 현장사업으로 도입한 장비(5)

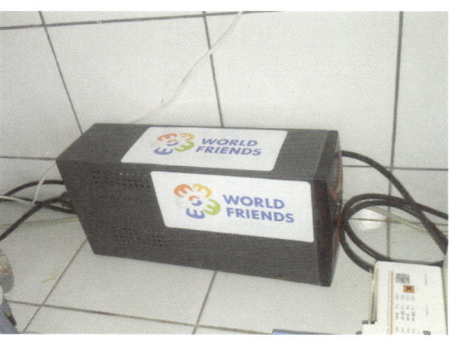
◎ 현장사업으로 도입한 장비(6)

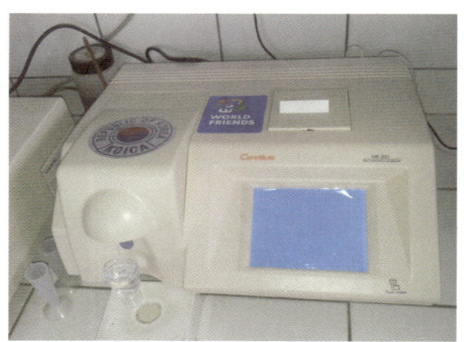
◎ 현장사업으로 도입한 장비(7)

◎ 현장사업으로 도입한 장비(8)

◎ 현장사업 신청 요약서

◎ 협약식 사진, 왼쪽부터 공급업체 대표, 병원장, 코이카 담당자, 그리고 필자

현장사업 - 검사실 자동화

신년 파티

　　　　　　우리에게 음력이 있고 단기가 있듯이, 네팔도 자신들만의 달력이 있다. 여전히 관공서뿐만 아니라 전 국민이 자신들의 연도와 달력을 쓰고 있다.

　2015년이 네팔인들에게는 2072년이고, 4월 14일이 이들의 새해 첫날이다.

　새해 기념으로 직원들 모두 모여 파티를 한다고 했다.

　병원 잔디밭에 도착하자 제일 먼저 눈에 띄는 것이 야채를 다듬는 모습이었다. 바닥에 하늘색 체크무늬 포장을 깔고 맨발로 올라앉아 돌로 된 도마 위에 사발만 한 돌을 쥐고 마늘을 찧고 있었다.

　양동이 가득 꽃양배추를 손질해 놓았고, 함지박엔 삶아놓은 감자가 가득했다. 양파도 썰고, 당근도 썰고, 고수며, 오이 등 푸짐한 야채를 보니 가게 하나를 통째로 옮겨 놓은 듯했다.

한쪽에는 남자 직원들이 아궁이를 만들었다.

삼각 꼭지점에 벽돌을 4개씩 쌓아서 밑에서 불을 피우고, 그 위에 식당 주방에서 가져온 듯한 커다란 스테인리스 들통에 물을 끓였다. 장정 둘이 큰 소쿠리에 녹두를 씻어 헹구더니, 끓고 있는 들통에 부으며 커다란 주걱으로 계속 저었다.

마치, 과거 초등학교 운동회나 동네잔치가 있을 때 가마솥 걸어 놓고 돼지고깃국 끓이던 것과 유사했다.

그 옆에는 함지박 가득 쌀을 씻어 밥할 준비를 해놓았고, 다른 들통에는 꽃양배추와 토마토 등 각종 야채를 한가득 담아서 아궁이에 올렸다.

협력 의사인 차 선생도 야채를 젓고, HDCS 본부에서 온 사람은 신이 났는지 한쪽에서는 덩실덩실 춤을 추었다.

파릇파릇 작은 콩과 빨간 토마토를 볶으면서 설탕과 맛살라도 넣어서 휘저었다. 양파도 넣어서 더 끓이다 보니 토마토는 다 녹았는지 보이지 않았다. 거기에 고수를 한 줌 넣으니 반찬 하나가 완성되었다.

좀 있으니 캐나다에서 봉사 온 물리치료사 부부(에릭 정과 베키)도 왔다. 할머니가 한국계이고 할아버지는 중국계인 이민 3세대라고 했다. 6개월 봉사로 와서 현지인들과도 잘 어울렸다.

차 선생의 사회로 퀴즈게임이 진행되었는데 난 하나도 맞추지 못했다.

먹을 때가 되자 처음 보는 얼굴도 많이 나타났지만, 누가 누군지 몰라 인사는 못 했다.

한 쟁반 가득 음식을 받아 놓고 캠핑용 수저를 꺼냈다. 원장이 손으로 먹으라지만 그러고 싶지 않았다.

오전부터 시작했는데 어둠이 깔려서야 먹을 수 있었다. 중간에 배가 고프기는 했지만, 그래도 여러 직원이 각자 일을 맡아서 즐겁게 하는 모습이 보기 좋았다.

◉ 어둠 속 먹을 시간(1)

◉ 어둠 속 먹을 시간(2)

◉ 축제 음식 만들기(1)

◉ 축제 음식 만들기(2)

◎ 축제 음식 만들기(3)

◎ 축제 음식 만들기(4)

◎ 축제 음식 만들기(5)

◎ 축제 음식 만들기(6)

◎ 한쪽에서 춤도 추고

신년 파티

고집쟁이와
사랑곳

새로 도입한 혈액학 장비에서 검사 결과가 모니터에 나타나는 것을 보며 직원들과 논의 중인데 쉴라가 들어왔다.

"이번 주에 실습 끝나요!"
"그래? 그럼 우리 집에 한번 와! 한국식으로 밥해 줄게!"

그러자 좀 고민하는 듯 머뭇거리더니 알았다며 토요일 점심때 오겠다고 했다. 음식점에서 밥을 사줘도 되지만 내가 외식을 하지 않으니 집에서 먹자고 한 것이었다.

토요일 아침부터 바쁘게 움직였다. 얇게 포 떠놓은 냉동 생선을 꺼내서 튀김옷을 입혀 구웠다. 아마 이 나라 사람들은 생선전을 거의 먹어 보지 못했을 것이다. 그래서, 평소에 먹어 보지 못한 음식을 해주고 싶었다.

 양배추, 당근, 양파, 감자, 닭고기를 넣어 짜장을 볶았다. 그리고, 냉동 해물을 꺼내 한국식 카레를 만들었다. 이들이 주로 먹는 달밧에 나오는 야채도 대부분 카레로 만든 것이지만 우리가 먹는 카레와는 달랐다.

 압력솥이 세 번째 김을 빼고 있을 때 쉴라가 조카를 데리고 왔다.
 끓고 있는 물에 오동통한 너구리 면을 넣어 놓고 생선전을 우선 먹으라고 내주었다.
 쟁반에 밥을 퍼서 카레를 올리고, 면만 삶은 너구리에는 짜장을 얹어서 주었다. 다 부서진 채 나오는 네팔 라면 '짜우짜우'는 젓가락이 필요 없고 손으로 먹거나 숟가락으로 떠먹어야 한다. 하지만 방금 요리한 너구리짜장은 손으로 먹기에는 뜨겁기도 하고, 면이 길다 보니 손으로는 먹기에는 힘들 것 같았다. 그래도 어린 조카는 내 눈을 피해가며 낯선 환경에도 불구하고 숟가락을 어설프게 잡고 잘 먹었다.

 점심을 다 먹고 버스 정류장까지 바래다주었다. 찻길까지 걸어가며 쉴라가 포카라 올 일이 있느냐고 물었다.

"그럼! 가끔 시장 보러 가지!"
"언제쯤 올 거예요?"
"한 달쯤 후에 갈 거예요!"
"올 때 연락 주세요!"
"당연하지!"

한 달이 금방 지나가고 쉴라에게 금요일 오후에 가도 괜찮냐고 물었더니 괜찮다고 했다. 평소 같으면 일요일 아침에 마이크로버스로 가서 시장만 보고 바로 오지만, 쉴라도 시간이 되는 것 같으니 금요일 저녁에 가서 만나기로 했다.

포카라 호수 근처에는 한국 음식을 먹을 수 있는 식당이 몇 군데 있었다. 통닭, 삼겹살, 닭볶음탕, 백숙 등 여러 음식 중에, 좀 먼 곳은 가기 어렵고, 매운 음식도 별로 좋아하지 않는 데다 조카도 같이 올 테니 통닭이 무난할 것 같아 통닭집에서 만나기로 했다. 통닭집은 2층 창문에 '치맥'이라고 한글로 크게 써놓아서 찾기도 쉬웠다.
간장 양념을 한 닭 다리를 뜯으며 쉴라가 내일 뭐 할 거냐고 물었다.

"아, 글쎄 뭘 할까? 쉴라는 뭐 할 거 있어요?"
"뭐, 꼭 할 일은 없어요!"
"그럼, 사랑곳(Sarangkot)에 올라가 가볼까요?"

내일이 토요일, 쉬는 날이라 쉴라도 할 일이 없는 것 같아서 사랑곳을 가보자고 제안을 했다.
사랑곳은 포카라 시내와 인접한 산으로 안나푸르나가 잘 보이는 경치 좋은 곳이라 관광객이 많고, 정상에서 패러글라이딩 타고 내려오면 페와 호수와 포카라 시내가 환상적으로 보인다고 했다.

"아, 사랑곳요?"
"가봤어요?"

"아니요!"
"아니, 여기 살면서 바로 옆에 있는 사랑곳을 안 가봤어요?"

하기야, 서울 살던 나도 롯데월드도 안 가봤고, 남산도 학교 다닐 때 한 번 가본 것 말고는 가보지 않았고, 5대 궁궐도 제대로 가보지 못했으니 뭐라고 할 일이 아니었다.
대답은 하지 않고 머뭇거리기에 내가 다시 물었다.

"같이 가요!"
"한번 가보고 싶기는 해요!"
"그럼 같이 갑시다! 공주도 데리고 와요!"
"아니에요. 조카는 못 데려와요!"
"그럼 일찍 와도 되겠네, 7시에 토스트 파는 가게 앞에서 만나요!"

다음 날 아침에 관광객이 줄을 선다는 토스트 가게에서 만나 간단히 아침을 먹고 버스를 탔다. 걸어서 간다면 레이크사이드에서 바로 올라가면 되지만, 그러면 5시간 이상 걸릴 것이다.
시간을 줄이기 위해 버스를 타기로 했다. 버스를 타고 시내를 통과해서 시외버스 정류소에 이르자 장정 4명이 드럼통을 버스에 실었다. 기름 냄새가 진동하는 것을 보니 석유나 등유인 것 같았다. 탈 때는 자세히 보지 않았는데 버스 뒷좌석을 보니 가스통 하나가 누워 있었다.
정말 이래도 되나 싶지만 여기는 네팔이다.

사랑곳 중턱에서 내려 1시간 정도 걷다가 가게 앞에서 쉬었다. 나무의자에 앉아 음료를 마시는데, 손톱이 아팠다.

오른손 중간 손가락 손톱에 며느리 손톱인지 뭔지, 곁 자라서 나오는 손톱이 있어 자주 깎아야만 했다. 조금만 길면 옷에 스치거나 배낭끈에 닿을 때 벌어지면서 찢어질 듯한 통증을 일으키고 있었다.

지금 안 깎으면 계속 말썽을 부릴 것 같아, 맞은 편에 앉아 있던 주인에게 손톱깎이가 있는지 물었다.

"넝 카트너 처?(손톱 깎기 있어요?)"
"?~ 처이너!(없어요!)"

내 얼굴을 빤히 보더니 없다고 했다.

"끼너 처이너?(왜 없어요?)"
"…!"

약간 짜증 난 말투로 왜 없냐고 묻자 대답을 안 하고 내 얼굴을 계속 쳐다봤다. 아니, 집안에 손톱깎이 하나 없다는 말인가? 빌려주지 않으려고 그러나?

옆에서 지켜보던 쉴라가 내게 왜 그러냐고 물었.
손가락을 보여 주며 이 곁 자란 손톱을 좀 잘라 내고 싶다고 말했다. 그러자 쉴라가 주인에게 뭐라고 몇 마디 하자 주인이 안으로 들어가서 큼지막한 손톱깎이를 가지고 나왔다.
약간 약이 올라서 쉴라에게 '외국인 차별'이냐고 묻자 내 어깨를 치며 웃었다.

물건 파는 가게에 와서 손톱깎이 있냐고 물으니, 주인은 당연히 손톱깎이 사려는 줄 알고 없다고 한 것이라고 했다.

아! 맞네! 그렇네!
현지어도 잘하지 못하면서 어설프게 말 붙였다가 내가 주인을 오해했던 것이었다.
손톱깎이를 받아든 쉴라가 내 손을 달라고 했다. 내가 깎겠다고 손톱깎이 내놓으라고 해도 한사코 자기가 깎아 주겠다면서 내 손가락을 끌어갔다.

"아~ 아~!"

손톱을 깎기도 전에 비명이 먼저 나왔다. 너무 바짝 자르려는 것 같았다. 너무 바짝 자르려 하지 말고, 손톱 끝을 조금 남겨 놓고 잘라 달라고 부탁을 했는데도 바짝 잘라 버렸다.
손톱 자르는 것이 아니라 남의 손가락 자르고 있냐며 계속 아프다는 시늉을 해도 아랑곳하지 않고 열 손톱을 모두 바짝 잘라 버렸다.

아! 이런 고집쟁이!

다시 발걸음을 옮겨 사랑곳 정상에 도착하자 네팔의 영산인 마차푸차레(Machapuchare)가 거리가 멀고 구름이 올라와 그런지 선명하지는 않았다.

  생선 꼬리라는 뜻의 마차푸차레는 봉우리 모양이 실제 생선 꼬리와 유사하다 하여 붙여진 이름으로 6,000m급이지만 등반이 허용되지 않는 곳이다. 자신들의 영이 깃든 산이니 인간의 발자취를 허용하지 않겠다는 의지로 보였다.

  산에서 내려와 저녁은 피자집으로 갔다. 2층 창가에 앉아 작은 피자 한 판과 파스타를 시켜서 먹고 있는데 길 건너 가게에서 틀어 놓은 음악이 들렸다.

  음악이 바뀌어 '풀코아카마'가 들려오자 나도 모르게 흥얼거렸더니 쉴라가 이 노래를 아느냐고 물었다.

  교육받을 때 다른 단원이 자주 들어서 귀에는 익숙한데 아직 가사를 모른다고 했다.

  그러자, 가사를 알려 주겠다며 내 핸드폰을 집어 들더니 유튜브를 찾아서 노래를 틀고, 가방에서 노트를 꺼내 가사를 적어 내려갔다.

  그 자리에서 가사를 보며 몇 번을 따라 부르고는 헤어졌다.

◎ 쉴라와 조카

◎ 카레

◎ 짜장

◎ 기름통을 실은 버스

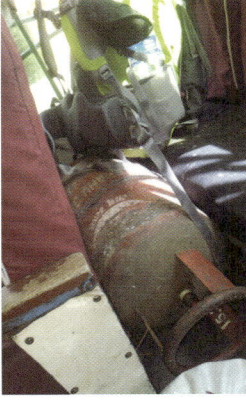
◎ 버스 뒷자석에 실린 가스통

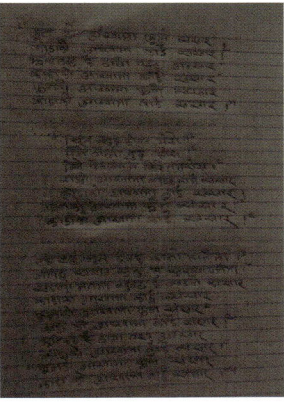
◎ 쉴라가 적어 준 풀코아카마 가사

◎ 사랑곳에서 본 마차푸차레

고집쟁이와 사랑곳

삼겹살과 찰떡궁합
'빠니뿌리'

　　　　　두 달이 또 금방 지나가고 토요일 저녁, 포카라 삼겹살집(처음처럼)으로 갔다. 현지인이 만들기는 하지만 그래도 한국인이 주인이라 그런지 김치와 콩나물국이 제법 먹을 만한 곳이었다.

　삼겹살 주문을 하고 나서 풀코아카마를 틀고 메모지를 꺼내 따라 불렀다. 다행히 가게에 다른 손님은 없어 눈치 볼 필요는 없었다.

　삼겹살이 입맛에 맞지 않는지 쉴라는 많이 먹지 않았다.

　식사가 끝나고 늦은 저녁 시간이라 택시를 잡아 주려 했더니 쉴라가 말렸다. 집이 여기서 멀지 않아 걸어가도 된다고 했다. 날도 어두운데 혼자 걸어가면 안 될 것 같아서 집 앞까지 바래다주겠다며 같이 걸었다.

　상가들을 벗어나 주택가에 오니 노점상이 보이자 쉴라가 저기 가서 빠니뿌리 하나씩 먹자고 했다.

빠니뿌리!

이것을 먹어야 하나?
드디어 먹을 기회가 온 것인가?

맛이 어떠냐고 물었으나, 먹어 보면 안다며 설명해 주지는 않았다.
현지 교육받을 때 먹지 말라고 해서 지금까지는 먹어 볼 생각을 하지 않았는데, 일부러 사 먹을 일이야 없겠지만, 어떤 맛일지 한 번쯤 먹어 보고 싶기는 했었다.
마음속에선 계속 갈등이 일었다.

배탈 안 나! 먹어도 돼! 현지인들도 다 먹잖아!
뭐하러 굳이 먹어! 배탈 나면 어쩌려고?

먹어야 할지 먹지 말아야 할지 결정을 못 해 나도 대답은 하지 않고 따라 걸어갔다.
궁색한 변명으로 거절하고 싶지는 않아 대답을 망설이고 있는데, 쉴라는 내가 대답하지 않은 것을 긍정으로 생각했는지, 다시 확인하지 않고 주문을 했다.

"두이따 디누스너!(2개 주세요!)"

'공갈 찹쌀 도넛'이라고 해도 될까?
크기와 모양, 색깔은 꼭 찹쌀 도넛과 닮았는데 속은 텅 비어 있었다. 거기에 파며 양파를 다져 넣은 양념간장을 반 숟가락씩 넣었다. 쉴라가 10루피(110원 정도) 주고는 하나씩 받아 들었다.

짭짤!
개운!
고소!

마치 튀김을 양념간장에 푹 찍은 것처럼, 첫맛은 짜게 느껴졌으나 뒷맛은 개운하고 고소했다!
삼겹살을 먹어서 입과 속이 좀 느글거렸는데, 빠니뿌리 하나 먹고 나니 입과 목과 뱃속이 다 개운해지는 것 같았다.
기대했던 것 이상으로 맛은 괜찮았고 배탈 날 일은 없을 것 같았다.
쉴라가 대문 안으로 들어가자 숙소로 돌아와서 메모장을 꺼냈다.

'풀코아카마'는 직역하면 '꽃의 눈으로'라고 해석할 수 있겠다.
'꽃의 눈으로 보면 세상이 꽃으로 보이고, 가시의 눈으로 보면 세상이 가시로 보인다'라는 말인데, 내가 네팔 와서 한동안 가시의 눈을 달고 살았던 것은 아닐까?

맞다. 뭐 꼭 가시의 눈은 아니었을지라도, 한국인이 눈높이로 까칠함을 더해서 봤다고 하는 것이 맞을 것이다. 이들이 처한 환경과 전통, 생활방식을 외면하려 했고 나의 기준, 나의 눈으로만 바라보고 짜증을 내고 소리도 질렀으며, 이들도 내 기준으로 행동해 주기를 바랐었다.

그러나, 다행스럽게도 이제 갓 스무 살이 된 젊은이들(쉴라, 모띠, 그의 친구들)과 어울리면서 이들의 문화를 들여다보게 되었고, 조금은 이해하게 된 것 같다.

75% 네팔인이 된 것일까?

1년 넘게 가시의 눈(한국인의 눈높이)으로 이들을 보아 오다가, 이제는 꽃의 눈(네팔인의 눈)으로 이들을 보게 되는 것일까?

늦잠을 자고 천천히 일어났다. 오늘은 시간적 여유가 있어 마음이 편했다. 아점을 먹고 쉬었다가 김칫거리를 사서 럼중으로 돌아가면 된다. 전에는 항상 다급한 마음으로 왔다가 쫓기듯 되돌아갔었는데 오늘은 그럴 필요가 없다. 당일치기가 아닌 하루 쉬어 가는 여유로움이었다.

주방이 비어 있어 주인을 불렀더니 아저씨가 나와서 아침 준비를 했다. 작은 호텔이다 보니 주인 부부가 손님이 내려올 때마다 식사를 챙겼다.

이 부부에게도 고등학생 아들이 하나 있어, 토스트를 먹으며 자식 이야기도 하고, 각자 살아온 이야기도 했다. 아침을 다 먹고 분위기를 바꾸려고 커피를 한 잔 들고 현관으로 나갔다.

화창한 날씨였다. 따가운 햇살을 피해 현관 앞 그늘진 원탁에 앉으니 시원한 바람이 코끝을 스쳤다.

커피를 마시며 신문을 뒤적였다. 그 신문에는 Open defecation(노상 배변?)을 근절하자는 이야기가 있어서 관심 있게 읽었다. 럼중병원에 처음 도착했을 때 지역 통계를 봤었는데, 그때 'Toilet 16%'라는 항목을 보고는 이해를 못 했었다. 혼자는 도저히 그 뜻을 파악할 수 없어서 병원장에게 물어보았다. 원장의 설명은, 이 지역 전체 가구 중에서 16%만이 화장실이 있고, 나머지 84%는 집안에 화장실이 없다는 것이었다.

그러면, 생리적 현상을 어떻게 해결하느냐고 물었더니 어깨만 들었다 놓을 뿐 설명을 해주지 않았다. 알아서 상상하라는 의미 같았다.

베시사허르 외곽 산간지역을 다니다가 길에서 볼일을 보는 어린이들을 본 적이 있었다. 처음엔 그것이 애라서 그런 줄만 알았었다.

따블레중 갈 때 버스가 정차하자 남자 손님들은 버스 앞쪽으로 몰려가서 길가의 작은 둔치를 넘어가고, 여자들은 뒤로 가서 둔치를 넘었었다.

카트만두에서 포카라로 가는 고속도로 주변에는 그래도 몇 군데 가게들이 임시화장실이라도 만들어 놓는 곳이 있었다. 하지만 지방에는 공중화장실이 없을뿐더러 화장실을 갖추고 있는 가게들도 드물었다.

갈 길이 요원하긴 하지만, 그래도 이제라도 신문에서 이런 기사를 다룬다는 사실이 고무적이라 생각되었다.

살랑이는 바람 때문인지 옆에 있던 냅킨이 바닥으로 떨어졌다. 그것을 주우려고 상체를 앞으로 숙이는 순간 몸이 옆으로 쏠렸다. 의자에서 미끄러지지 않으려고 몸을 세우려 하자 이번에는 반대쪽으로 쏠렸다. 도대체 내 몸을 생각대로 가눌 수가 없었다.

왜 이러지?

내게도 어지럼증이 왔나?

몇 달 전 치트완 단원이 어지럼증이 와서 침대에서 일어나다 넘어졌다는 소식을 들었었다. 그분은 나이자 좀 들어서 그랬던 것이라 여겼었는데, 내게도 어지럼증이 온 것일까?

탁자를 잡고 버티려고 원탁을 잡으며 보니 커피잔이 원탁 위를 구르고 있었다.

◎ 삼겹살

◎ 길거리 음식 빠니뿌리

'다라하라'를
무너뜨린 대지진

아!
아니다!
어지럼증 아니다!

어지럼증이 아니란 것에 생각이 미치자, 손으로 머리를 감싸고 원탁 밑으로 들어갔다. 탁자가 흔들거려 한 손은 탁자 다리를 감싸 안고 있는데 현관 근처가 부산스러웠다.
정신을 좀 차리고 보니 건물 안에 있던 사람들은 모두 밖으로 뛰어나가서 호텔 밖 길에 모여 있었다.

지진 상황에 내가 잘못 대응한 것인가?
갑자기 바보가 된 느낌이었다.
1층 현관 밖인데, 바로 길로 뛰어나갔으면 될 것을….

여러 번 받았던 교육에서는 한결같이 지진이 감지되면 머리를 보호하고 책상이나 단단한 구조물 아래로 들어가는 것이 우선이었고, 진동이 멈추고 나면 질서 있게 대피하라고 했었다.

3층 투숙객들도 이미 다 밖으로 나가 있는데 나만 탁자 밑에 웅크리고 있는 것이 한심하게 느껴졌다.

순간적 판단력을 발휘하지 못한 것이 아쉬웠다. 상황판단을 먼저하고 대처하는 것이 현명한 처사일 텐데, 아무 생각 없이 행동한 셈이었다.

건물 안이라고 할지라도 1층 현관 근처에 있는 경우는 흔들리는 와중에라도 밖으로 나갈 수 있다면 빨리 탈출을 시도하는 것이 상황에 따라 도움이 될 수도 있고, 화를 부를 수도 있다는 생각이 들었다. 건물을 빠져나가기 전에 건물 전체가 무너진다면 더 위험한 상황이 될 수도 있을 터이니, 상황에 따른 정확한 판단이 중요할 것 같다.

어쨌거나, 지진을 많이 겪은 현지인들은 진동이 계속되는 와중에도 바로 나가는 방법을 택했다는 것이다.

잠시 진동이 수그러든 사이에 길로 나왔지만, 아직 공사 중인 옆 건물은 여전히 요동을 치고 있었다. 3층까지 콘크리트 작업이 끝났고, 4층 기둥을 세우기 위해 3층 바닥에서 4층 높이까지 기둥을 세울 위치에 철근만 세워 놓은 상태였다. 수직으로 세워 중간중간 묶어 놓은 철근이 좌로 우로 거의 수평이 되도록 휘어 댔다.

모두 넋이 나간 듯 바라보고만 있었고 나 역시, 동영상이라도 찍으면 좋겠다는 생각을 했지만, 주머니에 든 핸드폰을 꺼낼 여유는 없었다.

병원에 도착하자 직원들도 다 나와 있었다. 어차피 건물 안에는 못 들어가니 넓고 안전한 공간이 있는 병원이 가장 좋은 피신처였다. 환자들도 침대째 밖으로 끌고 나와 주차장에 줄을 맞췄다.

간간이 여진이 계속되고 내일 오후에는 처음보다 더 큰 지진이 올 것이라는 전문가의 말을 인용한 예보가 방송에도 나오고 사무소에서도 계속 문자로 안내했다.

방송에 따르면 이번 지진이 리히터 규모 7.6이라고 했다가 나중에는 7.8로 수정됐다. 시간이 지날수록 사상자 수는 점점 늘어났고 여진에 대한 공포감도 점점 커졌다.

병원 잔디밭에 임시 잠자리를 마련했다. 당분간 밖에서 잠을 자야 하니 이슬이라도 피하고자 기둥을 몇 개 박고 그 위에 천막을 씌웠다.

저녁이 되자 바닥에 환자 침대용 매트리스를 깔아 누울 자리를 마련했다. 일반 주민들은 어떻게 밤을 지새울지 궁금하다. 그나마 병원이라 여분의 매트리스가 있으니 병원 직원 몇 명만 호사를 부리는 느낌이었다.

바닥에 누워 잠을 자려니 작은 여진에도 몸 전체가 흔들리는 것이 서 있을 때와는 달랐다. 서 있을 때는 다리에서 충격을 어느 정도 흡수하여 그런지 진도 2~3 정도는 별로 느낌도 없었는데, 누워 있으니 몸이 좌우로 흔들리고 어지럽기도 했다.

더 큰 지진이 올 것이라는 예보 때문에 둘째 날은 더욱 큰 긴장 속에 하루가 시작되었다. 절대 건물 안에는 들어가지 말라는 안내가 계속되니 어디 갈 수도 없고 천막 주변만 배회하며 시간을 보냈다. 첫 지진과 비슷한 시각, 정오가 되어갈 즈음에 6.7의 2차 지진이 땅을 흔들며 사방에서 비명도 들려왔다. 다행히 처음 지진처럼 오래가지는 않았다.

이번 지진의 진앙은 역사적으로도 유명한 구르카다. 베시사허르에서 직선거리는 불과 30km 정도밖에 되지 않는다. 그럼에도 지역적으로 가까운 럼중이나 포카라 지역(북쪽)은 큰 피해가 없지만, 카트만두와 인도 쪽(남쪽)은 피해가 컸다. 그 이유는, 대륙충돌설로 볼 때 인도판이 유라시아판 밑으로 들어가면서 81년간 축적되었던 힘이 한꺼번에 터지면서 인도판에 충격이 가해졌기 때문이라고 했다.

81년간 힘이 축적되었다는 것은 1934년에도 같은 형태의 지진으로 더 큰 피해가 있었기 때문이다.

하루에도 수십 번의 여진이 계속되고, 어제는 몇백 명이라고 하던 사망자가 3일째는 2,500명이 넘었다는 보도가 나왔다. 시간이 지날수록 희생자는 점점 더 늘어날 것으로 보였다.

뉴스에서는 순다라(Sundhara Tower, 정식명칭 Dharahara)가 무너졌다는 소식도 전해 왔다. 네팔에서 가장 높은 구조물(72m)로 알려졌던 이 건물은 1832년 세워진 후 여러 차례 손상과 복구를 반복해 왔었다. 이번 지진으로 무너지면서 180명의 사상자를 냈다고 했다(2021년 4월 24일 다시 복구).

영국 등 유럽 나라들이 자국의 봉사자를 버스로 이동시키느라 무글

링을 지나 인도로 가는 도로가 막힐 지경이라는 소문과 함께 단원들이 술렁이는 듯했다.

선배 1명이 내게 전화를 해서, 한국에 있는 가족들에게 전화했느냐고 물었다. 통화하지 않았다고 하자, 왜 전화하지 않았냐고 지금이라도 빨리 전화하라고 압력 아닌 압력을 가했다.

무사히 잘 있다는 안부 전화하라는 이야기가 아니었다. 가족들이 코이카와 대사관에 전화해서 단원들을 빨리 철수시키라는 독촉 전화를 해야 한다는 것이었다.

말로는 그러겠다고 했지만, 실제 연락은 하지 않았다. 내가 여기서 불안해하는 모습을 보이면 가족들이 더 걱정할 것만 같아서였다.

4일째, 여진은 계속되고 있지만, 지진의 강도와 횟수는 줄어들었다.

대한항공 전세기가 왔다는 말이 있었는데, 듣자 하니 대학생들만 출국시켰다는 소식이 들려왔다.

그 소식을 듣자, 곧 봉사단원도 귀국시켜 줄 것이라는 기대감이 생겼다.

◎ 천막 준비

◎ 건물 밖 대피(1)

◎ 건물 밖 대피(2)

◎ 건물 밖 대피(3)

◎ 지진으로 무너진 순다라 타워

풀코아카마

아침에 눈을 뜨자 사무소 발신으로 문자가 들어왔다. 통상적인 안내이겠거니 생각했으나, 그게 아니라 강제철수 명령이었다.

'내일 아침 00시까지 트리부반 공항에 도착할 것'

그 아래에는 긴 설명이 붙어 있었다.
출국 관련 안내는 물론이고, 네팔 재입국과 조기 귀국(임무 종료)에 대한 안내도 같이 있었다.
지금 귀국하면 한국에서 얼마나 머물다 다시 네팔로 오게 될지 모른다. 그러니, 잔여기간이 조금 남은 단원은 이번에 한국 들어가서 다시 네팔로 오지 않더라도 중도귀국이 아닌 임기 종료로 처리해 주겠다는 내용이었다.

규정상 특별한 이유 없이 임기를 다 채우지 못하고 귀국하면 중도 귀국자가 되어 여러 가지 혜택이 없어진다. 그러면 다시 봉사단 지원도 어렵고 커리어 적립금에도 문제가 생기고 그 외 여러 가지 제재조항이 따라붙는다.

하지만 임기를 다 채우지 못하더라도 피치 못할 사정이 인정되면 조기 귀국으로 처리된다. 그러면, 정상적으로 임무를 종료한 것과 마찬가지로 귀국단원으로서의 혜택을 받을 수 있게 된다.

문자 내용상, 한두 달 후에 다시 네팔로 다시 오는 것보다 이번 기회에 임기를 종료하는 것을 권장하는 듯한 느낌이 있었다. 귀국하면 5월인데, 83기는 8월 4일이 파견 종료다. 만약 7월에 다시 나온다고 하여도 남은 기간에 할 수 있는 일이 많지 않을 것이다.

사무소에서는 3개월 치 생활비와 커리어 적립금, 항공운임 등 재정 비용도 줄일 수 있고, 행정업무도 많이 줄어들 것이다.
게다가 만약, 3개월 내로 다시 네팔에 다시 들어오지 못한다면, 단원 임기가 자동 종료되어 여러 가지 복잡한 일이 발생할 것이다.

나는 망설이지 않고 임기 종료를 선택했다.
봉사자로서 병원에서 해야 할 일은 4월 초에 거의 다 마무리해 놓았다. 한 가지 남아 있는 것은, 미 평화봉사단 소속 스티브와 계획했던 마라톤 대회이다. 충분히 의미 있는 활동이 될 터인데 포기해야 하는 것이 아쉽지만, 지금 상황에서는 8월 전에 마라톤 대회를 개최할 수도 없는 노릇이니 깨끗이 잊기로 했다.

다만, 조기 귀국으로 인해 포기해야 하는 것 중에서 가장 아쉬운 것은 귀로 여행이었다. 봉사단원은 임무를 마치고 귀국할 때 바로 한국으로 들어오지 않고 해외여행을 하고 귀국할 수 있었다.

물론 귀로 여행을 하지 않고 바로 귀국하는 단원들도 있지만, 나는 선배 부부와 같이 1개월 예정으로 미국을 갈 계획이었다. 렌터카 1대 빌려서 번갈아 운전하며 한 달 동안 미국을 돌아다니며 해방감을 만끽하고 싶었는데 이젠 다 소용없는 일이 되었다.

원장을 찾아가서 강제 귀국 소식과 임기 종료를 설명했다. 다소 놀란 듯한 원장은 오늘부터 조회시간에 공지하겠다고 했다.

조회시간에 원장이 내가 오늘 떠난다는 사실을 알리자 직원들이 웅성거렸다. 원장의 요청으로 앞으로 나서니, 착잡했던 마음이 더욱 무거워졌다.

무슨 말을 해야 할까?

임기를 다 채우지 못하고 떠나는 것이 미안하고, 이별을 준비할 시간도 주지 않고 도망치듯 떠난다는 것이 미안했다.

미안하다는 말과 고맙다는 말을 하자 분위기가 더 얼어붙는 듯했다. 내가 잘못된 말을 한 것일까? 어색한 침묵이 부담스러웠다.

할 말은 생각나지 않고, 그렇다고 이대로 그냥 자리에 들어가는 것도 너무 허무하다는 생각이 들었다. 말주변 없는 자신이 미우면서 '풀코아카마'가 떠올랐다.

이런 방정!

이 상황에서 노래하는 것이 괜찮을지 판단이 서지 않았지만, 지난 주 몇 번 불러서 입에 배었는지 첫 소절이 입 밖으로 나오려 했다. 노래 솜씨가 있다면 모를까, 음치, 박치가 노래를 시작했다가 분위기를 더 망치면 어쩌나 하는 우려도 되었다.

그래도, 어쨌거나, 네팔에서 20개월 살면서, 처음에는 일종의 자만심에 교만한 눈으로 이들을 보며 이방인으로 생활하다가, 이제는 다소 이들에게 동화되어 조금이나마 네팔인의 눈을 가지지 않았나 하는 생각이 들자 노래를 불러야겠다는 결심이 섰다.

"노래 한 곡 하겠습니다!"

♬ 풀코아카마 풀러이선사러, 카다코아카마 카더이선사러 ♬
....
"풀~."
....
"풀~."

노래를 하고자 했던 것은 나만의 욕심이었다.
떨리는 목소리로 첫 소절은 어떻게 넘어갔으나, 두 번째 소절부터는 목소리가 나오지 않았다. 가슴이 북받쳐 한 줄기 눈물만 흘렸다.

이런!
분위기 다 망치는구나!
역시, 나는 노래를 하면 안 돼!

노래를 시작한 것이 후회되었다.

용기를 내어 다시 해보려 했지만, '풀'자만 나오고 멈추기를 고장 난 레코드판 튼 것처럼 반복하다 말았다.

쉴라와 있을 때는 가사를 보지 않고도 불렀었는데, 지진에 흔들려 내 머리에 있던 가사가 도망간 것인지, 이제는 생각도 나지 않았다.

어색한 침묵 속에 그들과 눈 마주치는 것을 피하려고 창밖으로 고개를 돌리는데 누군가가 노래를 시작했다.

♬ 풀코아카마 풀러이선사러, 카다코아카마 카더이선사러 ♬
♬ 풀코아카마 풀러이선사러, 카다코아카마 카더이선사러 ♬
....
....
....
....
....

한사람이 첫 소절을 시작하자 모두 같이 합창을 했다. 나 역시 힘을 내서 그들과 같이 합창을 하고 싶지만, 목구멍이 막힌 듯 내 입에서는 노랫가락이 나오지 않았다.

갑작스럽다 보니 송별식 같지도 않지만 1명씩 손잡고 인사를 하고 부랴부랴 집으로 왔다. 곧 다시 돌아올 다른 단원들이야 그냥 떠나도 상관없지만, 나는 임기 종료가 되니 모든 것을 정리해야 하기 때문이었다.

먼저 물건을 분류했다. 살림살이 하나하나 꺼내서 정리하려니 시간이 좀 걸렸다.

등산 장비 등 개인 물품은 큰 배낭 2개에 담아서 병원장에게 가져다주고 필요한 직원이 있으면 나눠 주라고 했다. 그 외 주방용품이며 침구 등은 집주인에게 처분을 부탁했다.

거실이며 방, 주방 청소를 마치고 다시 병원으로 갔다. 마지막 인사를 하려고 원장실에 들렀더니 헤만타와 원장이 내게 줄 선물을 포장하고 있었다.

장식용 전통 놋 주전자와 2개의 쿠쿠리를 X자 형태로 두고 그 위에 에베레스트 모양을 조각한 원목 기념품, 그리고 베시사허르 전경이 담긴 액자도 하나 있었다.

놋 주전자는 집마다 가지고 있는 부엌 살림살이다. 이것을 볼 때마다 이들의 일상적인 삶이 생각날 것 같았다.

원목 기념품은 기단에 'Pride of Nepal'이라고 적혀 있었다. 이것은, 히말라야라는 자연환경, 구르카 용병으로 대변되는 이들의 용맹함, 즉 네팔이라는 나라와 사람에 대한 생각이 떠오를 것 같았다.

파란 지붕의 여러 병원 건물이 선명하게 눈에 띄는 액자는 OJT에 왔을 때 원장과 앞산에 올라서 바라보던 시내 모습 그대로였다.

이 사진을 볼 때마다 병원 구석구석을 돌아다니고, 주변 학교 캠프 다니던 일, 즉 이 지역과 럼중병원에 대한 추억들이 생생하게 기억날 것 같았다.

선물꾸러미를 보자 다시 한번 마음이 울컥했지만 애써 참으며 병원을 나왔다.

언제 다시 이들을 만날 수 있을까?

풀코 아카마

초판 1쇄 발행 2023. 11. 16.

지은이 백후현
펴낸이 김병호
펴낸곳 주식회사 바른북스

편집진행 황금주
디자인 양헌경

등록 2019년 4월 3일 제2019-000040호
주소 서울시 성동구 연무장5길 9-16, 301호 (성수동2가, 블루스톤타워)
대표전화 070-7857-9719 | **경영지원** 02-3409-9719 | **팩스** 070-7610-9820

•바른북스는 여러분의 다양한 아이디어와 원고 투고를 설레는 마음으로 기다리고 있습니다.
이메일 barunbooks21@naver.com | **원고투고** barunbooks21@naver.com
홈페이지 www.barunbooks.com | **공식 블로그** blog.naver.com/barunbooks7
공식 포스트 post.naver.com/barunbooks7 | **페이스북** facebook.com/barunbooks7

ⓒ 백후현, 2023
ISBN 979-11-93341-85-8 03810

•파본이나 잘못된 책은 구입하신 곳에서 교환해드립니다.
•이 책은 저작권법에 따라 보호를 받는 저작물이므로 무단전재 및 복제를 금지하며,
이 책 내용의 전부 및 일부를 이용하려면 반드시 저작권자와 도서출판 바른북스의 서면동의를 받아야 합니다.